KB079971

버스커의 방

진승태 지음

버스커의 방

A
Room
of
Busker

예미

Contents

최근 제가 이 책의 최종 원고를 출판사에 넘긴 뒤 재밌게 읽기 시작한 책이 하나 있습니다. 그건 바로 『밥벌이로써의 글쓰기 Scratch: Writers, Money, and the Art of Making a Living • 2017』라는 책입니다. 참고로 이 책은 우리가 흔히 예술적 행위라고 간주하기 십상인 글쓰기가 실은, 치열한 밥벌이 수단이기도 함을 여러 영미권 작가들의 실제 고백들을 통해 낱낱이 보여주고 있습니다.

그런데 이 책을 쭈욱 보다 보니 제겐 결국 이런 생각이 떠오르더군요. 아, 내게 벌어진 이 일 그러니까, 책 출간 자체가 무척이나 큰 행운이었구나! 하고요. 왜냐고요? 그건 바로 지금 제 눈앞에 벌어진 이 현상 자체가 사실은 제가 그간 살면서 단 한 번도 꿈꿔본 적이 없었던 일이기 때문입니다(물론 그렇다고 제가 본 책을 성의 없게 썼다는 말은 아닙니다만.). 그러니까 위에 언급한 책 속 작가들과는 달리 말이죠. 실상 그들 대부분은 정말로 글쓰기를 간절히 원해 작가가 된 사람들뿐이었으니까요.

다만 이렇게 글을 쓴 덕에 제 책 안에는 다소 큰 여백이 하나 생겨났지 싶습니다. 그러니까 개개인의 독자 여러분 또한 본 글을 읽는 내내 본인들의 각기 다른 처지를 녹여내 반추할 수 있는 일종의 어떤, 공백이 생겨나지 않았나 싶은 것입니다. 왜냐하면 전

글을 써낸 저라는 사람 혹은 저의 버스커라는 특별한 역할에 너무 집착하지 않은 채 글 전체를 술술 써 내려갔으니까요.

마지막으로 이 책에는 일종의 어떤 콘셉트가 있다는 것을 여러분께 말씀드리고 싶습니다. 이를 보다 구체적으로 설명하면 저 자신 제가 저의 방 안에 여러 사물들이 놓여 있는 공간들을 우선 두 구역으로 구분했습니다. 그리고 그곳 각각에 자리 잡고 있는 사물들 혹은, 그 공간을 떠도는 분위기 등에서 영감을 받아 글을 써 내려간다는 콘셉트를 애초 상정한 채 차차 책을 완성해 온 것이죠(그래서 책 제목도 '버스커의 방'이 된 것이랍니다.).

참고로 '책꽂이' 파트에서는 버스커인 제가 10년간 버스킹을 하며 체험한 여러 가지 경험과 감정 혹은 느낌들을 그간, 제가 읽었던 책들에서 건져 올린 감상들과 결합해 글을 써보았습니다. 반면 '비디오룸' 속 글들은 영화나 영상물들에서 느낀 다채로운 감상들을 대체해서 엮어본 결과물들이고요.

그럼 부디 본 책이 여러분이 매일 감당해 내야만 했던 어떤 하루치의 부조리와 화를 다소나마 잊게 하는 책이 되길 바라면서….

— 2023. 1월
심한 미세먼지가 연이어진 어느 겨울날, 서울에서

Part.1

책꽂이

Bookshelf

91일째의 태양도 보고 싶었어요

혹시 「사랑도 리콜이 되나요High Fidelity • 2000」나 「어바웃 어 보이About A Boy • 2002」라는 영화를 아시는지? 그렇다면 이 영화들의 원작 소설을 쓴 작가, '닉 혼비Nick Hornby • 1957-'의 이름이 그리 낯설지만은 않을 것이다.

특히 나는 이 작가의 작품 중 『딱 90일만 더 살아볼까A Long Way Down • 2005』를 재밌게 읽은 기억이 있다. 참고로 이 소설 속에선 더 이상 본인의 삶에서 옵션이라는 것을 취할 수가 없어 옥상에서 만난 네 사람의 이야기가 담겨 있다. 그런데 실은 이 네 사람 모두에겐 마지막으로 남은 옵션이 하나씩 있었으니. 그것은 바로 '자살'이었다.

하지만 소설을 보다 보면 이내 이들이 지금 삶 앞에서 가장 큰 수준의 엄살을 부리고 있다는 사실을 알게 된다. 그러니까 그들 각자의 이마에는 '사실은 나 제대로 살아보고 싶어….'라고 쓰여 있는데 그들은 마지못해 옥상으로 올라온 것이다.

나는 지금껏 살아오며 이 소설 속 인물들처럼 '자살'에 대해 진지하게 실행을 생각해 본 적은 없다. 지구에 존재하는 생명체 중 오직 극소수의 종만이 옵션으로 선택할 수 있다는 바로 그 행위 말이다. 하지만 내가 '버스킹'을 일종의 옵션으로 선택했을 때 사실, 내게도 유일하게 남은 것은 이것뿐이라는 간절한 심정이었다는 것쯤은 밝혀두고 차차 이 글을 써나가고 싶다. 마치 이 소설 속 주인공들이 그러했던 것처럼.

홍대에서 첫 버스킹을 시작했을 당시 사실 내겐 돈+밥벌이 수단들에 현실적으로 큰 위기가 닥쳐온 상황이었다. 또한 모든 친구, 선후배들과의 연락 역시 거의 두절된 상태이기도 했다. 그러니 누군가 당시 이런 내 모습을 바로 옆에서 지켜봤다면 '루저Loser' 엘리트 코스에 입학해 차근차근 학점을 따나가기 시작했군, 이라고 평가했을 수도 있었으리라.

하지만 경제적으로 자립한 인간 혹은 성실한 사회인으로서 갖추어야 할 표면적인 표상들이 그렇게 하나둘, 나라는 성인으로부터 떨어져 나가던 그즈음. 무엇보다 날 힘들게 했던 것은 사실 이런 물리적인 이유가 아니었다. 다만 나 자신의 영혼이 풍전등화처럼 흔들리기 시작했다는 느낌이 날 통째로 사로잡았기 때문이지 싶다. 그러니까 평범한 사회인이라는 말의 함의에 함몰되지 않고 잘 살아갈 수 있다고 늘 자신해 왔던 나의 영혼이 휘청거리고 있었던 것이다. 마치 쓰나미 앞에 버티고 선 어린 나무 한 그루처럼.

그러면서 여태껏 뉴스, 다큐멘터리에서 줄곧 보아왔던 극빈층이나 억울한 소시민들의 사연이 재차 TV에서 흘러나오기라도 하면 난 이전과는 달리 심장이 너무나 두근거리기도 했다. 마치 내일의 내가 미리 써 내려간 일기장을 읽어주는 듯했기에.

곰곰이 생각해 보면 왜 그랬는지 잘 알 것 같기도 하다.

우선 나 역시 여태껏, 사회 속에서 튼실한 하나의 톱니바퀴로 기능하며 사는 밥벌이의 고귀함을 충분히 이해하며 살아왔기 때문이다. 따라서 그런 모습의 순조로운 연장만을 바라며 내가 생을 이어왔다면 이런 급작스러운 불안감 역시 감내가 됐을지도 모르겠다. 그런데 사실 이는 그런 식으로 발명된 불안이 아니었다. 이건 이 세상이라는 거대 장치 안의 태엽들이 내 생각과는 다르게 조금씩, 조금씩 거꾸로만 움직여 간다는 느낌의 불안이었다. 참고로 그 태엽들은 '자유로운 삶을 지탱함'이라는 이름표를 달고 있는 것들이었다. 그리고 이 불안은 어느새 곰탕처럼 변해 내 내면 안에서 같은 불안을 지속적으로 우려내고 또 우려냈다.

그리고 그런 불안이 최고조에 달하던 어느 날 밤.

나는 기타 하나만 덜렁 들고 거리로 나가 내 생에 첫 버스킹을 했다. 때는 2013년, 내가 홍대 인근에 살던 시기였다. 그리고 집으로 돌아왔을 당시 내 기타 하드케이스에는 4만 원에 가까운 현금이 들어있었다(정확히는 38,500원이다.).

그렇다. 나도 안다.

누구에게는 이것이 정말 아무것도 아닌 돈이라는 것을. 또 버스킹이 선사하는 감흥이라는 게 한때만 사람을 환히 밝혀주는 속성이 있다는 것을. 그러니까 이 감흥들은 차가운 밤이 지나고 나면 언제 있었냐는 듯 사라져 버리는 휘발성이 무척이나 강했던 것이다. 마치 향수가 그러한 것처럼.

하지만 나에게는 훗날 이 경험이 흡사 『딱 90일만 더 살아볼까』 속 주인공들이 제목과 같은 결정을 내리게 만든 것과 유사한 역할을 한 듯하다. 그러니까 이것들이 내 삶을 조금이나마 긍정하게 만든 일종의 마법 가루가 돼준 것이다.

그 뒤로 난 버스킹 장비를 차곡차곡 보강해 나갔다. 그리고 이렇게 시작한 버스킹이 어느덧 이어지고 또 이어져 현재 난 90일을 가뿐히 넘긴 10년 차 버스커가 됐다. 다시 말해 450회에 가까운 버스킹을 이미 잘 끝내온 길거리 공연자가 된 것이다. 그리고 그렇게 여태껏 내가 길거리에서 관객으로 만난 사람들의 전체 수도 이제, 어림잡아 이만 명이 넘지 않을까 싶다.

그런데 내가 충동적으로 첫 버스킹을 나갔을 당시 불렀던 곡 중, 유독 사람들의 큰 호응을 산 노래가 한 곡 있다. 바로 영화 「원스Once・2007」에 나오는 「Falling Slowly・2006」라는 곡이다. 그리고 이 영화를 보다 보면 버스커로서 격하게 공감하게 되는 대사가 하나 나오는데, 주인공이자 실제 뮤지션이기도 한 '글렌 핸사드Glen Hansard・1970-'가 내뱉었던 말이다.

그건 바로 대부분의 사람들은 자신들이 아는 노래가 아니면 쉬이 버스커의 노래를 들으려고조차 하지 않는다는 것. 어쩌면 낮에는 무조건 일을 해야만 하고, 밤에만 아버지와 꾸려가는 그 남루한 가게에서 나와 버스킹을 하는 것만으로도 그가 얻는 해방감이 꽤 컸던 걸까? 물론 이는 이것이 연기라는 것을 다 알고 하는 얘기다. 하지만 어쩐지 그가 그 사실에 딱히 불만 없다는 듯 자조적이면서도 또 실제 경험에서 우러난 듯 위 대사를 내뱉는 것만 같았다. 아마도 그래서 그 모습에 더 감정이입이 됐나 보다.

사실 나 역시도 영화 속 '글렌 핸사드'처럼 관객을 결코 구름 떼처럼 모으지는 못한다. 매번 그럴 수는 없다는 얘기다.

하지만, 이제는 그것 정도는 알 수가 있다.

때론 누군가가 내 노래 하나로부터 받은, 그 느낌이라는 것이 결국 그 사람 인생에 있어 소소하게 빛나는 하나의 이정표가 될 수 있음을.

또 보이지 않는 그런 반짝반짝한 순간이 나도 모르게 생겨나면 그 영혼의 반응이 나에게도 일정 정도 축복을 내려 준다는 사실 말이다. 그것이 투명한 공기라는 막에 반사되어 나타나는 현상이기에 눈에는 잘 보이지 않지만 이제 난 그것을 확실히 느낄 수가 있다.

적어도 매번 버스킹을 나가면 한 주에 한 번이라도 꼭 그런 순간을 맞이한다. 그것을 이제 너무도 잘 알기에 나는 여태껏 또 여전히 내 기타 가방을 꼼꼼히 싼다.

조지 오웰을 존겨… 아니, 좋아합니다만

나는 성인이 되어서야 많은 책을 읽기 시작했다.

그러면서 중고교 시절 학교에서 받았던 성적 결과로 선불리 나 자신의 가치나 뇌의 용량을 가늠할 필요가 없었다는 사실 역시 자연스레 깨닫게 됐다.

다르게 말하면 나는 학교 공부가 싫었던 것이지 근본적인 의미로의 공부는 꽤 좋아하는 사람이었음을 나중에야 알게 된 것이다. 그리고 그때부터 난 닥치는 대로 또 장르를 가리지 않고 여러 책을 섭렵하기 시작했다. 또 그러면서 그 즉시 빠져들었던 작가가 바로, '조지 오웰George Orwell •1903-1950'이었다.

그래서 이후 난 그가 쓴 것이라면 무엇이든 속속들이 찾아 읽기 시작한 것 같다. 소설이면 소설, 에세이면 에세이

가리지 않았다. 게다가 때마침 한 출판사에서 그의 미공개 에세이들을 다수 국내에 소개하기 시작해서 나의 이런 애정 이 더욱 불붙을 수 있었다.

'조지 오웰'은 특이하게도 인도 '벵골'에서 태어난 영국 작가이다. 그리고 그는 자신의 조국이 해가 지지 않는 나라 로 불릴 당시, '버마(현 미얀마)'에서 5년간 식민지 경찰 생활 을 했다. 또 삼십 대 초반의 나이에는 누가 시키지도 않았는 데 개인적인 이념과 신념을 지키기 위해 스페인 카탈루냐에 서 전쟁을 치르다가 총상을 입게도 된다. 한마디로 목에 구 멍이 뚫렸다고 한다. 그런데 그의 파란만장한 인생사는 여 기서 끝이 아니다. 심지어 그는 하층민들의 삶을 '르포르타 주Reportage'로 그리기 위해 몸소 노숙자 생활을 자처하기까 지 했다. 그리고 결국 이러한 그의 생생하고도 가혹한 체험 들이 그대로 그의 문학과 에세이들에 녹아들었음은 두말할 것 없는 진실일 테다.

그리고 여기에 내가 그토록 '조지 오웰'의 세계에 빠져 든 근본적인 이유들이 있다고 생각한다.

'조지 오웰'과 함께 엄혹한 동시대를 살았던 전설적인 사진가 '로버트 카파Robert Capa•1913-1954'는 생전에 이렇게 말한 적이 있다. 사진이 맘에 들지 않으면 그건 충분히 가까이 다가가지 않아서라고. 사실 이런 말이라면 '조지 오웰' 같은 사회적인 작가의 훌륭함을 평가하는 잣대로도 얼마든 지 이를 재활용하는 게 가능하지 않을까? 그렇다면 내가 보기엔 그만큼이나 자신이 그리려는 피사체에 격하고도 가깝게 다가간 작가는 달리 없지 싶다.

이렇게 나는 그가 자신의 인생을 통해 실제 경험한 여러 가지 일들을 아는 것만으로도 이미, 그를 좋아할 준비를 충분히 마쳤다는 느낌마저 들었다. 그러니까 그는 남들이 그저 입으로만 세상을 논할 때 언제나 그 자리에 먼저 가 서 있는 이였다.

내가 노래를 부르고 사람들과 같이 호흡하는 거리는 때로는 매우 가혹하고 냉정하다. 특히 홍대 인근에서 3년간 공연을 할 때는 더더욱 그랬다. 그곳이 가로등도 없는 어두운 곳이라 밤엔 몸을 비틀대는 취객들이 많았고 또한 건물 관리자의 끊임없는 핀잔 등이 있었던 것이다. 그래서 꽤 자주 난 폭력적이고도 혼자 대처하기 힘든 상황들에 노출되곤 했다.

하지만 이후, 이러한 경험들이 계속되자 나도 언젠가부터는 이에 말랑하지만은 않게 대처하기 시작했다. 또 그러면서 깨닫게 된 한 가지가 있었으니. 그건 바로 이런 예상치 못한 일들 또한 내가 만들어가는 버스킹의 일부라는 것이었다. 사실상 내가 버스킹을 펼치는 이 장소는 애초에 노지露地(참고로 '노지'라는 단어를 검색 사이트에 쳐보면 이런 사전적 정의가 뜬다. '지붕 따위로 덮거나 가리지 않은 땅.')가 아니던가. 그러니 내 소유지나 돈을 내고 임대한 곳이 아닌 이런 장소에서 공연을 하는 나는 이런 엄혹한 현실을 받아들여야만 했다.

물론 험악한 상황을 일부러 경험하고 싶은 사람은 이 세상에 아무도 없다. 하지만 프로 뮤지션들의 이미지에 내 이미지를 덧씌워 안락하게 공연하려고만 하면 금방 환상이 깨져버리고 말 테다. 그래서는 절대 오랫동안 버스킹을 지속할 수가 없는 것이다. 그들은 공연 타이틀에 자신의 이름을 걸고 또, 자신만의 공연장을 확보한 채 공연하기에 프로라고 불리는 게 아니던가.

그런데 버스킹에서 생길 수 있는 돌발적인 상황의 변수는 이것 말고도 다양했다.

예를 들어 내가 점찍어 둔 자리에 타 버스커나 노점상이 이미 들어와 있으면 우회해 공연을 해야 한다. 내 자리라며 결코 우길 수가 없는 것이다. 또 기상 정보를 늘 체크하고 나가도 예보와는 달리 폭우가 내리거나 강한 바람이 불 때도 부지기수다. 그래서 이럴 땐 어느 정도 비 맞는 것을 감수하며 노래를 하든지 혹은, 아예 철수를 하든지 사이에서 빠르게 결정을 내려야 한다. 해보면 알겠지만 사실 이는 그리 쉽지만은 않은 결정이다. 그런데 아마 꽤 오랜 시간 버스킹을 해온 버스커라면 모두 이런 나의 설명에 공감들을 할 것이다. 그만큼 이런 일들은 버스킹에 항상 따라오는 그림자와 같은 일면들인 것이다.

그리고 이런 경험들이 반복되다 보면 그야말로 날것 그대로의 생활감이라는 것이 나에게도 불현듯 엄습한다. 따라서 이럴 때면 자연스레 나의 머릿속에 '조지 오웰'의 에세이 속 장면들이 문득문득 떠오르게도 된다.

나는 남의 노래들로 자신의 레퍼토리를 채워 공연하는 버스커들이 스스로를 뮤지션으로 일컬어서는 절대 안 된다고 생각한다. 물론 이는 나 스스로에게도 무척 당부하고 싶은 얘기다. 그래서 나는 타인 중 누군가가 이 말을 쉽게 쓰는 것에 대해 일종의 결벽증을 보이기까지 한다. 왜냐? 내 생각에 뮤지션이라는 호칭은 자신이 순수하게 창작한 곡들로 여러 사람들에게 인정을 받은 사람에게야 비로소, 그것을 타이틀로 달 특권이 주어진다고 생각하기 때문이다.

하지만 그럼에도 불구하고 난 이런 믿음이 있다. 음악이

라는 아주 드넓은 대지 안에서 나만의 개인적인 목축 정도
는 얼마든지 할 수 있는 것 아니겠냐고. 그러니까 버스킹이
라는 행위로 소소하게나마 사람들의 영혼에 부추김질을 할
수 있으리라 믿는 것이다. 뮤지션과 감상자 사이, 이 경계
부근을 그 누구보다 빠르고도 쉼 없이 맴돌면서 말이다.

사실 나는 어려서부터 음악을 너무너무 좋아해 이것에
내 능력을 물리적으로 녹여낼 방법에 대한 고민을 오랫동안
치열하게 해왔다. 그렇기에 과거 한때에 난 내가 만든 곡들
로 밴드를 결성해 홍대 인근 클럽 무대에 몇 년간씩이나 올
랐었다. 더불어 나름 유명한 뮤지션들의 앨범 커버, 포스터
등을 디자인하며 음악 안에서 내 전공을 꽤 본격적으로 살
린 경험 또한 가지고 있다.

그런데 그러면서 바로 옆에서 지켜본 직업적인 음악인
들에게는 단점이 하나 있었다. 그건 바로 자신의 의지만이
아닌 타인과의 조율이 있고 난 뒤에야 비로소 음악적인 활
동을 할 수 있다는 것이었다. 아무래도 자기만족으로 끝내
는 것이 아닌 공적으로 여러 이해관계마저 얽혀있다 보니
그럴 것이다. 물론 아닌 경우도 본 적이 있다. 하지만 사적
인 자유를 추구하느라 공적 관계를 소홀히 하면 필시, 인기
역시 오래 못 가는 듯했다.

버스커는 이와는 다르다.

다만 무거운 장비를 나 홀로 감당해야 한다는 초라한 단점이 버스커인 나에게 있긴 하지만. 하지만 그럼에도 버스커에게는 본인의 의지에 따라 자유롭게 원하는 연주와 노래를 내키는 만큼 할 수가 있다는 장점이 있다. 물론 장소가 적절해야 한다는 조건이 따라붙긴 한다. 그래서 앞서 말한 노지에서 겪는 여러 곤란함은 바로 이런 자유에 대해 치러야 하는 일종의 대가 같은 것이 아닐까 싶기도 하다.

그런데 종종 요즘의 난 이렇게 버스킹을 내 생활의 루틴 반열에 올리기 위해 고군분투했던 때를 돌이켜 보곤 한다. (물론 이 분투는 아직까지도 현재 진행형이다.) 그러면 어쩐지 당시 내가 들이키고 내쉬었던 공기와, 과거 '조지 오웰'이 만났던 부랑자들이 거리에서 호흡했던 공기 사이의 경계가 그리 두텁지 않은 것처럼 느껴진다. 특히 앞서 언뜻 얘기했듯 개인적으로 처리하기에 힘에 부치는 격한 상황들을 겪고 나면 이런 느낌은 더욱 강렬해진다.

노지에서 생활을 해나가는 게 고귀하다고 보기는 힘들리라. 한번 상상을 해보시길. 안식처가 아닌 바람 부는 야외에서 배고픔과 추위에 반복해서 시달리면 과연 어떻게 되는지. 몇 달도 필요 없고 한 몇 주 정도만 그런다고 상상해도 충분하지 싶다. 그러면 딱히 뾰족한 수가 없는 한, 한 명의 인간으로서 그동안 유지해 온 품위를 지속하려는 노력조차 부질없다는 사고 패턴에 자연스레 빠지게 될 것이다. 그리고 이는 반드시 다시는 발전적인 노력을 하지 않으려는 습관을 그 사람 몸속에 자연스럽게 스며들게도 하리라. 그러니 이런 사람을 고귀하다고 말하기 힘들 수밖에.

그런데도 참 아이러니한 것이 한 가지 있다. 결국 인간 모두가 되돌려 받게 되는 인생의 답안지 밑에는 모두 똑같은 결론이 적혀 있다는 사실이다. 예컨대 이 노숙자들의 경우처럼 늘 흙 맛이 도는 수저만을 밥상에 놓았어야 한들. 반대로 금빛 수저만으로 평생의 식사를 반짝거리며 즐겨왔다 한들. 혹은 인생을 바라보는 눈에 덧씌워진 '안경'의 초점, 색상의 차이가 심해 세상 구경을 하고 난 각자의 소회가 너무나도 달랐다고 한들. 모든 이는 결국, 죽음에 모든 것을 내어주고 마는 것이다.

노숙자들을 보면 사실 그들은 그날그날 때울 끼니와 잠자리를 걱정하느라 다른 것은 전혀 염두에 둘 가치조차 못 느끼는 듯 보인다. 사실 어쩌면 그들에겐 그런 의지를 실어 나를 뉴런 단, 한 개조차 더 이상 뇌에 남아 있지 않을지도 모르겠다. 하지만 그럼에도 그런 이들의 삶에 '조지 오웰'이 한때나마 그렇게도 천착했던 이유는 대체 무얼까.

아마도 그는 그런 사람들 역시 엄연한 또 하나의 세밀화들이라고 간주했던 게 아닐까. 그러니까 그들 또한 '인간'이라는 거대한 서판에 신이 꼼꼼히 새긴 개별적이고도 정성스러운 세밀화 중의 하나라고 말이다. 사실 세상을 자세히 바라보면 매끄럽고 풍요로운 삶보다 그렇지 않은 삶이 더 많지 않던가. 그러니 신이 그런 풍경을 절대로 대충 내버려 뒀을 리 없지 싶다. 그리고 난 '조지 오웰'이라는 작가는 그런 후미진 곳의 풍경 또한 진심을 다해 제대로 바라보려 했던 예술가 아니, 사람이라고 생각한다. 유별난 사람이라고 아니 말할 수 없다.

버스킹을 나가는 날, 나는 오직 그날 하루는 그것의 성공만을 위해 산다. 진정으로. 또한 나가서 노래를 부르는 순간만큼은 노래와 연주를 동시에 잘 해내는 것 이외에 신경 쓸 겨를이 전혀 없다. 여기에 단지 관객과의 호흡 정도를 추가할 수 있을까.

그리고 나는 택시를 타고 버스킹 장소로 이동할 때 늘 공연 장소와 다소 먼 곳에서 내린다. 늘 300~400m 떨어진 곳에 멀찌감치 내려 무거운 장비를 메고, 끌고 가곤 하는 것이다. 그러면 그럴 때마다 정말 난 머리가 하얘지면서 주저

앉고만 싶어진다. 동시에 그곳에 도착하는 것이 이 세상에 남은 단 하나의 목표라는 생각마저 들기도 한다.

하지만 이런 극한의 느낌이 결국 버스킹 자리에 도착했을 때의 만족감과 기대감을 더욱 높여준다. 게다가 그렇게 힘겹게 매주 거리에 자리를 펴고 앉아 노래를 부르는 순간, 음악에 대한 나의 정의는 크게 달라지고 만다. 그러니까 그 순간만큼은 음악이 더 이상 내게 있어, 어떤 섬세한 오디오 장치를 통해 품위 있게 흘러나오는 고귀한 감상의 대상 같은 것이 아니게 되는 것이다.

생생하게 살아서, 내가 현실적인 나의 피와 뼈를 흔들어, 오로지 그렇게 날것 그대로인 나를 통해서만 '음악'을 우려내고 생산하는 행위.

그것이 바로 내가 10년간 거리 공연 경험을 쌓아오며 느낀 '버스킹'이라는 행위였다.

나의 '몸'이라는 '우산'

"쪽팔리지도 않나?"

보통, 사람들이 길거리에서 버스커들을 마주치면 누구나 한번쯤 그들을 보며 이런 생각들을 해본 적이 있겠지 싶다. 많은 행인들 앞에서 그저 아무렇지도 않은 듯 노래를 부르고 또 기타를 치고 있는 듯 보임에도 불구하고.

맞다.

거리에서 불특정 다수를 상대로 큰 목소리를 꺼내어 노래한다는 게 사실, 아무렇지 않기는 어려운 법이다. 심지어 평소에 아무리 얼굴에 철판 까는 능력이 탁월했던 사람이라도 그러하리라고 본다. 게다가 여기에 버스커 본인만이 느낄 수 있는 좀 더 섬세한 변수들에 대한 염려도 약간씩 더해질라치면 이것이 더욱 어려울 수 있다. 예를 들어 "내가 싫

어했던 사람을 만약 버스킹에서 만나면 대체 그땐 어떻게 하지….”와 같은 것들인데 사실 이런 생각이 들 때면 맨정신만으로 공연하기가 꽤 힘들기도 했다. 그래서 가끔 이런 생각들이 잔뜩 내 내부를 어지럽힌 채 휩쓸고 지나가기라도 하면 그때의 난, 사실 내 육체가 이런 심리적 동요를 보이지 않게 숨겨주는 최종 보루처럼 느껴질 때도 있었다.

개인적으로 독일 작가 중 ‘빌헬름 게나치노Wilhelm Genazino •1943-2018’는 좀 특이한 작가라고 생각한다. 왜냐하면 그는 보통 사람이라면 고려조차 안 해볼 부류의 사람을 흔히 주인공으로 선택하기 때문이다. 특히 그는 이런 등장인물들을 통해 “가치 있는 삶이란 이런 것이다!”와는 반대의 결을 보여주는 무정형의 삶을 소설 속에서 잘 그려낸다.

그 좋은 예로 그가 쓴 소설 중 『이날을 위한 우산Ein Regenschirm für diesen Tag •2001』의 주인공이 하는 일을 한번 살펴보자. 그는 고급 수제화 구두가 제작되어 나오면 그것을 신고 다니며 테스트를 한다. 그런데 문제는 이것이 그에게 있어 유일한 경제적인 활동이라는 점이다. 그렇기에 어찌 말하면 그는 사실 낙오자에 가까운 인물이라고도 할 수 있다. 게다가 이 소설에 나오는 등장인물 대부분이 이러한 생활 패턴에서 그다지 거리가 멀지 않은 삶을 공유하고 있다.

그런데 개인적으로 내겐 이 책을 최초 손에 집어 들었던 명백한 이유가 있다. "왜 제목에 우산이 들어간 걸까?"라는 궁금증이 컸기 때문이다. 그래서 난 저자가 이 제목을 채택한 이유를 책 속에서 제대로 목도하고 싶다는 바람을 원동력 삼아 책을 완독했다. 물론 작가의 글맛 자체가 좋아서 책장이 술술 넘어가기도 했다.

결국 완독 후의 알게 된 그 해답을 여기서 밝혀보면 저자는 주인공, 그리고 그 외에 다른 대부분의 등장인물들이 스스로 체감하고 있는 육체의 느낌을 우산에 빗댄 듯했다. 왜냐하면 이 소설 속 인물들 대부분은 자신들의 인생이 하염없이 비만 내리는, 즉 평생이 장마인 나날들과 다름없다고 느끼며 생을 이어가는 이들이기 때문이다.

그리고 소설이 진행되는 와중 주인공은 이러한 생 속에서 본인의 육체가 그나마 이 비를 막아주는 우산이 돼주고 있다는 체감을 독자들 앞에 간접적으로 꺼내놓는다. 그러니까 그는 결코 이것이 본인의 느낌이라며 독자들 앞에 고백하진 않는 것이다. 되레 그는 반대로 자신이 그런 처지에 빠진 사람들을 돕는 연구소를 운영한다며 누군가에게 거짓말까지 한다. 하지만 소설을 끝까지 본 사람이라면 그 누구라도 금방 눈치채게 되리라. 이것이 그 누구도 아닌 바로 주인공 자신의 얘기라는 것을.

따라서 이 문구들을 통해 주인공의 세계관을 역추적하면 결국, 그것이 참 염세적이고 수동적이라고 말하지 않을 수 없을 듯하다. 게다가 심지어 이는 굉장히 우울하고도 음침한 비유로까지 느껴질 정도다. 하지만 이 책을 다 읽을 즈음의 나를 돌이켜 보면 나 또한 당시, 이를 한낱 소설 속 구두 테스터의 음울한 은유만으로 치부할 순 없는 상태였다. 거꾸로 이 비유가 나의 영혼에도 매우 적절하게 걸쳐질 것만 같았던 것이다. 그 정도로 그때의 나 역시 영혼에 생기가 없는 창백한 나날들을 보내고 있었다.

그리고 동시에 내겐 아마도 수많은 직장인들 사이에 이 주인공과 비슷한 이들이 이미 여럿 섞여 있을 것 같다는 기시감 또한 같이 들었다. 그러니까 왠지 이 현실의 땅 위에서도 버겁고도 장마 같은 하루하루를 버텨가기 위해 본인의 육체를 흡사, 우산처럼 체감하면서 살고 있을 이들이 꽤 될 것만 같았다.

나는 내 인생에서 전성기라 꼽는 뚜렷한 시기가 있다.

그건 내 나이 스물일곱의 봄부터 서른세 살의 봄까지 약 6년간의 시기이다. 이때는 그야말로 나를 둘러싼 세상이라는 큰 무대가 거의 나의 의지대로만 움직였던 것 같다. 한마디로 재밌고도 마법 같은 시기였다. 그래서 이 당시는 그 누가 권하지 않았음에도 삶을 지탱하는 엔진에 스스로 센 불을 지피는 나날의 연속이었다.

요즘 유행하는 식으로 말하자면 소위 '핵인싸'의 나날들이었다고나 할까. 그리고 심지어 이 기간에 상당 기간을 난, 사회라는 거대 장치 안에서 하나의 튼튼한 톱니바퀴로써 완벽하게 기능하기도 했다.

그때는 그렇게 모든 세상이 나를 위해 미소 지었다.

또 직장이라는 것이 단지 인간이 실존하는 데 있어 마지못해 필요한 수단을 실행하는 배경이 아니라고 믿었다. 반대로 내가 원하는 형상으로 '삶'을 조각하기 위해 능동적인 연기를 펼쳐나가는 일종의 행복한 무대 같다는 영혼의 고양감마저 들었다.

일 하나 때문에 말이다.

하지만 두 번째 직장을 나온 후부턴 모든 게 조금씩 달라졌다. 우선 내겐 점차 굳어진 얼굴로 사람들과 교류를 나누는 게 일상이 되어갔다. 그리고 본인의 이해관계 여부에 따라 흡사 고무줄처럼 배려의 범위를 쉽게 늘였다 좁히는 사람들을 수차례 만나게 되면서 나는 알게 되었다.

내가 웃기에 그들도 웃어주었다는 것을….

그때 일이 즐겁고 행복했던 가장 큰 이유는 어쩌면 나에게 남들을 향해 웃어줄 수 있는 여유가 항상 갖춰져 있었기 때문이었음을. 마치 상비품처럼.

그러나 이걸 깨달았음에도 이후 나는 마치 불가항력에 빠진 듯했다. 나를 지키기 위해 점점 더 웃지 않는 습관을 들이게 된 것이다. 그래서인지 그 뒤로 대부분의 타인들 역시, 더는 쉽게 호의적인 태도와 표정으로 내 가시권 안에 들어오는 법이 없었다.

'받는 만큼, 딱 그만큼만 너에게 준다.'

어찌 보면 오늘을 사는 한국 사람들이 꽤 유념해야 할 표어와도 같은 위 문장 속 세상의 원리를 일찍 깨우치기엔 난 아마, 너무 순진했는지도 모른다.

그래서일까.

『이날을 위한 우산』을 읽은 후에는 특정 상황에 놓일 때마다 늘 이 책의 제목이 내 머릿속에 선명히 떠오르곤 한다. 특히 언제고 까칠한 사회인을 능숙하게 연기해야 하는 시간이 다시 내게 도래할 때마다 그런 것 같다.

그런데 흥미롭게도 곰곰이 생각해 보면, 버스킹을 할 때의 체감은 기실 위의 비유와는 반대의 느낌에 가깝지 않나 싶다. 그러니까 육체가 비 오는 날의 우산과 같다는 생각을 여러 번 중첩해 농도가 짙어진 뒤 다시 맛본다고 치자. 그러면 사실 이는 속으로는 한없이 '수동적'이고 싶은데 외부에서는 '능동성'을 요구함으로써 발생하는 괴리적 감각에 가깝다는 것을 이내 깨닫게 된다.

생각해 보라.

비가 많이 오는 날 밖에 있는 경우를. 이럴 땐 안락하고 쾌적하게 있고 싶은 수동적인 마음과 비례해 비를 안 맞으려는 방어를 스스로 적극적으로 할 수밖에 없다. 그리고 결국 딱, 이렇게 노력한 만큼의 보상만을 받는(즉 덜 젖는)다. 이렇듯 비 내리는 날씨는 인간에게 이러한 적극적이고도 능동적인 방어를 억지로라도 하게끔 만든다.

그럼 버스킹을 할 때의 나는 과연 어떠했던가.

그간의 수많은 경험을 상기해 보면 버스킹을 할 당시의 난 이랬던 것 같다. 속으로는 한없이 '능동적'이고만 싶은데 되레 외부에 존재하지도 않는 '수동성'의 요구를 그저 스스로 느껴, 위축되는 경우가 많았었다고. 그리고 어찌 보면 버스커로 경력을 쌓아간다는 것은 바로 이 '수동성'에 대한 두려움을 극복하는 과정과 같았다고도 말할 수 있다.

그렇다면 이것은 기본적으로 내부로부터 어둠을 밀쳐내

려는 능동적인 자세가 아닐까. 달리 말해 이는 몸 안까지 저며 들어오는 습기 차고 음습한 기운을 그저, 어찌어찌 방어하고만 있는 처사와는 꽤 다르다고까지 말할 수 있는 게 아닐까? 그러니까 이런 심리 상태는 『이날을 위한 우산』속 등장인물들이 가진 것과는 달리 서글프거나 수동적인 상태가 결코 아닌 것이다.

버스킹을 하는 와중 사람들이 내 앞에 멈춰 서는 이유는 너무나도 확실하다. (단 취객이나 미친 사람이 아니라는 전제 하에) 바로 내 노래를 듣기 위한 것이다. 그리고 또 보통 그들은 이미 먼 거리에서부터 본인들 귀에 들려온 내 목소리와 노래에 맘을 뺏겨 내 앞에 멈춰 선 경우가 대부분이다. 그러다 그들은 결국 내 앞에 서서 자신들의 소중한 얼마간의 시간과 귀까지 내맡기다가 가는 것이다.

이 자연스럽고도 당연한 이치를 깨닫기까지 나에겐 과연 얼마간의 시간이 필요했던가. 그리고 이런 생각이 지나간 길 뒤로 버스킹이 가진 가장 탁월한 면모에 대한 또 다른 깨달음 하나가 바로 내게 엄습해 왔다. 게다가 이것은 사실 나의 버스킹이 이미 잠재적으로 가지고 있었을 아주 좋은 면모였다.

그것은 바로 사람들이 내 앞에 선다는 것 자체가 그들이 나에게 큰 호의를 표시한 것과 다름이 없다는 것. 게다가 나는 그것을 내가 좋아하는 행위를 한 것의 대가로 공짜로 받기까지 해왔다.

하지만 동시에 그 순간은 그들에게 자그마한 용기를 필요로 하는 시간이기도 하다. 왜냐하면 내가 언제나 많은 인파를 몰고 다니는 유명 버스커는 또 못되기 때문이다. 달리 말해 군중 속에 쉬이 섞여 날 부담 없이 쳐다볼 수 있는 상황을 내가 자주 만들어주지 못하니, 관객인 그들이 꽤 부끄러울 수 있겠다는 얘기다.

그런 상황이니 이들의 이 조그마한 도발(?!)과 용기가 나에게 어찌 고맙게 다가오지 않을 수 있을까?

이걸 깨달은 이후 나는 버스킹 때 내 육신을 더는 '우산'처럼 느끼지 않게 되었다.

글의 맛

"행복한 가정은 모두 모습이 비슷하고,

   불행한 가정은 모두 제각각의 불행을 안고 있다."

아마 세상에서 가장 유명한 문장 중 하나가 아닐까?

바로 대문호 '레프 톨스토이Leo Tolstoy•1828-1910'가 쓴 『안
나 카레니나Anna Karenina•1878』의 서두를 장식한 문장이다.
게다가 저 문장이 품고 있는 함의 역시 너무도 탁월했던 걸
까. 나에겐 지금껏 저 문장을 인용한 또 다른 문인의 글을
꽤 여러 차례 본 기억이 있다.

그 대표적인 예로 난, 한국 인문학 서재 코너에서 가장
유명한 책 중 하나일 『총, 균, 쇠Guns, Germs, and Steel•1997』에서
생전 처음 이 문장을 디딤돌 삼아 써 내려간 글을 발견한 기

억이 있다. 또 무라카미 하루키와 김영하 작가의 에세이 안에서도 역시나 그랬다. 내 기억만 해도 이 정도이니 모르긴 몰라도 아마 저 문구는 지금 이 순간까지도 원래 속한 책 속에 마냥 속 편히 잠들어 있긴 어렵겠지 싶다. 왜냐하면 잊힐 만하면 또 다른 작가들이 인용을 위해 수차례 자신을 불러 세울 테니 말이다.

그런데 내가 이 문장을 여기 소환한 건 어쭙잖게 유명 작가들의 흉내를 내보기 위함이 아니었다. 단지 좋은 책과 나쁜 책을 가르는 나만의 기준에 대해 글을 쓰려고 보니 딱히 서두에 쓸 만한 좋은 비유가 없어서였다. 하지만 적어도 이 둘 사이를 가르는 것에 있어서 난, 앞선 문장 속 불행한 집안처럼 다 제각각의 이유가 있다고 생각한다.

하지만 그것이 항상 즉각적으로 판가름 나는 것은 아니더라. 예컨대 책을 읽은 후 한참이나 '잠재의식'이라는 심해 밑면에 붙들려 있다 이후 '잡념'이라는 조류에 흔들려 비로소 이, '판단'이라는 놈이 수면 위로 빼꼼히 고개를 내미는 경우도 드물지 않은 것이다. 여기서 이 '판단'이란 그 책이 좋았는지 나빴는지를 비로소 가늠하게 되는 것을 일컫는다.

'도리트 라비니안Dorit Rabinyan•1972-'이라는 이스라엘 작가가 쓴 작품 중 『페르시아의 신부Persian Brides•1995』라는 책이 있다. 그런데 이 책은 특이하게도 번역의 맛깔남 때문에 계속해서 내 기억에 남아 있는 책이다. 그런데 개인적으로 이런 경우는 수백 권의 책을 읽는 와중에도 꽤 경험하기 드문 사례 중 하나였다.

물론 원서의 문장들 자체가 유려하지 않았다면 이런 맛깔남이 생성조차 못 됐을 것이다. 하지만 역자가 번역할 때 심혈을 기울이지 않았다면 이 책의 글맛이 꽤 떨어졌을 것이라는 점 역시 자못 분명해 보인다. 그런데 알고 보니 이 책의 번역자는 원래 시를 전공했다고 한다. 그래서 원문을 재조립할 때 현재 잘 쓰이지 않는 아름다운 우리말들을 잘 선별해 끼워 넣어, 글 읽는 재미를 훨씬 높인 듯했다.

하지만 아이러니하게도 현재 이 책은 읽은 지 꽤 오랜 시간이 지나 내용이 거의 기억나질 않는다. 내용은 책의 영혼인데도 불구하고 그렇게 돼버렸다. 하지만 그럼에도 확실히 문장을 읽는 맛이 탁월해 단순히 독서를 한 건데도 불구하고, 그 시간 내내 "맛있다."와 비슷한 감정을 느낀 기억만큼은 아직도 내 뇌리에 선명히 남아있다. 감각 오류라 할 만한 느낌이었다.

사실 대부분의 버스커들은 유명한 뮤지션들의 곡을 카

피하거나 재해석해서 노래를 부르는 경우가 많다. 이는 본인 스스로가 만든 곡을 부르는 경우는 그다지 많지 않다는 뜻이기도 하다. 나 역시도 마찬가지다. 특히 나 같은 경우는 한국 노래는 부르지 않고 (혹은 잘 부르지 못하고) 영미권 영화의 삽입곡들과 주로 1990~2000년대 사이에 발표된 록, 팝송들을 즐겨 부르는 편이다.

그런데 지금 생각해 보면 버스킹을 시작할 당시에 난 20곡도 채 안 되는 빈약한 레퍼토리만을 들고 거리에 나섰던 것 같다. 그러나 지금은 곡 목록이 50곡 가까이 늘어났고 그렇기에 부를 곡이 달려 허덕이는 일이 더는 없다. 보통 3시간 반 남짓한 공연 시간 동안 단 한 번도 똑같은 곡을 반복하지 않는데도 불구하고.

더불어 스스로 뿌듯하게 생각하는 한 가지가 더 있다.

그건 바로 이 한 곡 한 곡을 쌓아나갈 때 관객의 호응이 없었던 곡들은 과감하게 버렸다는 것이다. 달리 말해 현재 내 버스킹 레퍼토리상의 모든 곡들은 단 한 명이라도 처음부터 끝까지 진지하게 들어준 관객이 있었을 때만 오직 그 안에 포함이 돼온 것이다.

그런데 이렇게 내가 버스킹을 오래 해오다 보니 흥미롭게도 이 행위에는 번역자가 하는 일과 꽤 비슷한 면이 있다는 생각이 자연스레 든다. 우선 자신이 만든 노래를 부르는 것이 아니라 남의 곡을 해석해 본인만의 느낌으로 불러낸다는 점에서 그렇다. 또 그것에 의한 연쇄 반응으로 새로운 청자(독자)까지 만들어낸다는 점에서도 이 둘끼리는 큰 공통점이 있다.

물론 이와는 달리 둘 사이에는 뚜렷한 차이점 역시 존재한다. 예컨대 외서外書를 번역해서 출간까지 성사시키는 데에는 기본적으로 수백, 수천 시간이 필요하다. 하지만 노래를 다시 불러내는 데에는 때론 몇 분 정도의 시간만으로도 충분하다. 그런데 그 시간만으로도 나 홀로 쌓은 일인칭의 진한 감흥을 이인칭 혹은, 삼인칭의 차원으로까지 확장해 전달할 수가 있다. 그러니 이 정도면 꽤 큰 차이점이라 할 만하지 않을까.

하지만 급속도로 소화가 가능한 만큼 이러한 재해석 작업에는 위험이 뒤따르는 법이다. 예컨대 나를 통해 원곡을 찾아 듣게 되면 내 해석에 다소 실망하는 경우가 생길 수도 있는 것이다. 하지만 일단 내 경험에 따르면 내가 그 곡의 내용과 감정을 잘 알고 몰입해 노래를 부르면 이건 별로 문제가 안 된다. 그럼 관객들의 자연스러운 호응 역시 뒤따라오게 되는 것이다. 게다가 노래를 부르는 순간만큼은 오직 그 곡의 아우라를 만들어내는 주인이 확실하게 '나'뿐이다.

이 발언을 보고 혹여 누군가는 "뭐래?"라며 나를 꽤 염치없는 사람이라고 여길지도 모르겠다.

그래서 예를 하나 들어보련다.

내가 버스킹을 나가면 거의 항상 부르는 곡 중, 'John Mayer•1977-'의 「Stop This Train•2006」이라는 곡이 있다. 참고로 이 곡은 이 아티스트가 20대의 마지막 시기에 만든 3집 앨범에 담겨있는 곡이다. 그런데 사실 이 나이에 정규 앨범을 이미 세 장이나 발매한 것을 보면 여러분 또한 그가 아주 젊은 나이에 성공했다는 것을 대략 눈치챌 수 있었으리라. 사정이 그러하니 왠지 그의 인생은 기쁨의 연속이었을 것 같지 않은가? 그런데 이 곡 속엔 의외로 삶의 유한함을 볼 줄 아는 '부감俯瞰'의 시선이 담겨 있다.

그럼 여기서 돋보기를 들이대 좀 더 이 곡의 가사를 가까이에서 살펴본다. 그러노라면 이 노래에서 그는 무언가가 너무도 무섭다고 반복해 고백하고 있음을 이내 알게 된다. 그러니까 그는—애초에 자신이 원해서 올라탄 것조차 아니었던—바로 이 인생이라는 기차가 달리며 내는 그 엄청난 속도가 감당하기 힘들다고 토로하는 것이다. 심지어 그의 자조 섞인 고백은 여기서 그치지 않는다.

이 은유적인 기차 안에도 칸마다 순번이라는 게 있을 것 아니겠는가. 그러니 그는 앞 칸에 이미 머물고 있는 부모님이 결국 돌아가시는 것이 보기 싫다고도 노래한다. 또 자신은 이 열차에서 비교적 뒤쪽에 위치한 칸인 '젊음' 칸에만 계속 머물고 싶다고 솔직히 털어놓기도 하고. 하지만 최종적으로 그는 꽤 의미심장하게도 이런 읊조림과 함께 이 노래를 마무리 짓는다. 사실 이렇게 노래함에도 이제 본인 역시 너무나 잘 알고 있노라고. 자신은 절대 이 기차를 멈출수 없다는 것을.

사실 길거리에서 이 노래를 아는 사람을 만나기는 꽤 힘든 편이다. 무척이나 빈번하게 내가 이 노래를 부르는 것에 비하자면 그렇다는 얘기다. 그래서 난 이 노래를 부를 때면 유독 관객들에게 곡에 대한 간략한 설명을 덧붙이고 나서야 비로소 노래를 시작하는 경우가 많다.

바로 이렇게 말이다.

"우리 모두는 일종의 승객들입니다. 바로 '죽음'을 향해 가차 없이 달려나가는 이 '인생'이라는 기차에 함께 올라탄 승객들인 거죠. 그리고 이것은 그런 인생의 무상함에 대한 노래입니다."

그런데 그러고 나서 노래가 끝날 때까지 같은 자리에서 그것을 들어준 관객이 단 한 명이라도 남아있었다면? 그러면 그 순간, 나는 그 관객 또한 여태껏 본인이 올라탄 열차 안에서의 승차 경험이 과연 어땠는지를 가만히 떠올려 봤음을 느낄 수가 있다. 이와 더불어 그 기차 안에서 본인이 지금까지 조우했던 다양한 사람들 혹은 여러 풍경들도 함께.

사실 나라는 사람은 다른 사람들과의 교류가 익숙한 부류의 사람이 아니다. 진실을 얘기하면 어려서부터 쭈욱 그랬던 것 같다. 게다가 성인이 돼서도 난 그걸 정면으로 받아들여 익숙해지기보다는 늘 교묘하게 빠져나가거나 회피하는 쪽으로 갈피를 잡아왔다. 그래서 이제는 늙으면 과연 누굴 만나야 하나라는 고민이 꽤 심각하게 될 정도다.

그러니 먼 훗날 그 누군가가 결국, 매우 외로운 처지에 놓여버린 내게 다가와 "바로 이것이 그동안 당신이 많은 인연을 놓치며 혹은, 내치며 살아온 것에 대한 최종 업보."라고 지적한다 한들 나는 추호도 할 말이 없을 테다.

하지만 이렇게 두려움에 떠는 일상을 보내다가도 주말에 버스킹을 나갔다 돌아오면 웬일인지 나의 마음은 다시 차분해지곤 한다. 특히 위의 경우처럼 제2의 해석자로서 사람들에게 내가 받은 감동과 감흥을 최소 3분의 1이라도 전달하는 일이 여러 차례 생기는 날엔 더더욱.

대체 왜일까?

그건 아마 버스킹 시간 동안만이라도 내가 그간 멀리 회피하고 부정하려고만 했던 '따뜻한 인간관계'라는 폐허에 대해, 이렇게나마 보수의 손길을 보탠 듯해서가 아닐까.

언제까지고 당신들만을 위한 천국

나는 요즘 버스킹을 하러 갈 때 항상 택시를 탄다.

왜냐하면 집에서 상당히 먼 거리에 목적지가 있기 때문이다. 물론 짐이 무척 많다는 이유도 있다. 그래서 택시를 타고 이곳을 향해 갈 때면 나는 늘 광화문을 지나게 된다.

그런데 여러분도 잘 아시다시피 이 광화문은 예전부터 나라님이 업무를 보는 궐의 정문이자 현재 청와대와도 그 위치가 꽤 가깝다. 그렇기에 언젠가부터 이곳은 우리 모두에게 매우 상징적인 장소가 돼버렸다. 특히 이곳에선 거의 매 주말이면 자신들의 요구를 목이 터지라고 외쳐대기 바쁜 즉, 사회에 불만이 많은 군중들을 언제나 목격할 수 있다. 다만 요즘은 코로나 사태로 인해 이런 광경을 꽤 오랫동안 못 봤지 싶다(게다가 이제 이런 풍경은 앞으로도 최소 5년간 더 자주 보기가 힘들지 싶다(2022년 기준). 아시다시피 새로운 대통령의 용산 집무실 시대가 열렸기 때문에. 물론 그렇다 해서 시위자들 전부가 우르르 죄다 용산으로 몰려가진 않을 테다.).

그런데 이런 집회가 있게 되면 내 개인적으로는 매우 곤란하다. 왜냐하면 제때, 제 비용에 목적지로 가지 못하고 상당 구간을 우회해서 이동할 수밖에 없기 때문이다. 그리고 그럴 때면 솔직히 큰 짜증이 종종 밀려오기도 했다. 사실이 이렇다 보니, 때론 여기를 지나가는 것만으로도 나라에 어떤 큰일들이 벌어지고 있는지 자연스레 알 수가 있었다고 말하면 이는 내게 있어 결코 큰 과장이 아닐 것이다.

그런데 언젠가 나의 버스킹 장소로의 이동이 가장 곤란했던 시기가 과연 언제일까를 한번 생각해 본 적이 있다. 그것도 나의 버스킹 역사 10년 전부를 통틀어서. 답은 금방 나왔다. 바로 대한민국 국민 다수가 박근혜 전 대통령의 퇴진 요구로 똘똘 뭉쳐 광화문 일대에서 수차례 대규모 집회를 열 때였다.

이런 얘기를 꺼낸 김에 하는 말이지만 우리나라에선 지금껏 단 두 명의 대통령만이 탄핵소추안의 대상이 됐었다. 다들 아시다시피 故 노무현 대통령과 전 박근혜 대통령이다. 그리고 이 중 故 노무현 대통령은 극단적인 선택 이후,

이전의 평판과 인식이 크나큰 반전 혹은 더욱 개선되는 상황을 맞이했다. 그래서 이분은 역대 그 어떤 한국 대통령보다 재임 당시보다 퇴임 후 훨씬 더 큰 국민들의 존경을 받는 상징적인 존재로도 거듭나지 않았나 싶다.

개인적으로도 나 또한 故 노무현 대통령에 대해 참 좋은 점이 많은 분이었다고 생각한다. 하지만 단지 그뿐일 뿐 내겐 그분의 치적과 인생에 대해서 논할 깜냥도 또 의지도 없다.

다만 서거 이후로 이분이 더욱 존경받는 지금의 상황을 지켜보며 내 마음속 한구석에는 '한국인들의 집단 심리란 과연 무얼까?'라는 의구심이 쑥쑥 자라나게 됐다. 왜냐하면 이것이 과거와는 사뭇 대조되는 현상이었기 때문이다. 그렇기에 난 이 땅에 발을 붙이고 살아가는 또 하나의 한국인으로서 이것에 대한 원인을 늘 속 시원하게 파헤쳐 보고 싶었다.

나는 글쓰기에는 양극단이 있다고 생각한다.

쉬운 것을 어렵게 쓰는 게 가장 나쁜 글쓰기이고 반면에 어려운 것을 쉽게 쓰는 게 가장 좋은 글쓰기라고 믿는 것이다. 개인적으로 『불편해도 괜찮아•2010』라는 책을 쓴 '김두식•1967- '님은 이 둘 중, 좋은 글쓰기를 다수 실천해 낸 작가라고 생각한다. 사실 이분이 쓴 책 중엔 개신교에 관한 책도 있는데 종교에 편견이 있는 내 입장에서 그런 글들까지 다 구해서 봤으니 이것이 그리 단편적인 평가는 아니리라 믿는다.

어쨌든 이분이 쓴 책에서 발견해 개인적으로 그 무엇보다 크게 흥미를 느꼈던 부분이 하나 있다. 그건 바로 '르네 지라르René Girard•1923-2015'의 이론을 빌려 와 故 노무현 대통령의 굴곡진 인생사와 그에 대한 대중의 인식 및 반응을 꽤 설득력 있게 설명한 부분이었다. 참고로 '르네 지라르'는 프랑스 출신의 문학 평론가이자 사회 인류학자이다.

그런데 이렇게 어떤 인지도 있는 인물이 대중들에게 크나큰 사랑을 받다 급속도로 몰락한 뒤, 다시 되받아들여진다는 패턴은 전 인류사를 통틀어 꽤 흔히 발견되는 편이다.

하지만 그것을 이론 혹은, 인류학적으로 명쾌하게 설명해 낸 사람이 이미 존재한다는 것을 그제야 난 처음으로 알게 되었다. 그리고 그로 인해 난 故 노무현 대통령과 같은 사례가 한국 국민만의 별난 특이성 때문에 발생한 게 아니라는 생각 또한 어느 정도 이성적으로 품게 되었다.

그럼 여기서 여러분의 이해를 돕기 위해 또 내 능력이

닿는 대로 '르네 지라르'가 주창한 이론의 주요 부분들을 설명해 본다. 인간은 근본적으로 유사성이 있는 상대에게 호감을 느끼는 성향을 가지고 있다고 한다. 하지만 반대로 극도로 닮게 되는 것을 혐오하는 양면성 또한 동시에 가지고 있고. 그리고 이것의 수위 및 경계를 조절하는 것이 욕망이라고 그는 설명한다. 그런데 이 욕망을 자세히 들여다보면 자연발생적이기보단 항상 누군가의 욕망을 닮는 모방적인 성격을 띤다고 한다.

그리고 이런 과정을 거치게 되면 결국 이 욕망이라는 감정이 점차 경쟁의 기제로 변질된다. 그래서 이렇게 변질된 기제들에 둘러싸여 살아가는 보통 사람들은 이후, 이 욕망에서 비롯된 서로 꼬리에 꼬리를 무는 무의미한 내적 폭력과 증오를 무한대로 반복하며 증폭시키게 된다. 마치 신화 속 동물 '우로보로스'처럼.

그런데 결국 이와 같은 폭력성이 한 명으로부터가 아니라 다수로부터 발생하면 과연 어떻게 될까. 당연한 얘기겠지만 감당하기 힘들 정도로 그 부피가 비대해지기 마련이다. 게다가 종기는 곪고 나면 종국엔 반드시 터트려 줘야 하는 법. 따라서 흡사 이렇게 큰 종기처럼 곪아버린 집단적 증오가 특정인에게 집중돼 희생이 발생하고 나면 비로소, 이 폭력에 대한 공동의 욕구와 억눌림이 단번에 해소될 수 있다고 한다. 흡사 고름이 터져 나간 이후 그제야 차차 상처가 아물게 되는 것처럼.

하지만 만약 이 희생자가 그냥 미움받아 마땅한 존재가 아니라 한땐 대중에게 큰 사랑을 받던 존재였다면? 이후 사람들은 역설적으로 그 희생자를 전보다 더 깊게 되받아들이고 심지어 신성시하게까지 될 수도 있다고 그는 설명한다.

사실 위 예시에 가장 완벽하게, 그리고 가장 많이 알려진 사례의 하나로 부합하는 것은 바로 '예수Jesus'의 사례가 아닐까 싶다. 아니나 다를까. '르네 지라르'는 예수의 모습과 가르침 안에 이런 반복되는 폭력의 메커니즘을 끊을 수 있는 궁극적 해결책이 있다고 강력하게 주장했다. 특히 폭력에 폭력으로 대처하지 않고 오히려 자신의 육체를 희생해 바치기까지 했던 예수의 특별한 면모들로부터.

그런데 이즈음에서 내가 '르네 지라르'의 이름과 이론을 이 글 안에 소환한 가장 큰 연유를 밝혀야지 싶다. 그건 그를 여러분께 본격적으로 소개하고 싶어서가 결코 아니었다. 다만 나는 그가 평생을 걸쳐 연구했을 이론의 틀을 단 하나의 문학 작품으로도 꽤 훌륭하게 느껴볼 수 있는 사례가 있어 이를 직접 소개해 보고 싶었다.

그리고 그 작품의 이름은 바로 '이청준•1939-2008' 작가의 소설 『당신들의 천국•1976』이다.

요즘 한국 사람들이 선호하는 여가 활동 중 가장 많이 손꼽히는 게 아마도 영화 감상이 아닐까 싶다. 또 그렇기에 우리나라엔 유독 영화에 대한 정보를 다루는 매체나 기자들이 많다는 특징도 있는 듯하다. 어쩌면 영화 보기를 취미로 가진 사람이 이토록 많기에 한 해에도 수많은 영화가 국내에서 개봉한다. 그리고 그 언제부턴가 여러 할리우드 블록버스터 영화들이 세계 최초로 한국에서 개봉하는 일 또한 매우 빈번해졌다.

사정이 이러하니 아카데미 시상식에서 최고 영예 중 하나인 작품상을 받은 작품들 역시 꼭 국내 극장가에서 선을 보이고는 한다. 물론 상을 받았다는 사실이 알려지면 자연스레 영화 홍보에도 탄력이 붙는 듯하다. 그런데 이 수상작들을 잘 살펴보면 이들 사이에 흥미로운 공통점 한 가지가 내 눈에 띈다. 만약 작정하고 기본 스토리 이면에 숨겨진 은유적인 뜻들을 파헤쳐 보게 되면, 그때마다 또 다른 의미가 속속 드러나기에 상을 받는 경우가 많은 것이다. 물론 이 영화들은 표면적으로 가지고 있는 스토리 자체도 대부분 훌륭한 편이다.

그런데 나는 이러한 영화들의 공통점들을 통해 크게 깨달은 바가 하나 있다. 그건 바로 정말 뛰어난 예술 작품 혹은 예술가는 때론 장황한 이론 혹은 인식의 틀을 단 한 작품 안에서 보여주는 괴력을 발휘하기도 한다는 것. 그러니까 역사학자나 인류학자가 평생에 걸쳐 연구(혹은 연마)해 훗날, 어렵게 도출해 낸 다이아몬드와 같은 이론을 단 한 번에 말이다. 그리고 내 기준에 그런 가장 뛰어난 예술이 구현된 사례로 앞서 언급한 이청준 작가의 『당신들의 천국』을 꼽게 된다. 참고로 이분은 한국 대중들에게 이미, 영화「서편제•1993」나「밀양•2007」의 원작 소설을 쓴 작가로도 잘 알려져 있다.

이 소설의 주요 배경은 '나환자들의 섬'이라 불리는 소록도이다. 그리고 이 소록도에 있는 병원에 어느 날 조백헌 대령(이하 조 대령)이 새로운 병원장으로 부임해 온다. 그런데 그는 선대 원장들과는 좀 다른 이였다. 왜냐하면 자신의 치적을 위한 수단으로써 나환자들을 처우하지 않기 때문이다. 적어도 그는 그들 모두 역시 소중한 인격과 존엄을 가진 개개인의 인간이라는 인식을 굳게 가지고 있다. 그래서 이들과 함께 섬을 잘 간척해, 추후 나환자들이 자립해 살 수

있는 '천국'을 건설해 내는 게 그에게 있어 가장 큰 소명 의
식이다.

하지만 이는 결코 쉬운 일이 아니었다.

얼마 안 가 그를 둘러싼 주변 인물들과 그 사이의 갈등
이 점점 첨예해지기 시작한 것이다. 사실 거기엔 다 이유가
있다. 언뜻 보기에 섬사람들은 그에게 순순히 동조하는 듯
보이지만 맘속 깊은 곳에서는 전혀 다른 생각들을 품고 있
기 때문이다. 한마디로 그들은 조 대령 역시 전前 원장들처
럼 우상이 되려는 열망에 가득 찬, 탐욕스러운 지도자라는
의혹을 절대 거두지 않는다. 뿐만 아니다. 설상가상으로 여
기에 섬 외부 사람들의 간계까지 더해지자 그는 결국 섬을
떠날 수밖에 없게 된다. 이후 5년의 세월이 흐른 어느 날. 조
대령은 더는 원장 신분이 아닌 평범한 민간인의 입장으로
이 소록도에 다시 돌아오게 된다.

여기까지가 간략하게 살펴본 이 소설의 주요 스토리이
다. 그런데 이 책을 덮고 난 뒤 나는 일단, 그가 섬을 떠나기
직전까지도 나환자들에게 끝끝내 환영받지 못했던 이유가
대체 뭘지에 대해 곰곰이 생각해 봤다. 그리고 그러고 나니
사실 딱 한 가지 사유가 내 뇌리에 떠올랐다. 게다가 어쩌면
이는 내가 '르네 지라르'의 이론을 어느 정도 알고 나서 책

을 읽었기에 떠올랐을지도 모를 추론이었다.

그것은 바로 그가 섬사람 대부분과 같은 나환자가 아니라는 것. 그런데 여기서 잠깐. 기실 따지고 보면 조 대령 역시 근본적으로는 나환자들과 똑같은 '사람'이라는 큰 생물학적 공통분모를 공유하고 있지 않나? 하지만 그에게는 결코 얼굴이 썩어 들어간다는 나환자들의 치욕을 겪어본 역사가 없다. 또 그는 이전 병원장들 모두가 나환자들에게 부린 혹독한 처우 탓에 이미 그들 사이에 생성된 편견의 벽을 넘어설 수가 없기도 했다. 그러니 그가 아무리 고귀한 이상을 가졌다 한들 그들과 똑같은 편에 서려야 설 수가 없을 수밖에.

그러나 그는 결코 이전 병원장들처럼 나환자들 위에 군림하는 자가 아니었다. 반대로 조 대령은 늘 그들과 같은 눈높이를 가지려 노력했고 또 이에 대한 방증으로 우상 제작을 금지하는 서약까지 신과 섬사람들 앞에서 한 그였다. 심지어 그는 이를 배반했을 시 자신의 목숨마저 내놓겠다는 약속을 이 서약 위로 보태기까지 했다. 그렇지만 이후 결과는 어떠했던가? 결국 그는 간척 사업을 완결 짓지 못한 채 제 발로 섬을 떠나야만 했다. 이 사업의 성취는 그야말로 그(비장애인)와 나환자 간에 완벽한 화합을 이뤘다는 상징적 사건이 될 수가 있었는데도 불구하고.

그런데 이러한 일련의 '소설 속 사실들'—어쩌면 이 표현은 '르네 지라르'의 표현을 빌려 와서 '소설적 진실'들이라고 바꿔 쓸 수도 있을 것 같다. 왜냐하면 『당신들의 천국』에 등장하는 인물 및 사건들은 실제 시공간에서 이미 존재했던 사람들과 그들이 벌인 실화들을 기반으로 창작됐기 때문이다.—을 통해 보면 이런 생각도 든다. 조 대령은 결국 이렇게 본인의 치적이 완성되기 전, 섬을 떠날 수 있었기에 역설적으로 다시 되받아들여진 게 아닐까라고.

그러니까 자신만의 천국을 건설하려다 본인의 동상 앞에서 살해당한 전 원장과 다르게. 다시 말해 난 그가 과감히 섬을 한번 떠날 수 있었기에 되레 나환자들 안에 쌓여있던 분노와 폭력성의 질긴 사슬을 끊어낼 수 있었던 것이라 생각한다. 그리고 그렇게 보면 사실 조 대령이 섬을 떠나간 바로 그때, 그 자신에게 일종의 은유적 죽음이 한번 벌어졌던 것이 아닌가 하는 생각도 든다.

그럼 이 대목에서 다시 나와 동시대에 같이 존재한 인물이었던 故 노무현 대통령에게로 시선을 돌려본다. 물론 그렇다 해서 시점을 참여 정부 시절까지 올려다볼 필요는 없을 듯하다. 이분이 퇴직 후 봉하마을로 거처를 옮겼을 당시

만 회상해도 충분하지 싶다.

당시 국민들 사이에는 그가 큰 권력을 가졌던 자임에도 불구하고 본인들이 사는 낮은 위치로 내려와, 밥을 먹고 말을 나누니 모두가 그를 좋아하는 분위기가 형성됐었다. 하지만 얼마 안 가 대통령 가족을 중심으로 큰 뇌물이 오고 갔다는 뉴스로 온 대한민국이 도배되기 시작했다. 그러자 사람들은 언제 그랬냐는 듯 배신감으로 쉽게 등을 돌렸다. 동시에 후하게 베풀던 호감 또한 금세 거두어 갔고.

그 뒤 결국 故 노무현 대통령은 고지에 위치한 부엉이바위에 올라, 그것을 내딛고 세상 그 누가 위치한 자리보다 가장 낮은 곳으로 순식간에 돌아가 버리고 말았다. 이미 전 국민 모두가 너무나 잘 알다시피 말이다. 그러자 이후 사람들은 그런 그를 기리며 후회의 눈물과 함께 전에 없던 더 큰 사랑과 존경을 드러냈다. 그리고 이는 아직까지도 매우 현재 진행형인 상황들이다.

결국 위 두 가지 케이스 모두를 통틀어 보면 몇 가지 공통점이 내 눈에는 띈다. 우선 조 대령과 故 노무현 대통령 모두, 예수처럼 주변 모두를 끌어안고 끝끝내 이끌어 가려는 리더로서의 관용을 잃지 않았다는 점. 또 거기서 더 나아가 두 사람에겐 비난과 증오에서 비롯한 수난을 회피하지 않고, 그 모든 것을 홀로 책임지는 희생 자세까지 만인들 앞에서 보였다는 공통점도 있다. 아마도 그렇기에 그들이 결국 섬사람들과 국민들에게 더 크고 좋은 의미로 되받아들여진 게 아닐까 싶기도 하다. 그리고 이 모두는 사실상 '르네 지라르'가 주창한 이론과도 매우 부합되는 전개와 결론들이다.

그런데 결국 이 모두에 대한 감상 모두를 일렬로 세워 내면의 눈으로 투시해 보니, 허망하게 내겐 이런 생각 하나가 남는다. 아무리 남들을 뛰어나게 이끈 지도자의 자리에 힘겹게 올랐다 한들 과연 그의 치적을 평가하는 절대적 기준이라는 게 존재하긴 하는 걸까? 라는 생각.

또 이런 생각도 든다. 그 누가 지도자가 된들 결과적으로는 만인의 욕망 싸움에 희생양이 되어 큰 비난거리로 전락할 거라면, 그 사람이 선출되도록 만든 우리의 열렬한 노력 역시 무척 헛되지 않느냐고. 게다가 사실 우리는 여태껏 이와 비슷한 경험을 꽤 여러 차례 반복해 오기까지 했다. 따라서 만약 이런 것도 실수라고 말할 수 있다면 우린 아마도 이러한 지난 실수로부터 아무것도 배우지 못했노라고 말할 수도 있을 테다.

아마도 그 누군가는 나의 이런 생각이 너무 허망하다고

비난할 수도 있으리라. 하지만 내가 볼 때 큰 무언가를 희생하고 나서야 비로소 훗날 그 빈자리를 더 크게 인식하고 그리워하는 우리의 현실이 때론 더 허망하지 싶다.

'르네 지라르'가 설파한 이론으로 설명되는 인간의 모습만으로 보자면 이런 예측이 가능하리라고 본다. 대통령 집무실 의자에는 앞으로도 이런 외모를 지닌 사람이 그 언제고 자리를 잡게 될 것이라고. 그러니까 국민들 대다수와 크게 다르지 않은 얼굴을 하고 있으면서도 동시에 거울에 비친 듯한 서민의 이미지를 가지지 않은 사람. 국민들은 언제나 그런 이를 대통령으로 뽑을 것이다.

동시에 노스트라다무스에 버금가는 예언을 하나 더 덧붙인다. 오늘도 자주 스쳐 지나가는 경복궁역, 광화문, 용산 일대엔 비슷한 모습의 군중들이 항상 그 자리를 지키고 있을 것이라는 사실이다. 그 군중이란 단 1초라도 통일될 수 없는 다양한 욕망의 부대낌 끝에 결국은 터져 나와 버린 불만과 증오를 목이 터져라 외쳐대는 이들을 말한다.

결국 이들의 눈에는 나라님이 그저 소록도에 온 조 대령의 모습으로 보이지 않을까. 그러니까 『당신들의 천국』속 나환자들과 몇몇 병원 직원들이 조 대령과 최초 대면했을 당시, 그가 오직 본인만의 천국을 건설하기 위해 바다를 건

넌 괴물로 보였겠듯이.

이런 사람들의 마음속에 대통령이 궁극적으로 받아들여지는 방법은 단 두 가지밖에 없다.

피를 흘리거나 혹은,

자리에서 물러나거나.

오늘 난 버스킹을 위해 광화문을 지나치면서 또다시 이런 생각들을 떠올려 본다.

나만의 거울 도시를 짓기 위한 벽돌

.

"그럼 시도 읽겠네요?"

누군가에게 책 읽기를 좋아한다고 말하면 이는 가끔씩 내게 되돌아오는 질문이다. 그리고 그럴 때면 나는 언제나 시를 읽는 대신 음악을 듣는다고 대답한다.

사실 이런 대답을 하는 이유는 비교적 분명하다. 나는 그누가 뭐라 해도 가장 완벽한 시는 바로 음악이라고 생각하기 때문이다. 그리고 실제로 세상에는 뛰어난 시에 비견될 정도로 좋은 노래 가사들이 이미 많이 나와 있다. 게다가 난같은 은유라도 좋은 음률에 실어 전달할 때와 아닐 때 그 효과의 차이가 배, 아니 수십 배가 날 수도 있다고 생각하기도한다.

그리고 또 개인적으로 난 소설이나 에세이이면서 동시

에 뛰어난 시의 속성마저 품고 있는 여러 좋은 문학 작품을 이미 여러 차례 경험하기도 했다. 특히 그중에는 다른 작가의 여러 시를 아예 본인 작품 안에 적극적으로 끌어들여 상호 보완의 효과를 극대화한 작품들도 있었다. 결국 그러면서 난, "굳이 시를 읽을 필요가 있겠나."라는 생각을 더더욱 굳히게 되었다.

소설 『내 책상 위의 천사 An Angel At My Table • 1984』는 그러한 내 생각에 가장 큰 힘을 실어준 책 중에 한 권이다. 그런데 사실 이 책은 일종의 자전적 소설이다. 그리고 이 실제 체험의 주인공은 바로 '자넷 프레임 Janet Frame • 1924-2004'이라는 작가 자신이다. 참고로 그녀는 뉴질랜드 출신이면서 동시에 노벨 문학상 후보 작가이기도 했다.

흥미로운 사실은 훗날 이 책이 '제인 캠피온 Jane Campion • 1954-' 감독의 영화로도 제작이 됐다는 것이다. 참고로 이 감독은 '자넷 프레임'과 동향인으로 같은 뉴질랜드 출신이다. 그리고 또 그녀는 한때, 이 작가와 매우 유사하게도 세상에서 가장 주목받던 여성 아티스트이자 감독이기도 했다. 그런데 이젠 이 과거형 표현을 다소 정정해야겠지 싶다. 왜냐하면 2022년 제94회 아카데미 시상식에서 바로 이 '제인 캠피온' 감독이 「파워 오브 독 The Power of the Dog • 2021」이라는 영화로 감독상을 수상했기 때문이다. 한마디로 최근 그녀는 자신이 여전히 건재한 예술가임을 온 세계에 당당히 다시 소리쳐 외쳤다. 그것도 자신이 가장 잘 다룰 수 있는 영화라는 매체를 통해서.

얘기가 잠시 옆으로 샜는데『내 책상 위의 천사』영화 얘기로 다시 화제를 돌려본다. 나는 물론 이 영화를 진즉에 감상한 바 있다. 하지만 아쉽게도 이제 난 이를 내 두 눈으로 확인한 지가 하도 오래되어, 화면의 질감 정도만을 기억할 수가 있다. 다만 주인공의 연기와 재현력 역시 인상 깊고 뛰어났다는 느낌도 동시에, 어느 정도는 내 뇌리에 남아있다.

결론적으로 봤을 때 '자넷 프레임'은 이런 탁월한 책을 써낼 정도의 재능과 유니크한 감성을 지닌 남다른 영혼이라 할 만했다. 그것도 꽤 일찌감치부터. 그러나 수습 교사 생활을 하던 중 벌인 충동적 자살 시도 한 번으로 그녀는 무려 8년간이나 정신병원에 갇혀 지내게 된다. 사람이 너무 소심한 탓이었다. 그러다 결국 그녀는 강제적인 전전두엽 절제술이라는 일종의 잔혹한 타의에 의해, 바보가 될 큰 위기에까지 처한다.

하지만 운명의 여신은 그녀의 손을 끝까지 놓지 않은 듯하다. 이후 그녀는 이 모두를 극복하고 이 경험들을 고스란히 자신의 시각으로 옮겨 적을 기회를 가진 작가의 길을 걷게 됐으니 말이다. 결국 『내 책상 위의 천사』는 그것이 결과로써 결실을 보기까지의 여정이 아주 아름답게 담겨 있는 책이기도 하다.

그런데 사실 『내 책상 위의 천사』는 '시'의 어법 자체를 본격적으로 활용해 글을 써 내려간 문학작품이 아니다. 기본적으로 이 작품이 시적인 느낌과 다양한 은유들을 품고 있는 탁월한 문장들로 구성되어 있음에도 그렇다.

다만 작가는 타 문학의 주옥같은 문장이나 시 문구들 그리고 노래 가사들까지 빌려 와 중간중간 적절히 인용할 뿐이다. 특히 본인의 색다른 기분이나 처한 상황 혹은, 고향 뉴질랜드에서와 유럽 체류 시 자신을 둘러쌌던 특수한 자연적 환경에 대해서 묘사할 때 이런 재주를 아주 탁월하게 발휘한다. 그런데 이것이 전혀 억지스럽게 느껴지지 않는다. 반대로 독자들이 잠깐이나마 그녀의 독특한 정신세계에 함께 머무를 수 있도록 다가서는 통로로써 적절히 기여한다.

그러니까 오히려 이런 장치들이 없었다면 독자들이 '자넷 프레임'의 책상 속 세계로 들어가는 몰입을 주저하지 않았을까라는 생각이 들 정도로 그 인용들이 뛰어난 것이다. 더욱이 그녀의 환상이나 내면적인 변화가 아주 독특하고 꽤 개인적이기에 더 그렇게 느껴진다.

저자이자 자전적 소설의 주인공인 '자넷 프레임'은 이렇게 청춘이 만개할 당시 미친 여자 취급을 받아 여러 가지 괴로운 일들을 겪고 만다. 그것도 본인의 의사와 전혀 상관없이. 그런데 그렇게 끔찍한 늪과도 같은 상황에서 힘겹게 발을 뺀 이후, 그녀의 내면에는 그녀를 지탱해 주는 가상의 공간이 하나 생겨난다. 그것은 바로 〈거울 도시〉라는 존재이다.

그녀 홀로 건설한 이 도시는 그녀 자신이 내면에 쌓아 올린 벽돌들로 지속적이고도 또 천천히 건설되어 간다. 또 그렇게 이 공간의 의미가 남달랐기에 세 권으로 구성된 전체 소설의 후반부에서 작가는 이 특별한 공간을 지속적으로 언급한다. 게다가 그녀는 독자들 역시 그 공간을 자주 환기하며 들락거릴 수 있도록 직접 안내자 역할을 자처하기도 한다. 그래서 아마도 『내 책상 위의 천사』를 읽고 나면 그 누구라도 위 단어 혹은 공간을 반드시 기억하게 되리라.

내가 생각하기에 길거리에서 노래를 부르는 버스커 대부분은 기본적으로 음악을 아주 좋아하는 사람들이 분명하다. 기실 내 경우만 봐도 너무나 그러하니까. 그런데 그들 중 애초부터 "난 그냥 길거리에서 공연하는 버스커가 꿈이야."라며 마음먹고 이 생활을 시작한 이는 거의 없으리라 본다. 생각해 보면 그렇지 않겠는가. 누구든 음악을 좋아하는 것을 넘어 노래, 연주까지 가능하다고 한다면 처음부터 그 누가 길거리 공연자를 꿈꾸겠는가. 그것보다는 당연히 자기 이름이 떡하니 달린 앨범을 발매하고 많은 대중에게 사랑받는 삶부터 우선 꿈꿀 것이다.

그런데 만약,

방금 말한 범주 안에서 음악인이 이룰 수 있는 성공의 범위가 정의되는 게 아주 확실하다고 치자. 하지만 그렇다 한들 이러한 꿈을 실현하는 데 있어 개개인이 투자해야 하는 시간의 편차는 아주 큰 듯하다. 물론 성공 이후의 지속성 역시 마찬가지고.

하지만 팝아티스트 '앤디 워홀Andy Warhol • 1928-1987'이 적확하게 예견했던 이 시대에는—생전에 그는, 미래엔 그 누구라도 15분 동안은 유명인이 될 수 있다고 말한 바 있다.— 경연 대회 몇 회 만에 큰 스타의 반열에 오르는 일이 그리 드문 일은 아닌 게 돼버렸다. 특히 음악인들 앞에는 이제 수많은 경연 대회가 펼쳐져 있어 만약 재능만 있다면 아예 입맛대로 골라서 출전할 수가 있을 정도다.

그럼에도 이런 현상의 끝에는 눈에 띄는 점 한 가지가 있다. 그건 바로 이런 경연 대회에서 수상한 이들 중 일부라도 살아남아, 대중과 같이 나이 먹어가는 뮤지션으로 거듭나는 비율이 꽤 낮아 보이는 것이다. 특히 쉴 새 없이 배출되는 다량의 수상자들의 수에 비례해선 확실히 그렇다. 그리고 설혹 그 누군가가 살아남았다 하더라도 이들 중 대중들의 인생과 호흡하는 곡들을 스스로 만들고 또, 계속 발표해 나가는 송 라이터들은 정말 드물다고 말할 수밖에 없다. 그리고 난 매번 이런 현상을 직접 마주하게 될 때마다 언제나 앞서 언급한 〈거울 도시〉라는 굳건한 도시가 다시 생각나곤 한다.

대체 왜일까?

'자넷 프레임'은 작가다운 발상을 통해 자신의 내면 공간에 〈거울 도시〉라는 멋진 이름을 지어줬다. 게다가 그녀는 그 존재를 세상 밖으로 널리 알리기도 해서 지금 나는 그걸 언급하는 글까지 쓰고 있다. 하지만 사실 알고 보면 우리 모두 역시 이렇게 각자의 내면에 자신만의 공간을 가지고 있을 것이다. 설사 그것이 차지하는 공간이 아주 협소하다 할지라도.

다만 우리는 그것들에 작가들처럼 멋진 호칭을 붙여본

적이 없을 뿐이다. 게다가 그 공간의 내구성이나 수용성 혹은 이 공간을 통해 우러나는 외향적 태도 등은 사람에 따라 정말이지 각양각색이 아닐까 싶다. 마치 이 지구촌에 함께 어우러져 살아가는 여러 사람들의 이름이 너무나 다양한 것처럼.

하지만 내가 생각하기엔 작은 고난을 수없이 감수해 온 사람일수록 이후 닥쳐오는 다양한 외부 시련을 점차 무던히 감내할 수 있는 단단한 내부 공간을 가지게 된다고 생각한다. 흡사 작가 '자넷 프레임'이 벽돌 한 장 한 장을 천천히 쌓아 결국 가상의 도시 하나를 통째로 자신의 내면 안에 완성시킨 것처럼. 게다가 잘 완성되기만 하면 난, 이 공간이 그 사람만의 독특한 매력을 지속적으로 생성해 내는 훌륭한 발전소가 된다고도 생각한다.

이즈음에서 난 음악 경연 프로그램들을 통해 스타가 된 사람들을 다시 한번 생각해 본다. 그들은 보통 여기서 우승을 하면 대번 거울로 조성된 도시와 같은 번쩍이는 인기와 주목도를 한꺼번에 획득하게 된다. 그런데 그들은 그러면서 또 동시에 이 도시가 쉽게 조각날 가능성 또한 같이 건네받게 되는 건 아닐까? 내실도 없이 그저 번쩍번쩍거리는 거울로 외형만을 꾸민 거대 조형물이 실제로 그러하겠듯. 또 그렇기에 그것이 어쩌다 조각나 파괴되면 결국 그것으로 인해, 내면이 크게 상처받을 위험 또한 더불어 함께 선사받는 것은 아닌가라는 가정 역시 가능하게 느껴진다.

그런데 이것이 만약 정말 올바른 가정이 될 수 있다고 치자. 그렇다면 바로 그래서 단번에 거둔 이 우승이라는 씨앗을 큰 바오바브나무처럼 키워나가는 사람이 드문 게 어쩌면 당연할지도 모르겠다. 왜냐하면 그렇게 하려면 이 우승자에게 많은 슬기로움 또한 동시에 요구될 텐데 아시다시피 이는 상금처럼 쉽사리 선사받을 수 있는 게 아닐 테니.

앞서서도 비슷한 얘기를 했지만 사실 버스킹이라는 행위는 음악의 변방을 맴도는 행위에 가깝다. 그리고 그 변방의 위치를 지키기 위해선 때론 본진을 지키는 자들 못지않은 고군분투가 필요하다. 하지만 이런 나 또한 늘 그 자리를 고수하기보다는 언젠가 반드시 내부자가 돼보고 싶다. 그러니까 나 역시 그 언젠가는 단순 버스커라는 자리를 뛰어넘어 뮤지션으로도 꼭 한번 인정을 받아보고 싶은 것이다. 비록 단 한 번이라도 좋으니까.

이를 좀 바꿔 말하면 이런 성공이 일종의 나만의 〈거울 도시〉에 대한 완성이라고도 말할 수 있겠지 싶다. 그렇다면 결국 내가 현재까지 450회가 넘게 누적시켜 온 길거리 공연 경험은 바로, 이 〈거울 도시〉를 완성하기 위한 일종의 벽돌 쌓기와 다름없는 행위이지 않을까. 하지만 그럼에도 불구하고 난 아직까지 내가 꿈꾸는 이런 〈거울 도시〉를 언제 완성할 수 있을지 스스로 전혀 확신할 수가 없다. 아니, 솔직해지자. 현재로선 완성하지 못할 가능성이 더 크다.

하지만 이것만은 아주 분명하다.

만약 수많은 관객들 앞에서 오직 내 노래 하나로 무대를 꽉 채워야 하는 순간이 기어코 오게 된다면. 그렇다면 바로 그 순간, 난 이렇게 버스킹을 통해 벽돌 하나하나를 쌓아왔던 순간들을 반드시 기억하게 되리라는 것을.

인생도 가끔 달팽이의 속도로

영어식 표현으로 소위 'My Old Man'은 한때 강원도 쪽에 주말농장을 소유했었다. 농장이라곤 하지만 사실 규모가 작은 텃밭 몇 개를 일구는 수준이었다. 그런데 그렇다고 누군가 단순 취미 수준이었냐고 묻는다면 바로 예라고 답하기도 애매할 듯하다. 왜냐하면 결실이 꽤 클 땐 집 앞 분식집에 한 철 분량의 김치용 배추를 댈 정도로 수완이 좋았기 때문이다. 그런데 이렇게 농장에서 수확한 농작물이 집에 도착할 때면 항상 선행되는 일이 하나 있었다. 바로 물 세척이다. 그리고 그럴 때면 나도 매번 호출되어 일손을 돕곤 했더랬다.

그러던 어느 날.

배춧잎들 사이로 큰 개미의 머리 크기가 될까 말까 한

둥근 물체 하나가 내 눈에 들어왔다. 자세히 살펴보니 달팽이 껍데기가 아닌가 싶었다. 너무 작아 한참을 살펴봐야 그렇게 보일 정도였는데 내겐 그 물체가 아주 귀여워 보였다. 그래서 난 살아있을지 죽었을지 모를 이 물체를 집어 일단 물을 얇게 채운 머그컵에 넣어두었다. 그런데 어쩐 일인지 이 녀석에게선 몇 시간이 지나도록 생체 반응이 전혀 없었다. 그래서 난 당시 이것이 생명체가 아예 아닐 수도 있겠다 판단하고 최대 삼 일까지만 더 지켜본 뒤 버릴 결심을 했다.

하지만 놈은 무생물이나 죽은 상태가 아니었다.

살아 있는 달팽이가 확실히 맞았던 것이다. 다만 이 녀석은 삼 일 기한이 거의 임박해서야 겨우 내게 첫 모습을 보여줬다. 아무래도 자신이 살던 환경과 너무 달라 어리둥절해한 것만 같다.

그리고 그렇게 내 인생에 덜컥, 달팽이 한 마리가 들어오게 됐다. 이후 난 그저 생각날 때마다 이 녀석에게 집에 있는 야채를 뜯어다 먹이고 잠은 그냥 머그컵 안에서 자게 했다. 결국 그러다 보니 어느덧 이 달팽이는 '팽달이'라는 이름까지 얻은 채 내 옆에서 함께 살아가고 있었다. 물론 이 이름은 내가 달아준 것이지만.

그런데 사실 나랑 유사한 경험을 해본 사람은 잘 알리라.

달팽이를 키운다고 말하면 이것이 살짝 과잉의 표현으로 느껴질 수 있다는 것을. 특히 나의 '팽달이'가 속한 명주달팽이 종들은 진짜 그렇다. 그 정도로 달팽이라는 생명체는 기르는 데 있어 큰 노력과 비용을 나에게 요구하지 않았다. 그뿐만 아니다. 달팽이는 성체로 다 자라난 뒤에도 역시나 내게 별다른 특별대우를 요구하지 않았다. 그래서 그 점에서도 역시, 달팽이는 꽤 키우기 사랑스러운 존재라는 생각이 내게 들게끔 했다. 왜 보통의 애완동물들은 자신들이 피우는 애교의 반대급부로 늘 주인에게 이에 상응하는 관심과 애정을 요구하지 않던가.

'팽달이'의 먹이로는 주로 상추를 그리고 특식으로는 가끔 당근을 주었다. 심지어 가끔씩 난 대형 마트에서 찢어진 상추를 거저 얻어다 이놈을 먹인 적도 많았더랬다. 사정을 얘기하면 그 누구 하나 거절하는 이가 없었던 것이다.

그리고 그 조그맣던 '팽달이'가 나와 동고동락을 시작한 지 1년이 채 안 된 어느 날. 나는 가족과 떨어져 독립이라는 것을 하게 된다. 대략 이놈의 몸집이 대견하게도 1cm 가깝게 자라있을 즈음이었다. 그런데 그 무렵 난 마치 팽달이가 자기 몸에 달린 제집 드나들듯, 자주 들락거리던 집 근처 도서관에서 우연히 『달팽이 안단테The sound of a wild snail eating • 2010』라는 책을 발견하게 된다.

사실 지금 생각해 보면 내가 그 무엇보다 이 책에 처음 눈길을 줬던 건, 아무래도 제목에 달팽이라는 단어가 들어가 있어서일 테다. 당시 내 상황이 상황이었던 만큼. 그런데다 심지어 난 책을 펼친 이후 내 선택이 너무도 옳았음에 절로 미소가 나왔다. 왜냐하면 책 속에는 달팽이의 여러 습성들에 대해 꽤 흥미롭고도 유익한 정보들이 다수 실려있었기 때문이다. 이와 더불어 글들이 무거운 문체로 쓰인 게 아니어서 읽는 것이 아주 수월하기까지 했다.

참고로 책의 저자인 '엘리자베스 토바 베일리Elisabeth Tova Bailey'는 서른넷의 젊은 나이에 '후천성 미토콘드리아 병'이라는 희소병 환자가 된다. 유럽으로 짧은 여행을 갔다가 그만 운이 없게도 희귀한 바이러스에 감염이 되고 만 것이다. 그리고 그때부터 그녀는 약 20년간 자유로운 거동을 거의 할 수 없게 된다.

그렇게 투병이 점점 일상이 돼가던 어느 날.

그녀는 친구로부터 제비꽃 화분과 함께 달팽이 한 마리를 선물 받게 된다. 사실 이 달팽이는 친구가 거의 줍다시피 해 저자의 집에 먼저 데려다 놓은 친구였다. 그래서 당시 저자는 친구에게 그 이유를 물었는데 그냥 좋아할 것 같았다는, 다소 싱거운 대답이 돌아온다. 그런데 그녀는 이 우연하고도 작은 만남에서 필연을 느꼈던 것일까? 저자는 이후 꾸준히 달팽이를 근거리에서 관찰하고 또, 여러 전문 서적이나 문학 등을 뒤져 달팽이를 묘사한 여러 훌륭한 글들마저 찾아낸다. 그래서 결국 그녀는 그렇게 채집한 여러 가지 정보와 문장들을 정성스레 한 책 안에 담아내기까지 했다(물론 이럼과 동시에 반려 달팽이를 아주 잘 보살펴 주기도 했다.). 그리고 그 결과가 바로 이『달팽이 안단테』인 것이다.

일단 이 책을 보다 보면 지구상에는 굉장히 다양한 종류의 달팽이들이 우리와 동거하고 있음을 이내 알게 된다. 따라서 사실 책 속엔 한국 토종 명주달팽이 종인 나의 '팽달이'와는 별로 상관없겠다 싶은 내용도 없진 않았던 것 같다.

그래도 이러한 사실과는 별개로 아직도 기억나는 유용하고도 재밌는 몇 가지 내용들은 확실히 있다. 우선 달팽이는 수천 개의 이빨을 가지고 있다고 한다. 또 녀석들은 특별하게도 암수가 따로 없는 자웅동체란다. 그래서 번식기에 같은 종끼리 만나게 되면 정자를 교환해, 서로가 서로를 수정시키거나 혹은 한쪽이 성별을 옷 갈아입듯 교체한 뒤 사랑을 나누기도 한단다. 그런데 이 과정에서 어떤 달팽이는 사디스트적인 방식을 취하기도 한다. 상대방의 몸에 침을

찔러 넣는 것이다. 저자는 이런 가학적 사랑을 나누는 모습에 대한 묘사와 더불어 이 침을, '사랑의 화살'이라고 멋지게 은유한 표현까지 어떤 이의 자서전에서 찾아내 책 안에 옮겨놨다. 내겐 이 대목들이 상당히 강렬했기에 아직도 기억 속에 생생하다.

'허먼 멜빌Herman Melville•1819-1891'의 『모비딕Moby Dick or, The Whale•1851』은 아마 모두 다 아실 것이다. 워낙 유명한 명작이니 이미 이 책을 읽어본 이도 있을 것이고. 그리고 그런 사람이라면 이미 잘 알겠듯 사실 이 책은 굉장한 두께를 자랑해서 읽기 전부터 기가 죽는 듯한 기분이 든다. 그런데 이를 극복하고 막상 책을 읽기 시작하면 결국, 이 어마어마한 두께가 서사적인 스토리만을 담아서 비롯된 것이 아니라는 것을 금세 깨닫게 된다.

다시 말해 여러 등장인물들이 같은 시공간 안에서 존재함으로써 벌어지는 서사를 묘사하는 데에만 그 많은 페이지들을 할애한 게 결코 아닌 것이다. 그것 못지않게 다양한 고래들의 특성과 습성 및 분류법, 그리고 바다라는 환경의 특수성 등을 설명하는 일종의 정보성 글들의 비중이 상당하다. 이는 아마도 저자가 실제 뱃사람 생활을 하며 겪었던 여러 경험을 통해 방대하게 건져 올린 생생한 정보들을 직접 글로 옮긴 것들이리라.

요즘도 뱃일한다고 하면 보통, 일반인들에게 아주 험한 일을 하고 있구나라는 인식을 준다. 하물며 가뜩이나 열악한 항해 장비들로 수없이 대양을 가로지르고 대륙 간을 왕복했을 19세기 초중반. 본인 목숨을 담보로 해 오갔던 이 '수많은 항해 경험'이라는 붓끝으로 써 내려간 이런 불굴의 기록들을 보다 보면 절로 이런 생각이 든다. 바다에서 험하게 살아남은 인간의 소금기 어리고 진한 아우라가 어른거려 더욱더 이 책이 명작이 됐구나라고. 그러니까 단순히 구전口傳으로 전해진 내용만을 편하게 글로 옮겼다면 이런 책은 결코 탄생할 수가 없지 싶은 것이다.

『달팽이 안단테』라는 책은 사실 이런『모비딕』에 비하면 일종의 나약한 일지처럼 보일지도 모르겠다. 마치 안락한 '워룸War Room'에서 전쟁을 지휘하고 자신은 소파에 몸을 붙인 채 안정을 취하고 있는 어느 여군의 전쟁 기록들처럼.

하지만 분명한 건 '엘리자베스 토바 베일리' 역시도 이 책을 쓸 때 병적 고통이라는 크나큰 아픔을 겪고 있었다는 사실이다. 또 그 고통을 조금이라도 극복하게 도움을 준 달팽이에게 느낀 고마움을 그녀는 글쓰기의 원료로 삼았다. 본인 역시 자신의 아픈 몸을 흡사 이 달팽이처럼 조금씩 조금씩 움직여 가면서. 그래서 이렇게 세상에 소금이 될 책까지 펴낼 수 있었던 것인데 결국, 이 모두를 생각하면 굉장히 소박하면서도 진솔한 감동이 느껴진다.

앞서 버스킹을 시작하게 된 계기에 관해 쓰면서 이미 난 그때 당시, 내가 처해있던 상황에 대해 여러분께 토로했었다. 그런데 그때 떠올린 느낌을 다시 한번 풀어서 얘기하면 이렇게 말할 수도 있겠지 싶다. 당시가 힘들었던 건 어쩌면 "인생을 능동적으로 살아가고 싶은데 (혹은 살아가야만 하는데) 나는 그저 지금 존재하고만 있구나."라는 멈춰 선 느낌 때문이었노라고.

그런데 그런 내가 스스로 달팽이를 키우며 또 『달팽이 안단테』를 읽으며 위안받았다고 주장한다면 그건 아마도 이런 이유들 때문이었노라고 말할 수 있으리라. 오히려 이 책이 위안을 너무 확성기로 떠들지 않아서 그랬다고. 또 무언가 행동하라고 강령을 내리지 않아서라는 이유도 있었던 것 같다. 그렇기에 읽는 이의 다양한 상황도 전혀 고려하지 않은 채, 그저 대충 얼버무린 위안을 전달하는 수많은 에세이나 자기계발서들과는 책의 영혼 자체가 달랐기 때문이라고.

그저 존재하는 것만으로도 '팽달이'는 내게 자기가 생생히 살아 있음을 느리게 증명했다. 그래서 이놈을 보고 있으면 "괜찮아. 때론 멈춰 서 있는 것도 정말 괜찮다구." 하는 위로를 언제나 나에게 주는 듯했다. 반대로 난 자기에게 딱히 거창하게 해준 것이 단 하나도 없었음에도 불구하고.

게다가 가끔씩 '팽달이'는 어떤 돌출 행동으로 나에게 색다른 위안을 주기도 했다. 글쎄 이 녀석이 과감하게도 며칠마다 한 번씩 내가 마련해 준 제집을 가출해, 먼 거리를 이동한 뒤 잠들어 있곤 했던 것이다. 곤충 채집통에 톱밥을 깔아 만들어준 집이었다. 그리고 그 목적지는 항상 인근에 놓인 빨래 건조대의 가장 높은 철제봉 아래였다. 아마 이는 사람으로 쳤을 때 전철역 3~4구간 정도를 걸어간 정도일 테다. '팽달이'는 밤새 기어 꾸역꾸역 이 정도만을 갔는데 왠지 그 모습이 내겐 아주 기특해 보였다.

참고로 명주달팽이는 야생이 아닌 집 안에서 키울 때 보통 1년에서 1년 반 정도를 산다고 한다. 그런데 나의 '팽달이'는 4년 가까운 시간을 나와 함께했다. 배 이상을 산 것이다. 그리고 어느 겨울날, 자신이 이고 다니는 집에 들어가 다시는 밖으로 나오지 않았다. 옷깃을 여미게 할 정도로 몹시 추운 날이었다고 나는 기억한다. 원래 달팽이는 겨울잠

을 자는데 그날을 계기로 팽달이는 잠깐이 아닌 영원한 잠
자리에 든 것이었다.

그런 팽달이가 지금 홍익대학교 서울캠퍼스 안,

나만 아는 장소 어딘가에 잠들어 있다.

버스킹은 비극일까 희극일까?

드라마 「지붕 뚫고 하이킥•2009-2010」의 어느 한 장면.

정보석이 자신의 아내, 이현경(오현경 분)이 눈길에 넘어지자 이를 보며 아주 통쾌해하고 있다. 그리고 이에 분함을 느낀 현경이 보석에게 눈을 던지면서 결국 둘 사이엔 죽일 듯한 눈싸움 한판이 벌어진다. 사실 이 사태가 벌어지기 얼마 전, 현경이 남편인 보석의 자존심을 무참히 짓밟은 일이 하나 있었는데 그것이 결국 이 사달에까지 이른 것이다. 하지만 이를 멀리서 지켜보는 노부부의 눈에는 이게 그저 로맨틱한 사랑싸움으로만 보이나 보다. 그들은 흐뭇한 미소를 만면에 지은 채 그저 이런 둘의 싸움을 부러운 눈길로 주시하고 있으니.

그러면서 이 장면 아래로 "인생은 멀리서 보면 희극이고 가까이서 보면 비극이다."라는 경구가 불현듯 자막 처리된다. 어라, 어디서 많이 본 문구 아니던가? 그렇다. 바로 명감독이자 명배우이기도 한 '찰리 채플린Charlie Chaplin • 1889-1977'의 아주 유명한 명언이다.

여태껏 난 남미 작가들의 책을 그리 다양하게 챙겨 보진 못했다. 그러나 명작이라 일컬어지는 몇 권을 챙겨 읽고 나니 타 지역의 문학 작품들과 비교해 몇몇 더 눈에 띄는 차이점들이 내 눈에 밟혔다. 특히 이른바 여러 통념적인 문학의 형식들을 가볍게 무시하고 거침없이 글을 써 내려간 방식이 가장 그랬다.

그리고 어쩌면 이는 마치 전 세계 문학계의 대세라 할 수 있는 영미권+러시아 문학의 형식 따위 개나 줘버리라는 일종의 시위처럼 보이기도 했다. 그런데 말이 나온 김에 여기서 그 차이점들을 좀 더 구체적으로 묘사해 본다면 아마, 아래처럼 크게 두 가지 정도를 꼽아서 얘기할 수 있겠지 싶다.

우선 첫 번째.

최소한의 소설 속 장치조차 쉽게 무시해 버리는 경우가 흔했다. 예를 들어 따옴표 처리, 행 바꿈 등으로 누가 대화의 주체인지를 알리는 것에 작가가 매우 소홀했던 것이다. 하지만 결국 이런 신선한 표현 방법을 쓴 데에는 그 나름의 이유가 있겠다는 생각도 든다. 이것이 마치 시간·공간·물리의 법칙(통틀어 이른바 지구의 법칙) 따윈 그들 고국에 애초부터 존재하지 않았다는 듯 느껴지게 하는 것이다. 따라서 결과적으로 이는 평소 비현실적인 일들이 비일비재한 작가 고국의 현실을, 유머러스하게 비꽈서 표현하는 데 동원된 일종의 장치들이 아닌가 하는 느낌을 내게 주었다.

게다가 이런 특징에 눈을 뜨고 나니 어쩌면 이는 작가 나름의 의도적 훈련 결과가 아닐까? 하는 생각도 동시에 든다. 하지만 시간이 좀 지나고 나니 생각이 바뀐다. 어쩌면 이는 그 어떤 문물로도 오염시키지 못할 남미인의 날 감각이 그대로 표출된 예일 수도 있겠다는 생각이 든 것이다.

다음 두 번째.

사실상 남미 작가들은 그들 나라에서 벌어지는 너무나 비현실적이고도 비참한 여러 가지 정세를 현미경의 시각으로 체험했을 테다. 앞선 경구를 빌어 설명하면 가까이서 보았기에 현실을 비극으로 체험했을 가능성이 큰 것이다. 하지만 그럼에도 불구하고, 그들은 글의 시작을 여는 서두에서부터 끝 문장의 마침표를 찍는 바로 그 순간까지도 관조하는 자세를 결코 잃지 않았다. 게다가 글 전반에 희극성까지 맴돌고 있어서 이런 느낌은 갈수록 더 생생해졌다.

결국 이 두 가지 특징들을 깨닫고 나니 나는 남미 작가들의 인생이 무척이나 궁금하지 않을 수 없었다. 그래서 난 『백년의 고독Cien años de soledad • 1967』을 읽고 난 뒤 곧바로, 작가 '가브리엘 가르시아 마르케스Gabriel García Márquez • 1927-2014'의 연보부터 찾아봤다. 그런데 그러고 보니 그는 고국 콜롬비아 상황에 환멸을 느껴 생에 많은 부분을 해외에서 그것도, 망명 생활로 보냈다고 한다. 아! 그래서인 건가? 그가 현미경이 아닌 망원경의 시각으로 이런 글을 쓸 수 있었던 이유가?

하지만 비록 작가의 몸이 고국에 섞여 있지 않더라도 고국에 관조의 시선을 보낸다는 게 어디 그리 쉬운 일이었겠나. 고국이란 본인에게 숨길을 불어넣어 줬기에 마치 어머니 같다는 의미로 '모국母國'이라고도 부르는데, 무릇 사람이란 어머니란 존재에 대해 객관적이기가 굉장히 힘든 생명체가 아니던가.

결론적으로 봤을 때 아마도 이러한 몇몇 포인트들 속에 전 세계 문인과 평론가들이 남미 문학에 열렬한 호응을 아끼지 않은 이유들이 숨어 있는 건 아닐까? 게다가 동시에 그것이 아마도 결국 이 작가들에게 유수의 상들을 안기는 결과 또한 함께 가져다준 게 아닌가 싶기도 하다. 그런데 『백년의 고독』을 다 보고 난 후, 얼마 지나지 않아 정작 나에게 가장 크게 다가온 감상 한 가지는 바로 이거였다. 인생을 바라보는 시선의 거리감을 인식하게 하는 힘은 결국, 이런 진실한 '예술'들로부터 우러나오는 것이 아닐까라고.

버스킹이라는 행위는 예술은 아니다.

하지만 위에서 이미 언급했듯 어떤 대상을 바라보는 거리감의 체감 차이를 설명할 때 그 예시로 쓰기에 굉장히 좋은 일면이 있다. 그럼 과연 내가 버스킹을 할 때, 일정 정도 거리를 둔 채 이를 지켜보는 관객들은 대체 나를 어떻게 바라볼까? 백 퍼센트 확언은 힘들겠지만 이들 대부분은 나에게서 그저 긍정적인 이미지를 보는 경우가 많은 것 같다. 한마디로 희극적으로 바라보는 것이다. 아마도 관객들은 나만이 내 안으로 켜켜이 쌓아온 나라는 사람의 맥락을 전혀 모르기에 더 그럴 수 있는 것도 같다.

그렇다면 반대편의 입장은 어떨까.

즉 공연을 펼치는 당사자인 내 입장이 비극인가 하면 그것 또한 아니다. 왜냐하면 나 또한 버거운 하루하루를 버텨

나가는 초근접 시각의 일상을 영위하다 주말에만 버스킹을 나가는 것이기에 그렇다. 그래서 이때만큼은 나 또한 오로지 나만의 의지로 행하는 바로 이 행위를 통해, 일상에서 어느 정도 이격된 시간을 보내게 된다. 그러면서 또 내게 세상을 희극적으로 바라보는 창이 돼주는 게 바로 버스킹이기도 하다.

나만의 생각일지도 모르겠는데 어릴 때 여기저기 호감을 표시했던 사람이라도 나이가 들수록 상대방에게 호감을 표시하는 것을 주저하게 된다. 그것 자체가 상대에게 부담을 줄까 봐서다. 그런데 그런 내가 적어도 버스킹을 나가는 순간만큼은 달라진다. 이런 생각의 속박에서 벗어나 비교적 관심과 호기심을 관객들에게 아주 자유롭게 표출하는 것이다.

그래서 이런 측면 또한 내게 버스킹을 하는 시간을 일상과는 다른 비일상의 순간으로 느끼게 만드는 것 같다. 즉 답답하고도 왠지 산소가 희박한 듯한 내 주변으로부터 잠시 시선을 거두고, 상쾌한 공기가 있는 하늘 상층부까지 쭉 머리를 들어 올린 듯 느껴지게 하는 것이다. (이런 면에서 버스킹은 여행과도 비슷한 측면이 있다.)

버스킹을 통해 인생을 바라보는 거리감을 얘기한 김에

이야기를 계속 확장시켜 보련다.

나는 버스킹 중 가능하면 관객이 아는 곡을 들려주고 싶어 한다. 그래서 좋아하는 아티스트, 곡 제목을 상대방에게 묻는 경우가 굉장히 많다. 그리고 그럴 때면 안타깝게도 좋아하는 아티스트의 이름은 쉽게 대면서도 그들의 대표곡조차 잘 모른다는 대답이 돌아올 때가 빈번하다. 그런데 사실 누군가 내게 이게 과연 그렇게 안타까울 일인가? 라고 반문한다면 딱히 할 말이 없겠지 싶다. 하지만 한 단계만 깊게 생각해 보면 이런 대답은 내게, "좋아하는 사람이 있긴 한데 사실 그 사람이 사는 곳, 취향 같은 것에 대해선 전혀 아는 바가 없어요."처럼 들려 안타깝다는 것이다.

나는 어려서부터 음악을 너무나 좋아했었기에 여태껏 많은 것들을 홀로 찾아 듣거나 배워왔다(대표적으로 그렇게 기타를 거의 25년간 쳐왔다.). 또 그렇게 배운 결과물을 사람들 앞에서 선보이는 행위로까지 연결해, 내 음악적 행동반경을 꾸준히 넓혀오기도 했다. 그리고 그중에서도 버스킹을 꽤 오랫동안 지속할 수 있었기에 결국 이렇게 글까지 쓰게 됐고.

하지만 나 역시도 처음부터 풍부하게 음악을 들은 것은 결코 아니었다. 결국 다양하면서도 숨어 있는 좋은 음악

85

들에 눈과 귀가 뜨인 건 몇몇 특별한 계기가 있었기 때문이다. 그런데 그 계기들이 처음 내게 다가왔을 당시는 지금처럼 음악을 쉽게 구해 듣던 시절이 아니었다. 그래서 그 당시에 난 직접 음반들을 구하기 위해 서울의 여러 숨겨진 레코드 숍들을 구석구석 누벼야만 했다. 혹은 신청곡에 맞춰 외국 MTV 뮤직비디오를 틀어주는 음악감상실에서 직접 아르바이트를 하기도 했었고. 그리고 그러면서 점차 좋은 음악을 찾아 들을 수 있는 나만의 기준들이 만들어졌다고 생각한다. 그런데 이즈음에서 너무 내 개인적인 음악 사랑 얘기는 자제해야 할 듯싶다. 내가 뭐라고.

그런데 이런 일련의 과정을 굳이 쓴 건 이유가 따로 있다. 어떤 예술이든 그것을 생활 속에 받아들여 자기 것으로 체화하려면 그만큼의 노력이 필요하다는 것을 말하고 싶어서였다. 비록 그것이 꽤 미약한 사례에 불과한, 내 경우를 디딤돌 삼아서라도. 그리고 그 누가 인정하든 않든 간에 난 이렇게 어렵게 찾아낸 취향은 분명히 그 사람의 삶에 쉬이 꺼지지 않는 빛이 된다고도 믿는다.

그리고 내가 볼 땐 사실 여느 예술 매체를 체화하고자 하는 아주 다양한 행위 가운데에서도 정작, 인내심과 시간 투자가 가장 필요한 것은 따로 있다고 본다. 그것이 바로 독서일 것이다. 그렇지만 결국 1주도 안 되는 시간을 들여 좋은 책 한 권을 읽고 나면 이후 우리에게 과연, 어떤 결과들이 생기는지를 생각해 볼 때 이는 그리 큰 투자라고 할 순 없으리라. 왜냐하면 단 한 권의 책만으로도 우리는 그동안 어딘가에서 자신과 함께 분명히 존재하고 있었지만 그간 미처, 발견하지 못했던 새로운 세계 혹은 관념들을 인식하게 될 수도 있으니 말이다.

게다가 때때로 우린 책 한 권을 통해 인생을 대하는 전혀 새로운 시각과 시야까지도 대리 체험할 수 있다. 그러니 이런 독서는 투자 대비 효용이 꽤 쏠쏠한 예술 체험이라고도 바꿔 말할 수 있지 않을까 싶다. 아마 나처럼 도서관에서 공짜로 책 빌려 보기를 좋아하는 사람에겐 더욱 그럴 테다.

보다 구체적으로 말해, 책을 본다는 건 능력 있는 작가들의 눈이라는 렌즈와 손을 통해 삶에 대해 새로운 관점으로 관찰되고 서술된 색다른 기록들을 살펴볼 기회를 얻는 것과 같다. 또 그러면서 동시에 자연스럽게 본인의 삶에서 잠시 동안 시선을 거둘 수도 있게 된다. 그러니 이런 책들을 통해 세상을 꾸준히 바라보게 되면 결국엔 보석 같은 내면의 눈을 서서히 만들 수 있게 되지 않을까. 자신이 알아서 인생을 바라보는 시야에 거리감을 조절할 줄 아는 말랑말랑하고도 민감한 심상心象의 눈을 말이다.

물론 이런 거리감의 상실이 발생했을 때 여타의 발 빠른 처방법도 있겠지 싶다. 그때그때마다 발 빠르고 정직한 어떤 매체가 나타나 이것을 상쇄해 주리라 기대해 보는 것이다. 예를 들어 진보적인 뉴스 채널 같은. 하지만 그날그날 바로 와닿는 이런 언론매체의 비판이나 분석은 군중심리의 파도 속에 쉽게 사람을 휩쓸리게도 한다. 그래서 쉽게 체화되는 장점이 있는 반면, 자신의 자아를 녹여볼 시간도 없이 쑥 소화되고 잊히기 역시 쉽다. 마치 영어 속담인 'Easy Come Easy Go'의 비유처럼.

그리고 소위 '팩트'라는 것도 결국 상품과 비슷한 측면이 있다는 것을 결코 잊어서는 안 되고 말이다. 특히 언론 같은 곳에서 내세우는 '팩트'는 다듬어서 내놓아, 편향된 의견과 관념을 갖게 하는 부분을 늘 조금씩이라도 품고 있다고 생각한다. 그러니 많이 보고, 듣고, 읽고, 다녀보는 것이야말로 가장 수지맞는 장사가 아닐지. 그 누구를 위해서가 아니라 오직 본인 앞에 펼쳐진 각자의 생을 위해서.

그런 의미에서 앞으로 제 버스킹에서도 좀 더 많은 사람들을 만나게 됐으면 좋겠습니다.

나라는 버스커에게 서울이라는 무대

바로 앞 장에서 난 예술이 세상을 바라보는 시야에 미치는 영향과 관련해서 개인적인 얘기들을 풀어봤다.

그럼 이번 장에선, 이와는 좀 달리 내가 활동하는 곳 인근의 문화적인 환경에 관해서 한번 얘기해 보련다. 물론 이번 글들 역시 버스커인 나만의 시야와 시각을 바탕으로 한다. 그런데 이 글을 본격적으로 풀어내기 전 우선, 내 여행사를 간단하게라도 밝히고 얘기를 시작하는 게 더 좋을 것 같다.

나는 과거 꽤 오랜 시간 동안 그야말로 '엥겔 지수'가 꽤 높은 삶을 살았더랬다(흠, 물론 지금의 사정도 별반 다르진 않다.). 그러다 번듯한 직함을 달고 우연히 회사 생활을 다시 시작하게 됐을 때 난 세계 여러 곳을 자주 여행했다. 마치 이런 과거에 대한 보상을 몸이 진즉부터 맹렬히 원하고 있었다는 듯.

그래서 이 시기에 난 명절, 휴가 등과 같은 자유 시간이 조금이라도 내게 길게 허락될라치면 망설이지 않고 바로바로 비행기 티켓을 끊었다. 그러면서 나는 2년 반이 채 안 되는 시간 안에 세계 7개국 11개의 도시들을 여행했다.

그리고 그러면서 역으로 세계 각지의 버스커들을 관객 입장에서 구경하는 재밌는 경험들도 할 수 있었다. 우선 버스커들의 천국이라 할 만한 영국 런던의 〈피카딜리 서커스 Piccadilly Circus〉에서는 음악 연주뿐 아니라 무척 다양한 퍼포먼스를 펼치는 여러 버스커들을 구경했다. 그리고 바르셀로나와 파리에선 유독 지하철역 안에서 자유롭게 연주하는 버스커들을 많이 만났다.

그런데 코로나바이러스 사태 이후 여행 커뮤니티 사이트에 올라온 사진들을 통해 보니 사정이 싹 달라져 있었다. 〈피카딜리 서커스〉 같은 경우 그 많던 버스커와 인파가 싹 사라진 것이다. 그래서 흡사 좀비들 때문에 인적이 뚝 끊긴 '대니 보일 Danny Boyle • 1956-' 감독의 영화, 「28일 후 28 Days later • 2002」 속 런던을 보는 것 같기도 했다.

요즘의 한국은 그 여느 나라 못지않게 해외여행자가 많

은 나라이다. 그러니 나처럼 해외여행을 갔다가 그곳에서 버스커 한번 못 본 여행자는 사실 드물리라 생각한다. 그리고 그런 버스커의 소소한 공연들 덕에 그 관광지에 대한 기억이 더욱 예술적으로 미화되는 감흥을 느껴본 사람들 역시 많아 보인다. 특히 유서 깊고 예술적인 건축물과 도시 환경을 관광하다 그 인근에 자연스럽게 섞여 있는 버스커를 만나면 더더욱 이런 느낌이 강해지지 싶다. 만약 그렇지 않다면 각종 소셜 네트워크 서비스 앱들에서 이렇게까지 이런 감상을 담은 포스트들을 흔하게 접하기는 힘들 테다.

참고로 내가 버스킹을 펼치는 장소는 〈국립현대미술관〉 서울관과 위치가 꽤 가깝다. 그래서 그간 이곳에서 전시를 관람하고 귀가하던 사람들이 내 공연에 관객이 되는 경우들이 참 많았다. 그런데 그들에겐 내 버스킹이 눈 호강 후에 경험하는 귀 호강이라도 됐던 걸까? 그들과 종종 얘기를 나누게 되면 나 덕에 더 좋은 하루를 보내게 됐다고 말해주는 경우들이 심심치 않게 있었던 것이다.

게다가 내가 거리에서 그동안 만난 외국인 관객도 이제 어림잡아 300명 이상이 되지 않을까 싶다. 그래서 현재 나의 집엔 이런 세계 각국 사람들이 내게 선사한 다양한 동전과 지폐들이 스파게티 소스 유리통 하나를 꽉 채울 정도로 많다. 참고로 이 중엔 국내 은행에서 아예 환전이 안 되는 희귀한 지폐들도 섞여 있다.

그런데 기왕 이런 얘기를 꺼낸 김에 이즈음에서 기억나는 해외 관객들을 몇 명 꼽아본다. 홍대에서 공연할 당시였다. 언젠가 이스라엘에서 온 여자 관객을 만난 적이 있는데 개인적으로 유대인 역사에 관심이 많아 그녀와 여러 얘기를 나눴더랬다. 그런데 그 친구가 그다음 주 「무한도전•2005-2018」 방송에 출연해 나는 꽤 놀라고 말았다. 그리고 평창올림픽 때문에 한국에 왔던 슬로베니아 중년 부부 역시 기억이 난다. 한식 칭찬을 유독 많이 한 데다 그 나이에 금슬까지 아주 좋아 보였기 때문인 듯하다.

이들과 만났을 당시 나는 다른 외국인 관객들을 만났을 때와는 좀 달리 꽤 많은 얘기들을 나눴다고 기억한다. 그런데 다른 화두에 집중한 대화들을 나눴기에 난 이들이 과연 내 공연을 어떻게 감상했는지에 대해선 미처 물어보질 못했더랬다. 하지만 그럼에도 이들 역시 나의 버스킹을 통해 한국, 특히 그중에서도 서울에 대한 이미지를 더욱 좋게 각인시켰으리라 굳게 믿는다. 한마디로 그들에겐 내 공연이 〈홍익대학교〉나 〈경복궁〉 인근을 메인 디시Dish 격으로 관광(취식)하고 즐긴 디저트 같은 게 아니었을까?

영국과 프랑스의 수도에 가면 그곳엔 각각 〈대영박물관〉과 〈루브르 박물관〉이라는 거대 박물관들이 있다. 그리고 이 박물관들은 그들 나라의 선조들이 정당하지 않은 수법으로 고국에 가져(혹은 훔쳐)온, 세계 각국의 희귀 유물과 예술 작품들로 그 내부가 가득 채워져 있다. 그래서 오직 이것을 보기 위해서라도 지금 이 순간, 전 세계의 다양한 사람들이 이곳으로 향하는 비행기 티켓을 끊고 있을 테다. 그것도 꽤 거금을 투자해서 말이다.

그러니 그리스 관광객이 〈대영박물관〉에 가서 〈파르테논 신전〉에서 떼어 온 수많은 조각 작품들에 감탄(혹은 통탄)하는 것과 같은 아이러니한 상황도 비일비재할 것이다. 실상 그들에게 있어선 이것이 고국의 가장 위대한 유적일 텐데도 불구하고. 그런데도 오직 타국에 가야만 이것을 관람할 수가 있는 것이다. 일종의 비극이다.

그런데 여행 경험이 쌓이다 보니 이런 나라들과는 다른 어떤 흥미로운 케이스의 나라 하나가 내 눈에 들어왔다. 그리고 이 나라는 현재, 한때의 지나간 영광이 아닌 급격한 경제 성장 등으로 새로운 강국의 역사를 쓰고 있어 그 사실만으로도 꽤 흥미로웠다. 그런데 이 나라가 나의 사고를 여러

모로 자극한 이유는 또 있다. 그건 바로 이 나라의 미술관과 박물관의 풍경이 앞서 말한 강대국들의 그것과는 사뭇 다르다는 점이었다.

현재 우리나라 사람들에게도 어떤 펑크 밴드의 노래 제목 때문에 많이들 친숙할 나라인 룩셈부르크. 나는 이곳에서 한때 꽤 적지 않은 시간을 머무른 적이 있다. 그런데 이 룩셈부르크는 지도에서 그 위치를 바로 찾아내기가 힘들다. 그 정도로 이 나라는 영토의 크기가 작고 또 지리적으로도 주변 강대국들의 틈바구니에 끼어있기도 하다. 그래서 유럽에서 세계대전 등의 분란이 나기라도 할라치면 항상 초기에 침략의 대상이 되기도 했던 비운의 나라가 바로 이 룩셈부르크이기도 하다. 물론 그전에도 이 나라는 그 주인이 여러 차례나 바뀐 적이 있었다.

하지만 이 자그마한 나라가 현재는 1인당 국민소득GDP 세계 1위(2022년 기준)라는 빛나는 타이틀을 거머쥐었다. 그래서인지 룩셈부르크는 현재 이렇게 누적된 부를 바탕으로 현대적인 인프라에 대한 투자나 건설 역시 매우 활발하게 진행하고 있다. 사실상 유럽에서 가장 활발하다고 해도 과언이 아니다. 그래서 내가 이곳에 머무를 그때 당시, 각종 공사들로 인해 나라 중심부의 땅들이 안 헤집어져 있는 곳이 거의 없을 정도였다. 그리고 아마도 이런 특징들 때문일까? 세계의 글로벌 기업들이 유럽 본사를 건설할 때 룩셈부르크를 그 장소로 택하는 경우가 많다.

예를 들어 '아마존Amazon', '마이크로소프트Microsoft', '페이팔Paypal' 같은 대기업들이 그렇다. 그렇지만 씁쓸하게도 이 기업들이 이런 선택을 하는 이유로 조세 회피 같은 것이 동시에 언급되기도 한다.

그런데 이렇게 룩셈부르크의 주요 특징들에 대해서 간략하게나마 나열하고 보니 여러분들에게도 어떤 느낌이 오지 않나. 맞다. 그건 바로 이 나라가 우리나라와 꽤 비슷한 역사와 특이점들을 공유하고 있다는 것이다.

그리고 그런 생각이라는 안경을 내 눈 위에 걸치고 난 이 두 곳 모두에 존재하는 현대미술관이라는 장소를 한번 넌지시 바라봤다. 그런데 잠깐, 이거 참 흥미롭다. 그러고 나니 그것의 의미나 풍경 역시 매우 유사해 보이는 게 아닌가.

현대 미술은 매우 자본주의적인 속성을 가지고 있다.

'돈'으로 환산했을 때 그 가치가 높지 않다면 작품의 희소성 또한 동시에 낮아지기 때문이다. 아마도 사정이 이러하기에 현대 미술품들은 자본주의의 합의된 시장 체계 안에서, '사기'와 '예술' 사이의 경계를 가로지르며 외줄 타기를 하는 듯한 형세를 꽤 자주 우리에게 보여주기도 한다. 심지어 때론 그 모습이 너무나도 아슬아슬해 보일 지경이다. 결국 그러고 보면 사실상 자본 자체가 현대 미술을 구성하는 주요 요소 중에 하나라고 자신 있게 말할 수도 있을 것 같다.

현실이 그렇기에 '자본'이라는 인프라가 현대에 급격하게 늘어난 나라, 도시들을 살펴보면 하나같이 현대미술관을 너도나도 화려하게 짓는 경향이 있다. 심지어 해외 유명 건축가를 오랜 시간 기다리면서까지 섭외해, 이를 랜드마크처럼 짓는 경우도 심심치 않게 있다. 그래서 이렇게 미술관이 들어선 지역 경제까지 든든하게 뒷받침하려는 것이다.

흔히 〈루브르 박물관〉이나 〈대영박물관〉은 세계의 3대 박물관으로 불린다(나머지 하나는 〈바티칸 박물관〉이다.). 그리고 그곳에 가서 거기 전시된 유물들을 제대로 감상하려면 우선 관람자에게 요구되는 것이 있다. 그건 바로 그곳에 전시된 여러 유물 안에 켜켜이 쌓여 있는 일화나 역사적 사건 등을 알고 그곳에 가는 것이다.

즉, 이 말은 관람객의 입장에서 눈앞에 놓인 물건이 그곳에 당도하기까지 실제 시공간상에서 겪은 물리적 일들을 미리 아는 것이 꽤 중요하다는 뜻이기도 하다. 물론 이를 모르고 가도 이곳들에 입장하는 데에는 전혀 문제가 없다. 하지만 이를 알고 소장품을 보느냐와 아니냐가 꽤 큰 차이를 만든다는 사실만큼은 분명하다.

그럼 과연 현대미술관에서는 어떠한가. 이곳에서 우리가 미술 작품을 관람할 때엔 이런 역사적인 맥락에 대한 지식 같은 건 별로 필요가 없다. 다만 반대로 현실에 기반을 둔 관념과도 같은 추상적이고도 형이상학적인 감수성과 감각이 더 필요하다. 다시 말해 현대를 살아가는 데에 필요한 감각과 지성을 보다 많이 갖출수록 미술품 감상에 더욱 유리한 것이다.

그리고 무엇보다 이젠 아무리 강대국이라도 타국의 역사 유물, 예술품을 함부로 훔쳐 와 전시하면 전 세계적으로 지탄을 받는다. 일종의 전 지구적 범죄 행위가 되는 것이다. 아마도 그렇기에 자본만 있다면 비교적 작품들을 쉽게 구해 와 걸 수 있는 현대미술관들이 특정 장소들에서 열심히 생겨나고 있는 건 아닐까 싶다. 예를 들어 현대에 급격히 발전을 이룬 이른바 코즈모폴리턴들의 도시들에 집중적으로.

하지만 그 결과가 늘 성공적인 것만은 아니다. 그래서 개인적으로는 우리나라 안에서도 성공 사례와 실패 사례가 함께 공존하고 있다고 생각한다.

참고로 앞서 언급한 룩셈부르크에도 〈The Contemporary Art Museum of Luxembourg(이하 MUDAM)〉라는 현대미술관이 있다. 그리고 이곳은 매주 수요일에 무료입장이 가능하고 게다가 이날은 9시까지 여는 야간 개장까지 겸한다. 그래서 나도 이날 방문을 해봤는데 특이하게도 그 안에서는 다음과 같은 풍경이 펼쳐져 있었다. 룩셈부르크에 거주하는 다국적의 사람들 수십 명이 모여 밤이 깊어가도록 여러 담소를 나누고 있었던 것이다(참고로 룩셈부르크는 인구의 약 50% 가까이가 외부에서 유입된 외국인들로 이루어져 있다.).

그것도 미술품 전시 공간과 그리 멀지 않은 곳에서 와인 한잔씩을 손에 든 채. 여기에 더해 무척이나 다양한 언어들을 구사하며 말이다. 그리고 이를 가만히 지켜보고 있자니 나의 뇌리엔 절로 이런 생각이 떠올랐다. 과연 현대미술관이라는 공간은 자본주의적이구나, 라고. 왜냐하면 이는 사람과 전시물의 접촉이 가능한 차단되도록 철저하게 격리한 박물관과는 사뭇 다른 풍경이었기 때문이다.

아까도 언뜻 언급했지만 내가 버스킹을 하는 공간은 〈국립현대미술관〉 서울관과 위치가 아주 가깝다.

그리고 이곳은 한때 임금님이 살던 경복궁과도 이웃하고 있는 공간이라 사실상, 고금古今의 느낌이 교차하는 곳이라고도 말할 수 있다. 그렇기에 일반적으로 보통 시민이 살아가는 공간이자 일상이 분주하게 펼쳐지는 장소로는 잘 안 느껴진다. 다시 말해 이 공간들은 주로 관광과 관람이라는 다소 비일상적인 행위들이 주로 벌어지는 배경처럼 보이는 것이다.

　그러면서도 여기서 발걸음을 살짝 북쪽으로 옮기기만 해도 바로 삼청동이 나온다. 다들 잘 아시다시피 삼청동은 이런 비일상을 누리러 온 사람들을 대상으로 하는 음식점, 카페 등이 꽤 많은 동네가 아니던가. 그러니 그야말로 이 일대는 서울 안에서도 드물게 하루 치 완벽한 관광, 휴식 코스를 제공하는 공간이라고도 말할 수 있겠지 싶다. 그리고 사실 이는 외국인뿐 아니라 우리 한국 사람들에게도 동시에 해당되는 얘기다.

　그건 그렇고 해외에 나가 관광을 할 때면 그때 당시에는 절대 알 수 없는 것이 한 가지 있다. 내가 그곳에서 봤거나 들른 곳 중 과연 어떤 것이 훗날 가장 오래 기억에 남을까이다. 그런데 여행을 마무리할 즈음이나 혹은 귀국 후 바쁜 일상으로 돌아가 있을 때, 문득 의외의 것들이 더 기억난 경험들이 아마 여러분들에게도 다들 한 번씩은 있지 않을까 싶다.

나의 예를 들어보면 지도 앱에도 안 나온 골목 식당에서 우연히 깜짝 놀랄 만큼 맛있는 식사를 한 기억. 혹은 현지인들만이 입을 법한 편한 옷차림으로 동네 공원에서 원반던지기를 하며 노는 귀여운 부녀의 풍경 같은 것 등이 그랬다.

그러면서 이후 이렇게 자연스러운 일상 풍경들이 되레 내 기억 속에 더 오래 잔존하게 된 이유들을 한번 생각해 봤다. 그런데 어쩌면 그건 근사하고도 멋진 랜드마크들이 그 인근 어딘가에서 빛나고 있음을 나도 모르게 의식한 채, 이것들을 경험했기 때문이 아니었을까.

하지만 그곳에 사는 현지인들은 결코 그 랜드마크들을 굉장한 상징 혹은 초현실적인 풍경으로 인식하지는 않을 테다. 마치 우리가 서울의 여러 궁들이나 〈N서울타워〉를 그렇게 대하듯이. 그러니까 그들은 그것을 그저 자신들이 일상을 변주하며 사는 무대의 자연스러운 배경 정도로만 의식한 채 삶을 이어가고 있는 것이다. 그럼에도 불구하고 어쩌면 이런 랜드마크들이 그들의 일상 위로 미묘하고도 이색적인 터치를 몰래 더해줬던 건 아닐까? 알게 모르게 말이다. 그래서 그들에겐 더없이 평범한 일상들이 관광객들에겐 꽤 비일상적 풍경처럼 다가왔던 게 아닌가 싶다.

그런 면에서 볼 때 나는 현재 내가 버스킹을 펼치고 있는 장소 인근의 풍경, 환경들로부터 꽤 큰 덕을 봤다고 생각한다.

사실 이곳 인근에선 까치발을 든 채 저 먼 곳을 한번 바라볼라치면 이내 뾰족하게 솟은 추녀마루 위 손오공 모양의 '잡상雜像'이 보인다. 그러다가도 이내 고개를 살짝 돌리기만 해도 노출 콘크리트로 지어진 모던하고도 낮은(현대미술관 건물이 낮게 지어진 것은 우선 법적인 사유 때문일 것이다. 하지만 필시, 원래 자리하고 있던 주변 풍광을 해치지 않으려는 이유도 동시에 컸을 것이다.), 현대미술관 건물이 북악산을 배경으로 좋은 풍광을 이루고 있다.

그리고 무엇보다 내가 이 장소의 이점을 누리고 있다고 생각하는 또 다른 근거가 하나 더 있으니. 그건 바로 이 일대를 거니는 행인들의 표정이 여타, 서울 시내 그 어떤 다른 장소들에서 관찰되는 것에 비해 순하고 가족적이라는 것이다. 그래서 결국 이는 이미 이 인근 공간에서 풍겨 나오는 분위기 자체가, 사람들에게 즐거움과 편안함을 동시에 선사하고 있음을 방증하는 좋은 예라고 생각한다.

앞서 꺼낸 현대미술관과 관련된 여러 얘기들에 버스킹

얘기까지 수렴해 이제 이 글을 슬슬 마무리 지어야겠다. 현대미술관은 그야말로 자본의 힘만으로도 구축이 가능하다. 게다가 그 안에 걸리는 미술 작품들 역시 마찬가지다. 돈만 있다면 만들어지기까지의 맥락을 크게 고려치 않은 채 재빠른 이식이 가능한 것이다. 그런데 이 공간은 딱 그렇게 편리한 만큼의 단점을 가지고 있기도 한 것 같다. 그러니까 그 미술품을 품고 있는 이 공간 자체가 부조화의 상징이 될 위험성이 큰 것이다.

예컨대 이를 사람의 경우에 비교해 보면 이런 것이다.

남들보다 많은 부를 지녔지만 정작 건강하지 못한 장기를 소유한 어떤 사람이 있다. 따라서 그는 많은 돈을 치러서라도 얼마든지 타인의 장기를 다소 빠르고도 독점적으로 이식할 수도 있을 것이다. 하지만 사정이 그렇다 해도 이 사람이 그것에 대한 부작용까지 낮을 거라는 보장을 해주지는 못한다. 달리 말해 돈이 많다는 사실 하나만으로는 반드시 쾌유를 할 거라는 보장을 절대 못 해주는 것이다. 오히려 반대로 남다른 부작용이 발생해 장기간 큰 고통과 곤란함만을 겪게 될 수도 있다.

하지만 〈국립현대미술관〉 서울관의 경우, 이와는 상황이 좀 다르다고 생각한다. 그리고 나는 그것의 가장 큰 이유가 이 미술관의 위치를 한때 임금의 거처로 쓰였던 〈경복궁〉 그리고 〈국립고궁박물관〉과 인접하게 선정한 것에 있다고 생각한다. 그럼으로써 어찌 보면 현대미술관의 가벼운 아우라를 무게감 있게 눌러주는 부대 효과가 생겨나지 않았나 싶은 것이다.

룩셈부르크 현대미술관인 〈MUDAM〉의 경우도 이 사례와 매우 유사하다. 사실 이 미술관 건물은 〈루브르 박물관〉의 유리 피라미드 건축으로 아주 유명한 세계적인 건축가 '이오 밍 페이 I. M. Pei • 1917-2019'가 설계를 맡았다. 그런데 이 건물 역시 자세히 살펴보면 해자垓字가 있는 18세기의 '퉁헨 Thüngen' 요새 건물 바로 뒤에 붙어 공사를 진행했다.

공교롭게도 〈국립현대미술관〉 서울관처럼 이 건물 또한 고금의 느낌을 한 자리에서 느낄 수 있도록 설계를 한 것이다. 또 반대편 그곳은 〈뮤제 드라이 이슬론 Musée Draï Eechelen〉이라는 박물관으로도 운영되고 있어, 현대미술관과는 대비되는 전시를 병행한다. 룩셈부르크의 과거사를 엿볼 수 있는 전시들을 열어 우리의 사례와 굉장히 유사한 효과를 내고 있는 것이다(참고로 내가 이곳에 머무를 때에는 룩셈부르크의 과거 '포병砲兵'에 대한 전시가 이 안에서 열리고 있었다.).

일상이 되는 배경에 비일상적 체험 환경을 섞어 넣는 데에는 때론 큰 비용과 인프라가 필요하다. 그리고 일상에서 이런 경험을 유도하기 위한 일환으로 지방자치단체에서 많은 자본을 투자했으나, 되레 결과가 잘못되어 지적하는 뉴스들을 요즘 꽤 자주 볼 수가 있다. 그만큼 자본이 잘못 쓰여 장소의 표정을 어색하게 만드는 건축물이나 공공 디자인이 빈번하게 제작되고 있는 것이다. 돈을 안 쓰니만 못하게. 그리고 내가 생각할 땐 현대미술관이라는 존재 역시 이런 범주에서 결코 자유롭지 못하다고 생각한다. 그래서 난 이후 그 언젠가, 내가 공연하는 장소 인근에 떠도는 아우라조차 순식간에 오염될까 봐 다소 걱정이 되기도 한다.

종종 사람들은 어느 공간이 살아 있다는 표현을 자주 쓰곤 하는데 과연 이 말의 본 뜻은 무얼까? 이는 아마도 어떤 특정 장소에 사람들이 즐겨 찾을 만한 독특한 매력이 감돌고 있다는 것을 에둘러 한 표현이 아닐까 싶다.

사실 내가 하는 버스킹은 대부분의 사람들 눈에는 굉장히 '사적인' 행위로만 보일 것이다. 그러나 위의 문장들을 본 뒤 이를 다시 한번만 생각해 봤으면 좋겠다. 그러면 수준 있는 버스킹은 그 공간이 건강하게 살아 숨 쉬는 데 일조하는 일종의 '공적인' 행위로도 볼 수 있지 않을까? 라고 나는 생각한다.

너무 자주 지옥이고 가끔만 천국인 도시

한 여인이 뉴욕의 대로를 가로지르고 있다.

얼굴은 알 수가 없다. 단지 꽤 키가 크다는 것은 확실하다. 그러나 그것과 무척 대비되게도 발목은 연약하게 가늘어서 그 걸음은 금방이라도 앞으로 가려는 의지를 방해받을 것만 같다. 그리고 무엇보다 그녀가 검정 모노톤 코트로 치장한 게 인상적이다. 아니, 치장이라는 표현보다는 그 옷 속에 전신을 은둔하고 있다는 게 맞겠다. 그래서 언뜻 사진 속 주인공이 획 하고 고개를 돌리면 어쩐지 서양 저승사자의 얼굴이 그 앞면에 어른거리고 있을 것만 같다.

마치, 핼러윈 데이 때 단골 분장처럼.

작가 '올리비아 랭Olivia Laing•1977-'의 『외로운 도시The

Lonely City • 2016』 표지를 장식하고 있는 '그레타 가르보 Greta Garbo • 1905 - 1990' 사진에 대한 나의 첫 단상들이다(그런데 사실 이 책은 2020년 말, 개정판을 내며 표지 갈이를 단행했다. 내가 본 사진은 초판본 표지에 실려 있던 것이다.).

참고로 이 책엔 도시에 살았던 여러 아티스트들의 인생과 관련해, 작가가 안타까운 시선으로 길어 올린 매혹적이고도 쓸쓸한 스토리들이 다수 실려있다. 특히 작가는 당대의 시대적 혹은 집단적 편견에 희생됐던 사연이 있는 아티스트들에게 더 집중했다. 그리고 그로 인해 여러 가지 수단을 통해 현실에서 도피하거나 혹은 창작으로 치유해야만 했던 그들의 숨겨진 일화들 역시 충실히 책 안으로 옮겼다.

원래 이 작가는 영국 여성이다. 그런데 30대 중반 '뉴욕'으로 갑자기 거처를 옮겼다고 하는데 충동적으로 당시의 연인을 따라온 것이다. 하지만 세계에서 가장 유명하면서도 외로운 도시 중 하나인 이곳에서 그녀는 채 얼마 안 돼 실연을 당하고 만다. 그리고 아마도 그때 느낀 우울감, 외로움이 바로 이 안타까운 시선들이 샘솟아 나오는 우물 역할을 한 듯하다.

사실 난 이 책을 통해 앞서 언급한 '그레타 가르보'의 고독한 인생 스토리도 처음 알게 되었다. 할리우드에서 전설이라고도 불리는 이 대배우의 무척 쓸쓸한 면모를 말이다. 사실상 그녀는 36살 이후 거의 50년간 뉴욕에서 타인과의 교류를 차단한 채 끈질기게 고립을 고수했다고 한다. 심지어 생명이 다해 그곳에서 실려 나올 때까지. 그래서 당시 뉴욕 주민들 혹은 파파라치들은 그녀의 노년기 모습을 무척 수척하고도 마치 '유령'과 비슷한 형상으로 기억하고 있었다.

바로 앞 장에서 난 룩셈부르크에 머물 당시 방문했던 현대미술관 얘기를 언뜻 꺼낸 바 있다.

그런데 그곳에서 난 이 책에 '그레타 가르보'와 더불어 소개된 작가 '데이비드 워나로비치David Wojnarowicz • 1954-1992'의 기획 전시를 우연히 보게 됐다. 참고로 '데이비드 워나로비치'는 유소년기에 굉장히 큰 고통을 치른 작가이다. 부모의 빠른 이혼과 아버지의 학대가 있었던 것이다.

그런데 이후에도 그는 게이, 헤로인 중독자, 에이즈 환자로 마치 음지의 생명체가 아이덴티티 하나하나를 갈아치우며 변태를 거듭하듯 점차 성인이 돼간다. 그러면서 동시에 그는 끝끝내 본인 혹은 자신처럼 양지로 가지 못하는 자들에게 뜨거운 시선을 던지는 작품들로 예술가가 된다. 그야말로 이렇게 그는 생의 시작부터 끝까지 음지의 윤회에서 벗어나지 못한 아티스트로서의 인생을 살다가 결국, 빠르게 우리 곁을 떠나가 버린 것이다.

어쩌면 그래서일까? 그의 작품 안에는 언뜻 불편할 수 있는 자극적인 소재들이 가득하다. 하지만 동시에 무척이나 아이러니한 점이 하나 있다. 그건 바로 그의 작품 이면을 늘 함께 장식하고 있는 것이 쓸쓸하고 건조한, 무척 외로운 분위기라는 것이다. 언뜻 보기에 이렇게 뜨거운 주제만을 내내 다루고 있는 것처럼 보임에도 불구하고.

룩셈부르크 현대미술관 〈MUDAM〉에서 열린 그의 전시회에서 입장객을 맞이하는 첫 작품은 「뉴욕의 아르튀르 랭보Arthur Rimbaud In New York • 1978-1979」였다. 참고로 이 사진 작품을 보면 뉴욕이라는 프레임 안에 여러 모델들이 시인 '아르튀르 랭보Arthur Rimbaud • 1854-1891'의 가면을 쓰고 찍힌 모습들이 담겨 있다. 제목 그대로 말이다. 그런데 이 작품을 보고 있으면 특히 위에 말한 느낌들이 아주 크게 비어져 나온다.

그런데 지금 이 대목에서 드는 의문 한 가지.

대체 그는 왜 사회의 음지와 변방을 끊임없이 떠도는 삶을 살게 된 걸까? 마치 그리스 신화 속 '오디세우스Odysseus'

처럼. 글쎄 어쩌면 이는 그가 마땅히 사랑을 받아내야 했던 존재로부터 일찌감치 거절당해, 심리적 정착 자체를 일궈내지 못했기 때문이 아니었을까. 하지만 그럼에도 그는 결국 이렇게 음습한 백그라운드에 대한 울분과 슬픔을 훌륭하게 승화시켰다.

그러니까 이런 경우의 안 좋은 말로가 대부분 그렇듯 그는 이를 타인을 흡혈, 착취하는 방식으로 보상받으려 하지 않았던 것이다. 그는 반대로 그것을 예술을 통해 치유했다. 또 그럼으로써 그는 자신뿐만이 아닌 남의 영혼까지 어루만져 준 것인데 기실 이를 생각하면 실로 애틋한 마음마저 들게 된다.

하지만 그런 그 역시도 노숙이 생활이던 어린 시절에는 달랐다. 그때는 늘 분노에 가득 차 밤마다 공중전화 부스의 창들을 수없이 부수며 쏘다녔다고 하니 말이다. 추측건대 그렇게라도 안 하면 그는 그 불멸의 밤들을 도저히 이겨낼 수가 없었던 것 같다.

그러나저러나 전시회 관람에 대한 몇몇 기억들을 회상하다 보니 이제서야 뚜렷이 떠오르는 것이 하나 더 있다. 그건 바로 룩셈부르크에서 봤던 그의 개인전과 또 그의 1986년 콜라주 작품엔 「History Keeps Me Awake At Night」라는 동일한 타이틀이 붙어있었다는 점이다. 그런데 난 처음 이 타이틀을 읽게 됐을 때 선뜻 이해가 잘 되질 않았더랬다. 하지만 이렇게 그의 인생 변곡점들 중 몇몇 부분을 유심히 살펴보고 나니 그제야 난, 마침내 이 문장의 뜻이 선명하게 이해가 됐다.

내가 룩셈부르크를 행선지로 정해 가족들 곁을 떠나갔을 때 그 이유를 여기에 자세히 설명할 순 없다. 아마 궁금해하는 사람도 별로 없을 듯하다. 하지만 룩셈부르크행 비행기에 올라탄 바로 그때에 내가 서울이라는 도시에 꽤 숨 막혀 했다는 사실 정도는 분명히 말할 수 있겠지 싶다.

당시 나는 서울의 내가 애정하는 장소들이 점점 사람 사는 동네 같지 않아지기만 하는 것이 굉장히 숨 막혔다. 상업적 논리에 밀려서였는데 그것은 내가 사는 거주지라고 해서 예외가 아니었다(이른바 젠트리피케이션 현상이었다.). 뭐, 서울 주민이라면 다들 공감하겠듯 이곳에선 언제나 거대한 지우개질과 집 짓기가 흡사 블록 쌓기 놀이처럼 무한 반복되는 게 현실이니까. 게다가 한국은 그야말로 교통수단의 하이브리드 천국이라는 체감이 날 또한 숨 막히게 했다. 이는 이곳에선 인도를 거닐어도 그 언제나 배달 오토바이와 전동 킥보드 그리고 따릉이가 한 데 뒤엉켜 달린다는 뜻이다.

하지만 그 무엇보다 날 버겁게 했던 것은 정작 따로 있었으니. 그건 바로 이런 감정의 패턴을 무한 반복하는 스스로가 가장 무섭고 지겨웠다는 사실이다. 그래서 당시 난 내가, 하도 같은 대답을 반복해서 흡사 테이프가 다 늘어져 버린 자동 응답기가 된 것만 같았다. 그리고 모르긴 몰라도 그 테이프들 안에는 짜증과 불만만 한가득 녹음되어 있었으리라.

그런 생각 끝에 갔던 룩셈부르크.

게다가 그 먼 땅에서 난 이 『외로운 도시』에서 봤던 가장 인상적인 삶을 살아낸 작가의 가장 외로운 작품들을 만났던 것이다. 하지만 그 작품들과 처음 조우했던 당시 나의 첫 느낌은 의외로, "행운이다!"와 같은 긍정적인 감정과는 다소 거리가 있는 것이었다. 그것은 사실 선뜻 무어라고 형용하기 힘든 감정에 가까웠다.

그리고 당시 난 그가 여러 지인들에게 '랭보'의 가면을 씌워 결국, 그들 각각을 모델로 찍어낸 연작 사진 작품들을 꽤 오랫동안 지켜보았다. 그런데 그러고 나니 결국 이런 생각이 들었다. 그는 자신의 신체라는, 그러니까 오로지 그에게만 허용된 굴레마저 끝끝내 맘껏 소유하지 못했던 게 아닌가라고. 따라서 그것을 이렇게 우회적으로 표현한 것이

이 작품들이 아닌가 싶었던 것이다.

동시에 이런 생각도 들었다. 그는 성장하면서 보통의 남자가 성인으로 자라날 때 반드시 획득해야 한다고 일컬어지는 이른바, 여러 가치들과 불합치되는 고행길을 취사선택한 게 아닌가라고. 그가 심취했던 여러 수단들을 통해 신체와 정신이 동시에 말이다. 예를 들어 동성애, 마약(일단 여기에 중독되면 뚜렷한 정신으로 세상을 바라보기가 힘들다고들 하지 않나.), 혹은 이러한 것들을 주제로 다양하게 변주해 낸 예술활동 및 작품 등을 통해서.

그리고 이런 생각들을 깊게 하다 보면 종국엔 이런 결론에까지 다다르게 된다. 그는 온전히 본인이 소유하고 있는 '육체'라는 테두리를 경계로 한껏 버려지는 경험만을 했다. 그러다 보니 그는 그것마저 맘껏 소유하지 못하고 "나는 왜 한낱 내쳐지는 것인가?"라는 자조적인 한탄의 끝을 보고 싶었던 게 아닌가 하는. 따라서 그런 강렬한 의지를 질주한 귀결이 결국 그의 작품들이 아닌가 싶었던 것이다. 그리고 여기까지 생각하고 나면 사실상 그의 작품들에서 고독한 아우라를 못 느끼는 것이 거의 불가능에 가깝게 느껴진다.

결과적으로 나는 현재 서울이라는 도시에 다시 돌아와 있다. 더는 '데이비드 워나로비치'의 전시회가 열렸던 룩셈부르크가 아닌 내가 태어난 이 땅에 되돌아와 있는 것이다. 하지만 지금에야 돌이켜 보니 나는 그의 전시를 내가 처한 그때 그 상황 또, 그 느낌 그대로 감상할 수 있었다는 것에 대해 큰 애틋함을 품게 됐음을 깨닫는다.

그건 아마도 아니, 필시 내가 그의 작품들을 감상할 당시 이미 내 뇌리에 있었던 이 작가의 내밀한 사정들과 더불어 나의 매우 사적인 감정들이 격렬한 화학작용을 일으켜서일 테다. 또 여기에 더해 내가 태어난 곳에서 느낀 결핍을 채우고 싶어 갔던 장소에서 느낀 나만의 차가운 외로움도 크게 한몫을 했을 테고.

마지막으로 이 얘기를 하고 싶다.

'데이비드 워나로비치'의 작품을 생전 처음 감상했을 때 난 내 몸속에 고독에 반응하는 감각치의 바늘이 있다고 느꼈다. 그것도 여기와는 사뭇 다른 시차 속에 머물고 있었음에도 불구하고 아주 생생하게 움직거리는.

하지만 그 바늘은 정작 오늘날 이곳에서 더 크게 요동치고 있는 듯하다. 현재의 내가 매주 버스킹을 나가는 바로 이곳, 미세먼지 가득 낀 서울 하늘 아래에서.

카프카가 열어젖힌 세계

현존하는 전설적 기타리스트이자 뮤지션인 '에릭 클랩튼Eric Clapton•1945-'.

그는 한때 마약과 알코올 중독에 심하게 시달렸다. 그러나 훗날 재활에 멋지게 성공했고 이후, 과거 자신과 같은 처지에 놓인 사람들을 돕기 위해 재활 센터를 설립한다. 또 그는 현재까지 이 센터만을 위한 기금 모음 차원의 음악 페스티벌 역시 적극적으로 개최해 오고 있기도 하다. 그리고 이 재활 센터와 음악 페스티벌의 이름은 바로 'Crossroads'이다.

그런데 사실 이 이름에는 기원이 있다.

바로 '에릭 클랩튼'이 '크림Cream•1966-1968, 1993, 2005'이라는 영국의 슈퍼 밴드 멤버 시절 커버하기도 했던 '로버트 존슨Robert Johnson • 1911-1938'의 명곡에서 그 명칭을 따온 것이다. 그리고 이 페스티벌은 워낙 '에릭 클랩튼'의 이름 값이 있는 데다 개최 취지 또한 훌륭해서 이에 혹한, 출연진 면면이 화려한 것으로도 꽤 유명하다. 그러니까 사실상 그룹 '퀸Queen • 1970-'의 전기 영화 「보헤미안 랩소디Bohemian Rhapsody • 2018」를 통해 한국인들에게도 많이 알려진 자선 콘서트 '라이브 에이드Live Aid • 1985' 못지않게 그런 것이다.

다만 출연진들이 모든 이의 취향을 만족시키지는 못한다. 왜냐하면 '에릭 클랩튼'의 음악적 토대가 블루스에 있기 때문이다. 따라서 이 장르 기반의 뮤지션 위주로 이 페스티벌의 '라인업Line Up'이 짜이는데 이것이 유일한 단점이라면 단점이다. 또 앞서 따로 밝히진 않았지만 이 페스티벌의 타이틀 바로 중간에 'Guitar'라는 단어가 들어가 있는 것에서 확실히 알 수 있듯(그러니까 이 페스티벌의 완전한 정식 명칭은 'Crossroads Guitar Festival'인 것이다.), 이 축제의 무대는 사실상 기타리스트들을 위한 것이라고 해도 과언이 아니다.

하지만 비교적 분명한 사실은 이 페스티벌의 무대에 오르는 참가자 대부분이 매우 뛰어난 음악성을 보유한 뮤지션들이라는 것이다. 또 메인 스테이지 위에 가장 선배 격인 뮤지션을 중심으로 수많은 출연진들이 함께 올라 동시에 기타

잼을 펼치는 광경은 꽤 진풍경이기까지 하다.

그리고 개인적으로 내겐 이 페스티벌의 하이라이트를 담은 여러 영상 중 특히 애정하는 것 하나가 있다. 그건 바로 블루스계의 전설인 'B. B. King•1925-2015'이 무대 중심에 앉아 여러 '젊은 피Young blood' 블루스 뮤지션들과 함께 「The Thrill Is Gone•1969」이라는 곡을 협연하는 영상이다. 참고로 이는 그의 대표곡인데 아쉽게도 그는 더 이상 이 세상 분이 아니다.

그런데, 이런 'B. B. King'과 같은 전설적인 인물을 무대로 모시는 소개를 할 때 여러 후배(후배라곤 해도 이미 그들 자체가 나이 지긋한 경우가 대부분)들이 굉장히 빈번하게 가져다 쓰는 표현이 하나 있다. 그건 바로 'One And Only'라는 말이다. 사실 예술계에서 독창성과 독보성을 칭찬하는 것만큼이나 그 아티스트를 돋보이게 하는 상찬은 달리 없지 않을까? 그러므로 이는 매번 듣게 될 때마다 참으로 전설들에게 잘 어울리는 수식어 같다고 절로 생각하게 된다.

그런데 따지고 보면 문학계에도 역시 이런 걸출하고도 전설적인 문인들은 많다. 그리고 그 가운데에서도 '프란츠 카프카Franz Kafka•1883-1924'야말로 바로 이 'One And Only'라는 수식어가 꼭 필요한 아티스트가 아닐까? 왜냐하면 그는 오늘날 단순히 새로운 문학의 형태를 제시한 것을 넘어 하나의 세계관까지 열어젖혔다고 평가받고 있으니 말이다. 게다가 웬일인지 이런 세간의 호평은 시간이 흐를수록 더더욱 두터워지는 것만 같다. 그러고 보면 혹시 어쩌면 이는 이 세상이 조금씩 조금씩 더 부조리해지고 있다는 반증은 아닌 걸까?

나는 대한민국 하늘 아래 모래처럼 많을 수많은 임차인 중의 한 명이다. 달리 말해 나 역시도 '조물주' 위에 '건물주'라는 말을 온 피부로 느낀 채 살아가야 하는 사람인 것이다. 그리고 지금 현재 내가 거주하고 있는 곳은 독립 후 두 번째 집이다.

참고로 처음 집이 홍대라는 장소를 애호한다는 내 취향을 적극적으로 반영해 고른 곳이었다면 두 번째 집은 정반대의 이유로 택한 집이었다. 그러니까 이 집을 구할 당시의 난 고요와 평온함을 원하고 있었다. 그런데 사실 아는 사람은 잘 알겠듯 서울 시내 안에서 이 조건을 충족시키는 집을 찾는 게 어디 그리 쉬운 일이던가? 하지만 그럼에도 이때의 난 꼭 이를 누릴 수 있는 집을 찾고 싶었다. 심지어 버스킹을 하는 장소와 다소 멀리 떨어지게 되더라도 말이다.

그래서 결국 선택한 곳이 바로 이 전셋집이다. 일단 이 집은 언덕바지에 위치하고 있는데 창들이 커서 밤이면 환상적인 야경을 볼 수 있다. 동시에 비교적 구석진 동네에 자리 잡고 있어 꽤 평화롭기까지 하다. 한마디로 난 내 목표에 들어맞는 집을 운 좋게 찾아낸 것이다. 다만 고지대에 위치해서 매번 오르내리는 것이 좀 벅차다는 게 단점인데 그럼에도 이 집은 앞에 집과 비교해 확실히 장점들이 더 많다.

그런데 임대차 3법이 시행되었다는 소식을 들은 지 채 얼마 안 된 즈음 해서, 나는 지금 집의 최초 계약 만료를 맞이하게 됐다. 달리 말해 나는 이 법을 실제로 내가 사는 현실의 범위 안에서 체험하게 될 사례 중의 하나가 됐던 것이다.

생각해 보면 보통 주변에서 언론을 통해 어떤 법이 시행된다는 소식을 접하게 되면 평범한 소시민들은 대뜸 이런 생각부터 하게 된다. 우선, 그 법을 다루는 각각의 주체에 따라 '유권해석'이 달라 당분간 혼란이 지속되리라는 것. 또 이렇게 해석이 다를 가능성이 큰 법은 추후 개선되는 회차의 숫자를 늘(혹은 붙)여 개정을 거듭하리라는 것. 특히나 어떤 법이 사회적 약자에게 불리하게 작용해서 그 피해가 언론을 통해 대대적으로 드러나면 더욱 그런 듯하다. 물론 이런 일이 생기면 소 잃고 외양간 고친다는 비판이 여기저기서 난무한다. 그럼에도 우리나라 내에선 법과 관련해 이런 식의 개정이 비일비재하다는 것은 이제 상식에 가까운 현실이 됐다.

그런데 현실이 이러하더라도 어떤 법안이 개정된다고 공표가 되는 상황에서 만약, 본인이 그 법을 활용해야 하는 입장에 처해있다면? 그렇다면 조금 무책임할 수 있음에도 자연스레 그것에 기대를 가지는 게 보통 사람의 심리다. 예컨대 법의 상세함이나 적용 범위가 상당 부분 본인에게 유리한 쪽으로 개선됐으리라 기대하는 것이다. 그리고 사실 이런 생각의 밑바탕에는 악운이 자기만을 비켜 가기를 바라는 허술한 미신 또한 어느 정도 깔려 있지 싶다.

하지만 그럼에도 현실은 원래 가혹한 법.

빈약한 인프라를 가진 나 같은 수많은 '을'들은 이런 기대와 실제가 무척 다르다는 것을 뒤늦게나마 현실로 체험하는 경우가 아주 많다. 법률적인 자문을 쉽게 구할 수 있게 해주는 인맥과 자본을 등에 업은 '건물주'와는 다르게. 사정이 이러하니 세상의 수많은 '을'들은 '갑'이 갑자기 무리한 요구를 해올 때면, 스멀스멀 피어오르는 불안감을 도통 피하기가 힘든 것이다. 상식적으로 이해할 수 있는 개선된 법조문이 내 눈앞에 아무리 몇 십 장씩 펼쳐져 있다 한들 그렇다.

그런데 수개월 전 내게도 결국 이런 불안감을 빨리 잠재워야 할 일이 불시에 닥쳐오고 말았다. 그래서 난 그 제한된 기간이 임박해 오는 그 가쁜 속도에 대응해 아주 바삐 발품을 팔아야만 했다. 그리고 그 결과로 나는 소위 무료로 법률적 자문을 제공한다는 다양한 기관의 사람들과 수 시간 대화하는 경험들을 더불어 하게 된다.

하지만 결론부터 말해 그들로부터 내가 얻어낸 대답들은 하나같이 내 기대와 예상들을 어느 정도 빗나가는 것이었다. 왜냐하면 그들 대부분이 법이라는 명문화된 항목을 앞에 두고서도 매번, 각자가 서로 다른 결을 보여주는 대답을 마지막에 꼭 한 번씩이라도 덧붙였기 때문이다. 그래서 난 언제나 일종의 회의감과 피로감을 동시에 느낀 채 그들을 등지고 나와야만 했다. 한마디로 그들 각각의 상담을 온전히 믿을 수가 없었던 것이다.

문학을 시간 내어 읽는 행위를 할 때 그것은 순전히 개인의 취향에서부터 시작된다. 하지만 취향으로 선택했던 소설 읽기라는 경험의 문이 닫히면서 동시에 현실 속 세계의 문으로 독자가 재진입할 때 얘기는 갑자기 달라진다. 이 이후부턴 더 이상 취향을 말하는 호불호의 문제만으로 결코 이 독서의 경험이 끝맺음되지 않는 것이다.

여러분은 과연 언제 성인이 된다고 생각하시는가?

아마도 평범한 사람이라면 본인이 모든 것을 다 책임질 수 있을 때, 비로소 성인이 된다는 말들을 다들 한번씩은 들어봤을 테다. 그런데 간혹가다 이런 성인들 중 '피터 팬'이나 '키덜트Kidult' 같은 색다른 호칭이 종종 들러붙는 사람들이 있다. 보통은 얼굴이 매우 동안이거나 혹은 성인이 돼서도 어린이와 같은 취미, 감성을 여전히 지니고 있는 이들에게 그렇다. 그런데 요즘은 이런 별명들이 성인들 사이에서 일종의 호의의 표현으로까지 통하는 것 같다. 왜냐하면 사실상 이것이 요즘같이 난도難度 높은 사회생활 속에서는 그리 획득하기가 쉽지만은 않은 타이틀들이라서가 아닐까.

하지만 만약 이런 칭찬을 받는 대상이 단지 외모만 어릴 뿐이라면 과연 어떨까. 그러니까 신체만 쑥 자랐을 뿐 이에 걸맞는 정 사이즈의 정신연령을 몸 안에 같이 지니지 못했다면? 그렇다면 이는 실로 끔찍한 일에 다름 아닐 것이다. 왜냐. 외부적으로 감당해야 할 책임과 의무가 산더미처럼 쌓여가는 것에 비례해, 이를 인식 못 할 정도로 정신이 어리면 자신뿐 아니라 주변 사람에게도 큰 피해를 끼치게 될 테니까.

그런데 카프카는 위와 반대의 상황이라 해도 얼마든지 끔찍한 일이 발생할 수 있다고 본 것 같다. 그러니까 어떤 상황에서도 책임을 질 줄 아는 성인이라 해도 만약 환경이 부조리하다면 얼마든지 그럴 수 있다는 것이다. 실제로 그는 어쩌다 한 성인이 매도당하거나 범죄자로 낙인찍힐 위기에 처했을 때, 사회라는 시스템이 그 개인에게 얼마나 관심 없을 수 있는지를 소설을 통해 아주 적나라하게 보여주었다. 심지어 소설을 보다 보면 등장인물들의 의지와는 별개로 그런 상황들이 너무나 쉽게 악화되고는 한다.

나는 부모의 그늘을 떠난 한 성인이다. 아니, 그렇다고 믿고 어떻게든 삶을 살아오고 있다. 그런데 어느 날 권력과 자본을 손에 쥔 자로부터 밑도 끝도 없는 전화를 받고 나니 문득 큰 불안감이 내게 엄습한다. 결국 난 집주인으로부터 전세 계약과 관련해, 자신에게 유리한 법률을 기반으로 '소송'을 진행하게 될 수도 있다는 의사 표현 전화를 받게 된 것이다.

천만다행히도 이후 진짜 이런 상황까지 가지는 않았다 (그런데 그러고 나서 되돌이켜 보니 이후 난, 집주인이 이런 발언을 일종의 본인의 목적 성취를 위한 옐로카드로 사용했다는 걸 문득 깨달았다.). 하지만 고백건대 나는 이 모두를 처리하는 기간 내내 꽤 큰 불안감과 초조함에 시달릴 수밖에 없었다. 앞서 말했듯 법률 자문을 여러 번 받았음에도 불구하고. 그리고 그러고 나니 갑자기 카프카가 책 안에서 묘사했던 세계의 문들이 바로 내 옆에서도 들썩거리기 시작했다는 섬뜩한 느낌이 추가로 엄습했다.

하지만 무척 소름 돋게도 이런 느낌은 이번 일로 처음 맞닥뜨린 게 아니었다.

버스킹을 최소 1년 이상 해온 버스커라면 그 누구나 공감하리라. 반드시 경찰의 출동으로 제지를 받는 상황이 생긴다는 것을. 사실 나도 다년간 버스킹을 해왔으니 많다면 많게 이런 출동을 겪어봤다. 또 그런 만큼 출동 이후 벌어지는 경찰의 계도 활동이라는 것도 참 다양하게 경험했지 싶다. 하지만 그런데도 10년이라는 시간이 말해주듯 내가 버스킹을 이렇게 오래 지속해 온 데에는 다 이유가 있다. 그건 바로 이렇게 출동하는 상황이 생기더라도 대부분의 경찰분이 내게 호의적인 조치를 해줬고 또 심지어 격려를 해주는 경우도 여럿 있었기 때문이다.

하지만 그럼에도 어떨 때는 정말이지 이해할 수 없는 상황들이 내게 벌어지기도 했다. 어떤 이는 보통의 시민들보다 더 큰 감정의 파도에 흔들려 내게 폭력적인 조처들을 일삼았던 것이다. 사실상 경찰의 양손과 입으로부터 사회의 정의라는 엄격한 잣대가 대대적으로 표출될 수 있음에도 불구하고.

그런데 아마 평범한 삶의 패턴에서 잘 벗어나지 않는 보통 사람들은 애초에 이와 비슷한 경험 자체를 하기가 힘들지 싶다. 그렇기에 이런 사태의 여파가 과연 일개 개인에게 어떤 영향을 미치는지에 대해 아예 이해 자체를 못 하는 사람들도 많으리라. 그래서 어쩌면 이런 얘기는 왠지 꺼내기조차 망설여지는 측면이 있다. 왜냐하면 나만의 뒤틀린 감정 표현으로 치부될 위험이 크니까. 나도 잘 안다.

그러나 이 말만큼은 꼭 하고 싶다. 이러한 버거운 일들을 순식간에 겪게 되면 한 개인으로서 나 또한 사회라는 시스템에 큰 트라우마를 가질 수밖에 없다고. 왜냐하면 버스커는 마이크와 기타를 내려놓는 순간 그냥 일반 시민과의 경계를 구분 짓는 일 자체가 거의 불가능한 존재이기 때문이다. 그리고 설사 악기를 들고 있는 상태라 해도 과연, 버스커가 경찰에게 폭력적인 대우와 처분을 받아 마땅한 존재인가라는 것에 대해서도 난 진지한 의문을 제기하고 싶다.

그렇기에 이런 일을 겪을 때면 나는 또 한번 강렬히 느끼게 된다. 대체 무엇을? '카프카'가 소설을 통해 그리고자 했던 세계의 문이 내 근거리에도 존재한다는 생생한 체감을. 그리고 앞서 말한 것과 비슷한 경험이 많이도 아니고 한두 번만 더, 내게 발생하게 된다면 그땐 과연 어떨까. 찜찜한 예상이지만 정말 그렇게 된다면 그때의 난 아마 이런 선택을 하게 될 것만 같다. 모든 사람을 카프카식으로 세상을 이해하는 이와 아닌 이로 양분할 수 있다고 할 때 난, 아니라 말하는 쪽에 서서히 등을 돌리게 되리라고. 그리고 이는 사실상 그리 기분 상쾌한 선택이 아니리라.

사실 '카프카'에 대해 관심이 많은 이들은 이미 많이들 알 것이다. 그가 창창할 나이에 폐결핵이라는 질병 때문에 일찍이 숨을 거두고 말았다는 사실을. 그런데 그는 미리 써놓은 본인의 유언장 안에 아주 독특한 부탁 한 가지를 남겨놓는다. 친구 '막스 브로트 Max Brod•1884-1968'에게 자신이 생전에 남긴 원고 전부를 불태워 달라고 미리 청해놓은 것이다. 참고로 그는 카프카의 절친이자 스스로가 작가이기도 해서 후에 카프카의 전기를 쓰기도 했다.

그런데 만약 그때 이 친구가 진짜 이 부탁에 성실하게 응했더라면 과연 이후의 상황은 어떻게 전개됐을까? 아마 그렇다면 카프카의 걸작 소설들은 분명 이 세상의 빛을 쐬지 못했을 것이다. 또 이를 넘어 카프카식 세계관이라는 수식어가 아예 탄생하지도 못했을 테고. 심지어 대부분의 사람들은 카프카라는 사람이 이 세상에 존재했었다는 사실조차 전혀 알 수가 없었으리라.

그렇다면 이 대목에서 드는 생각 하나.

세상이라는 시스템의 숨 막히는 무관심과 부조리의 그늘을 그들이 독창적으로 비어져 나올 수 있게 했다며, 카프카와 그의 친구에게 돌을 던져야만 하는 건 아닐까? 좀 늦었지만 지금이라도 팔을 최대한 뒤로 젖힌 채 바로 이 격렬한 반동을 이용해서?

아니다.

『해리 포터Harry Potter•1997-2016』에서도 선한 마법사들이 끝끝내 그 이름을 부르는 것조차 철저히 거부했음에도 결국 '볼드모트'는 부활하지 않았던가.

기어이, 그리고 보다 확실하게.

버스킹이라는 소소한 '밈'

나는 대학에서 디자인을 전공했다.

그렇기에 난 이 전공을 살린 밥벌이를 오랫동안 해온 이력 또한 가지고 있다. 그리고 그런 이유 때문에라도 나는 늘 디자인이나 예술과 연계된 내용을 담은 책들도 가까이하려 노력하는 편이다. 게다가 난 이런 독서 경험 중 맘에 드는 문구를 발견하면 이를 꼭 기록해 저장하는 습관 또한 가지고 있다. 책을 좋아하는 여타 사람들이 많이들 그러하듯.

그런데 위에 말한 범주와는 전혀 다른 분야의 책들 가운데, 이른바 지식인이라 불리는 사람들이 정말로 많이 추천하는 유별난 책 하나가 있다. 특히나 과학 분야의 도서들 가운데 이 책의 추천 빈도는 가히 독보적이다. 그럼 여기서 얘기의 흐름이 끊기는 걸 막기 위해 서둘러 책의 이름을 밝혀

본다. 바로 『이기적 유전자The Selfish Gene•1976』라는 책이다. 그런데 난 다소 특이하게도 이 책을 읽은 후 내가 기록해 놓았던 다양한 문구 중 유독 이 문구를 떠올리게 되었다.

"너무나 당연한 것처럼 보이는데도 이전에는 한 번도
그런 식으로 작동하는 물건이 없었던 것이다."

– '데얀 수직'의 『사물의 언어』 중에서

원문을 쓴 '데얀 수직Deyan Sudjic•1952-'에 대해 간략하게나마 설명이 필요할 것 같다. 이분은 우선 런던의 〈디자인 뮤지엄〉 디렉터, 디자인 비평가 · 저자를 직업으로 삼은 분이다. 그러면서 그는 일반인도 쉽게 이해할 수 있는 수준 안에서 각각의 디자인이 지닌 가치나 또 좋은 디자인이 탄생하는 환경 등에 대해 독특한 관점을 제시하는 저서들을 많이 썼다. 그래서 개인적으로 국내에 소개된 그의 저서들은 모두 다 재미있게 읽었다.

그리고 위 문장은 이렇게 읽었던 이분의 저서 중 『사물의 언어The Language of Things•2008』라는 책에서 추출한 것이다. 보다 구체적으로 말해 '앵글포이즈 램프Anglepoise Lamp'라는 전설적인 램프에 관해서 설명한 문장들에서 따왔다. 그러면

도대체 왜 난, 나의 핸드폰 속에 조용히 잠들어 있던 이 문구가 다시 뇌리에 떠오르게 됐을까. 그것도 전혀 다른 분야의 책인『이기적 유전자』를 다 읽고 난 후에.

여기서 다시 잠깐. 생소한 이 램프를 보다 쉽게 떠올려 보라고 곁가지 설명을 좀 덧붙인 다음에 이후 글을 잇고 싶다. 사실 이 '앵글포이즈 램프'는 유명 애니메이션 스튜디오인 '픽사PIXAR'사의 영화들에서 언제나 쉽게 만날 수 있다. 그것도 영화 도입부에 항상 삽입되는 그들만의 짧은 아이덴티티 영상에서. 그러니까 통통 튀듯 화면 앞에 등장해 이내 알파벳 'I'를 장난치듯 짓눌러 없애버리는 바로, 그 램프인 것이다.

다시 본론으로 돌아가서 추후 유독 이 문장이 떠오른 이유를 곰곰이 따져보았다. 그런데 그러고 나니 현재 우리 생활 속에서 아주 다양한 용품들이 지금은 너무도 자연스레 쓰이고 있지만 사실, 이는 꽤 경이로운 현상이 아닐까 하는 생각 꼬리를 잡아서였다. 그런데 대다수의 물건들이 발명 직후에 바로 큰 성공을 거두기는 대단히 어려운 법이다. 그래서 완벽에 완벽을 기하지 않은 채 시장에 나온다면 금세 사라지는 경우도 부지기수다. 추후 꾸준하고도 신속한 업데이트로 물건의 생명력을 계속 북돋아 준다면 또 모를까.

이런 예로 '주전자'를 한번 들어본다. 아마도 인류 최초의 금속 주전자는 수공업으로 제작됐을 것이 분명하다. 그래서 당시에는 순도 높은 금속을 제작하는 능력 자체가 부족해 당연히 열전도율이 꽤 낮았을 테다. 게다가 코팅막의 부재로 탄 찌꺼기들이 눌어붙는 문제들로부터도 역시 자유로울 수가 없었으리라. 그러나 이런 부분들은 점차 개선이 되어왔고 또 추후, 보다 실질적인 문제까지 보완되면서 결국 우리 생활 속에 자연스레 자리 잡게 됐을 것이다. 예를 들어 물이 끓었을 때 그것이 역류하지 않게끔, 적절한 주둥이의 위치를 선정하는 것과 같은.

하지만 이런 사례와는 달리 위에 소개한 '앵글포이즈 램프'처럼 탄생의 순간이 바로 완결을 의미하는 경이로운 물건도 있다. 물론 이러한 물건이 바로 탄생하기 위해선 이미 그 앞에 세세하고도 여러 겹으로 쌓인 가공업의 역사가 탄탄하게 펼쳐져 있어야 한다는 조건이 필수적이었을 테다. 하지만 심지어 사정이 그럼에도 그러한 것들을 적절히 응용·조합해 새로운 탄생의 숨결을 불어넣을 수 있는 인간이 이 세상엔 그리 많지 않은 것 같다. 애초부터 말이다.

그리고 아마도 요즘 사람들에게 그런 뛰어난 인물을 한번 꼽아보라 하면 보통은 이미 고인이 된 '스티브 잡스Steve

Jobs•1955–2011'를 많이들 떠올릴 것 같다. 또 대중은 사실상 거의 관심을 보이지 않는 과학 저술 분야에서는 '리처드 도킨스'라는 이가 자주 언급되고 있는 듯하다. 물론 그의 본 직업은 분명히 말해―발명가하고는 다소 거리가 먼―진화 생물학자이자 저술가이다. 그리고 그의 가장 유명한 저작 중 하나가 바로 도입부에서 언급한 책인 『이기적 유전자』인 것이다.

참고로 이 책은 1976년이라는 대과거에 나왔다.

그런데 방금 이 대과거라는 표현에 어떤 사람은 미간을 찡그렸을 수도 있을 것 같다. 다만 여기에 급하게 변을 더해 보자면 사실 과학계에선 과학자들이 이론을 황급히 발표할수록 채 몇 년이 안 돼, 그것에 큰 오류가 담긴 것으로 판명되는 경우가 무척이나 많다고 한다. 그렇기 때문에 이 정도만 해도 이 분야에서는 꽤 오랫동안 선전했다는 뜻이 되므로 위의 표현이 단순 과장만은 아닐 듯하다.

결국 저자의 표현을 빌려 이 모든 사실을 단 한마디로 축약하면 『이기적 유전자』는 시간의 테스트를 아주 잘 이겨냈다고도 말할 수 있을 테다. 그리고 이 책은 놀랍게도 초판이 발간된 1976년 이후, 뒷부분에 약간의 보주 정도만을 달았다고 한다. 재판이 거듭되는 와중에도 본문 내에 수정할 내용이 거의 없었던 것이다.

아마도 이러한 사실들 때문에 난 이 책을 다 본 뒤, 앞선 페이지상의 문구를 자연스레 다시 떠올리게 된 게 아닐까 싶다. 왜냐하면 이 책의 초판 안에도 이미 현대까지도 설득력을 가질 수 있는 이론들이 완결성 있게 담겨 있었기 때문이다. 그리고 '앵글포이즈 램프'가 여전히 팔리고 있는 것처럼 이 책의 영향력 또한 현재까지 매우 유효해서 판매 또한 꾸준히 되고 있다. 추후 이 책의 내용에 반기를 들거나 혹은 오류를 지적하는 여러 의견이 있었음에도 불구하고.

게다가 이 책에는 '앵글포이즈 램프'의 사례와 꽤 유사한 점이 한 가지 더 있다. 그건 바로 저자가 자신 주변에 수많은 선배 혹은 동료 과학자들이 이미 펼쳐놓은 이론의 토대 위에서 본인만의 주장을 당당하게 펼쳐나갔다는 사실이다. 참고로 이 과학자들의 목록에는 '찰스 다윈Charles Darwin • 1809-1882'과 같은 전설적인 과학자도 포함된다.

그러나 흥미롭게도 정작 이 책의 주인공인 유전자의 경우는 이와 많이 달랐던 것 같다. 그러니까 유전자는 탄생 이후 오히려 주전자와 비슷한 길을 걸어온 걸로 보인다. 다시 말해 저자는 유전자라는 이 흥미로운 존재가 "짜잔" 하며, 결코 단 한 번에 이 세상에 등장한 게 아니라고 말한다. 되레 자신의 분신을 후대에 좀 더 잘, 그리고 많이 전달할 수 있는 몇몇의 이기적인 유전자만이 여태껏 끈질기게 살아남아 왔다고 이 책은 주장하는 것이다. 그리고 이는 특정 주전자가 살아남기 위해선 반드시 시장에서 많은 선택을 받아야 한다는 조건이 따라붙는 상황과 매우 유사해 보인다.

결국 철저하게 감상을 배제한 이 책의 이론 전개는 하나의 큰 결론을 향해 뚜벅뚜벅 걸어나간다. 그러한 유전자의 관점에서 볼 때 우리 인간이라는 개체는 생존 기계, 그 이상 그 이하도 아니라는 것. 보다 구체적으로 말해 우리 모두는 유전자를 잘 보존하고 전달하는 역할을 수행하는 일종의 도구일 뿐이라는 설명이다.

그런데 이런 결론에 도달하고 난 후 내가 독자로서 가장 최초로 느낌 감정은 다름 아닌 불쾌함이었다. 아마 이 책을 읽은 수많은 다른 독자들 역시 비슷하지 않았을까. 왜냐하면 우리 모두는 만물의 영장이라고 불리는 인간이 아니던가. 그런데 어디서 유전자 따위가 감히?

그러나 이내 그 불쾌감은 일종의 설득력으로 변해버렸고 이후 이 느낌은 나의 내면 안에 꽤 선명한 자국을 남기기까지 했다. 심지어 나는 시간이 흐를수록 더더욱 이 책 안에 들어 있는 이론의 완결성에 감탄하고 있다. 그래서 앞으로 살면서 과연 이 정도로 강렬한 파급력을 가진 책 한 권을 또 다시 만날 수 있을까? 하는 아주 진한 의구심이 들 정도다.

그리고 사실 이런 느낌이 드는 데에는 다음과 같은 이유도 있다. 그러니까 난 요즘 이 책의 영향력을 최근에 한국 안에서 더더욱 크게 느끼고 있는 것이다. 왜냐하면 요즘 들어 대중들 사이에서 급격하게 많이 쓰이고 있는 바로 이, '밈Meme'이라는 단어가 바로 이 책에서 최초 정의되고 사용됐기 때문이다(다만 좀 이해하기 힘들게도 요즘 세상에선 이 단어의 뜻이 단순, 소셜 네트워크 서비스상에서 유행 혹은 복제되는 짤방 혹은 패러디물 등을 의미하는 것으로 변질된 듯하다. 게다가 사실상 이런 현상엔 국내 외에 구분이 없어 보인다.).

참고로 현재 여러 소셜 네트워크 서비스에서도 쉽게 접할 수 있는 이 단어를 우리말화하면 '문화적인 유전자'라고 바꿔 말할 수 있을 것이다. 그리고 내 생각엔 이 '밈'은 절대적으로 미워할 수 있는 적국이 존재했던 '냉전'이 종식된 후 그 존재감이 더욱 커졌다고 생각한다. 같은 상황을 묘사한 얘기일 수 있겠지만 자본주의가 세계적으로 심화할수록 더더욱 그런 것 같다는 얘기다.

그럼 이 대목에서 좀 극단적인 예일 수 있겠지만 이러한 '밈'의 큰 영향력을 증명하는 사례 몇 개를 들어보겠다. 우선, 좋아하던 유명인이 사망하면 그를 추모하는 것을 넘어 자살을 택하는 사람들이 생기는 경우. 그리고 또 편애하는 대중 가수의 음악을 따라 부르는 것을 넘어 여러 팬들이 그가 사는 라이프 패턴 전체를 참조하고 모방하는 사례들. 바로 이런 것들이 '밈'이 '유전자Gene' 못지않게 생생히 살아 숨 쉬며, 사람들 사이에서 영향력을 행사하는 뚜렷한 증거들이다.

영어를 쓰는 문화권에서 꽤 자주 쓰이는 표현 중에 소위 '록스타Rock Star' 같다는 표현이 있다. 그런데 이는 실제로 록을 직접 연주하는 스타 록커 혹은 그 지망생들에게만 한정해서 쓰이진 않는다. 부와 명성, 그리고 냉소적인 유머 감각에 섹시함까지 겸비한 몇몇 드문 사람들에게도 이 별칭이 종종 허락되곤 하는 것이다. 그래서 이 호칭은 사실 여러 할리우드 영화들에서도 양념 격으로 꽤, 자주 들을 수 있는 표현 가운데 하나이기도 하다. (이런 사람이 딱히 떠오르지 않으신가? 그렇다면 어렵게 더 생각할 필요 없다. 그저 마블 시네마틱 유니버스 속 '아이언 맨Iron Man'의 창조자, '토니 스타크Tony Stark'를 떠올리면 된다.)

그건 그렇고 여러분은 세계에 별처럼 많은 음악인들에

게 데뷔 동기를 물으면 신기하게도 그들 대부분이 아주 비슷한 대답을 들려줄 때가 많다는 사실을 알고 있으신가. 물론 위에 말한 이른바 스타 록커들 역시 마찬가지다. 이성의 관심을 한 몸에 받고 싶어 악기를 잡거나 노래를 시작했다고 고백하는 경우가 참 많은 것이다. 그래서 이걸 모티프 삼아 아예 음악 영화로 만들어버린 경우까지 있을 정도다. 그게 바로 '존 카니John Carney•1972-' 감독의 「싱 스트리트Sing Street•2016」이다.

그런데 최초 의도야 어찌 됐건 정말 운과 실력의 화학작용으로 그 누군가가 훗날 진짜 셀러브리티 혹은 '록스타'가 되었다고 치자. 그러면 그것으로 얻을 수 있는 반대급부가 참 흥미롭다. 흡사 그것이 특정 동물의 군집 세계 속 우두머리가 얻을 수 있는 것과 꽤 비슷하기 때문이다. 아시다시피 동물들은 자신이 우수한 유전자를 지녔다는 것을 오로지 힘이나 뛰어난 싸움, 운동 능력과 같은 표면 혹은 물리적인 가치로만 증명해야 함에도 그렇다.

한마디로 말해 이들은 우수한 'Meme'을 퍼뜨려 우수한 'Gene'을 얻는 것이다.

그 실례로 이미 노년인 영국 출신의 유명 록커 '로드 스튜어트Rod Stewart•1945-' 경卿(그는 2016년에 영국에서 '기사 작위'를 받았다.)의 사례를 한번 보자. 그는 과거 이미 중년의 나이를 훌쩍 넘겼을 당시에도 꽉 끼는 레오파드 무늬의 바지를 입은 채 TV 카메라 앞에서 연신 엉덩이를 흔들어댔다. (아마도 그의 이런 남다른 이미지는 영화 「러브 액츄얼리^{Love Actually • 2003}」 속, 늙은 록커 '빌리 맥(빌 나이^{Bill Nighy • 1949-} 분)' 역할의 분명한 레퍼런스가 됐을 것이다.) 또 그는 지금까지 20~30살 가까이 어린 딸뻘 여인들과 결혼도 여러 번 해서 수백 차례 연예 가십난을 장식한 이력 또한 가지고 있다.

어떤가? 이 정도면 위에 언급한 공식의 꽤 높은 신뢰도를 방증하는 사례로 꽤 적절하지 않은가? 그런데 사실 이 하나를 제외하고 보더라도 이와 꽤 유사한 사례들은 문화, 예술계 전반에 걸쳐 굉장히 많이 목격된다. 그래서 이것을 꾸준히 목도하게 되면 순간, 많은 청춘들이 이성에게 어필하기 위해 악기를 집어 드는 행동이 매우 내게 자연스럽게 느껴지기도 한다. 마치 유전자의 들리지 않는 속삭임에 의해 무의식적으로 행하게 되는 여타 본능적인 행위들만큼이나 그렇다랄까.

10년 차 버스커인 나에게는 이제 기타를 치는 이유가 너무도 많아졌다. 한두 가지가 아닌 것이다. 그러나 이런 나또한 처음 악기를 잡았을 땐 이걸로 이성에 어필하고픈 욕구를 느꼈던 것 같다.

그럼에도 난 여태껏 수많은 이성들 앞에서 꽉 끼는 가죽 바지를 입은 채 엉덩이를 찰싹거리는 것과 같은 행위를 단 한 번도 해본 적이 없다. 물론 앞으로도 절대 할 일이 없을 것이 분명하다. (오해할까 봐 미리 밝히지만 하고 싶지도 않다.) 어쩌면 음악이라는 '밈'을 발산하는 행위의 끝판왕 같기도 한 이 행동을 말이다.

하지만 이런 행동들을 한번 하느냐 마느냐와는 별개로 난 버스킹이 '밈'으로서 지니고 있는 가치에 대해선 꼭 한 번 글을 써보고 싶었다. 왜냐하면 버스킹은 내게 있어 여태껏, 나만의 역량으로 펼쳐온 다양한 음악적 행동의 어떤 귀결이라 할 수 있기 때문이다. 다만 누구와는 달리 그 귀결의 종착점에 엉덩이 치기와 같은 화려함이 동반되지 못한 점은 미안하게 생각한다.

그런데 이즈음에서 드는 의문 한 가지.

과연 버스킹은 어느 정도까지 호응을 받아야 사람들 사이에서 '밈'으로 회자될 수가 있을까? 음. 확실히는 모르겠지만 아마도 '인스타그램'이나 '유튜브'에 공연 영상이 올라와 최소 만 단위 이상의 조회 수를 기록해야 가능하지 않을까 싶다. 동시에 '좋아요'도 물론 많이 받아야 하고.

그런데 안타깝게도 나에겐 저 정도 조회 수를 기록하는 소셜 네트워크 서비스 게시물이 없다. 사실을 말하자면 애초에 난 이런 홍보 자체에 매우 소극적인 버스커이기도 하다. 하지만 그럼에도 민망함을 무릅쓰고 얘기를 이어가 보면 개인적으로 난 한국에서 버스킹이 '밈'으로 작용하기에는 그 힘이 아주 미약하다고 생각한다. 이는 달리 말해 그동안 난 여느 길거리 버스커가 사회에 영향을 미치는 수준까지 '밈'을 발산한 예를 본 적이 없다는 얘기와 같다. 물론 방송에 출연해 추후 큰 성공을 거둔 몇몇 드문 경우를 제외하고 말이다.

다만 이런 현실은 일단 차치하고 내가 길거리 현장에서 직접 보고 들은 것들이 있어 비교적 진솔하게 얘기할 수 있는 여타, 부분들은 분명 몇몇 있을 것 같다. 우선 버스커 대 관객 사이가 아니라 버스커 대 버스커 사이에서 전이되고 변이된 '밈'과 관련해서다.

솔직히 버스커라는 단어는 과거, 국내 사람들에게 전혀 친숙한 단어가 아니었다. 그런데 「슈퍼스타K•2009 -」라는 오디션 프로그램을 통해 데뷔한 어떤 밴드를 통해서 그 단어가 한국에서 보통명사화됐다. 그리고 나 또한 이젠 이 단어 '밈'의 전도자가 되어버렸다. 왜냐하면 때때로 타인들에게

나 자신을 버스커라고 소개할 정도가 됐으니까. 그런데 이 「슈퍼스타K」가 워낙 흥행하자 이후, 다수의 방송사에서 뮤지션 발굴 경연 대회를 제작, 방송하는 것이 일상이 되고 말았다. 그러면서 거의 동시에 기하급수적으로 길거리 버스커들의 존재가 늘어나게 된 것만은 확실하다.

또 이와 동시에 당시, 버스킹 붐이 일어나는 데 꼭 필요한 인프라 역시도 맞물려 만들어져 있었다. 전자 악기 전문 제조 업체인 'Roland'에서 전력을 공급하기 힘든 야외에서도 그저 AA 배터리 몇 개만으로도 훌륭하게 구동되는 '큐브 스트리트Cube Street' 앰프를 출시한 것이다. 2008년의 일이었다. 그리고 실제로 거리를 돌아다녀 보면 버스커의 80~90% 가까이가 이 앰프를 사용함을 알 수가 있다(참고로 나도 10년 연속 이 앰프를 쓰고 있다. 이 앰프는 배터리로만 구동해도 장시간 동안 꽤 쓸 만한 사운드를 내준다. 튼튼한 것은 덤이다.).

또 인터넷 중고장터를 돌아다니다 보면 덜컥 이 앰프를 샀다가 이후, 집 안에서만 썩혀 올라온 수많은 매물을 쉽게 볼 수 있다. 버스킹이라는 '밈'에 전도되어 무턱대고 산 사람이 꽤 많았던 것이다. 그리고 요즘엔 버스킹을 한 번에 할 수 있도록 풀 세트 단위로 장비 대여업 또한 활발히 이루어지고 있다. 그래서 버스킹에 대한 순수한 열정만 있다면 지방 어디에서라도 버스킹을 하기가 그리 어렵지 않은 세상이 됐다.

하지만 버스킹이라는 '밈'이 실제로 길거리의 사람들을 만나러 나아갈 때를 살펴보면 그때부턴 좀 다른 면모들이 눈에 띄기 시작한다. 이 단계에서부터는 어떤 순수한 가치를 추구하는 경우를 보기가 점차 드물어지는 것이다. 반대로 대부분이 순간적이고 자극적인 집중과 흥행을 만들어내는 게 주목적이 돼버린 경우가 더 흔하다.

그래서 오직 이 목적만을 위해 버스커들끼리의 세계 안에서만 특정 버스킹의 형태가 복제 혹은 재생산되는 과정이 반복되기도 한다. 춤을 추는 사람들은 그들 서로 간에, 또 기타를 연주하며 노래하는 사람들은 그들 서로 간에. 아마도 그래서일까? 코로나바이러스가 창궐하기 바로 그 직전까지도 여러 노상에 매우 비슷한 레퍼토리와 콘셉트로 공연하는 사례들이 점점 늘어나기만 했었다. 언뜻 보기에는 쉽게 구분이 불가능할 정도였달까. 그래서 결국 그것이 거리마다 상대적으로 수용할 수 있는 범위를 넘어 큰 과잉마저 됐었다고 생각한다.

다만 요즘은 꽤 장기간 지속되고 있는 팬데믹 사태로 인해 이런 현상이 잠시나마 휴지기를 맞이한 것처럼 보인다.

하지만 장담컨대 코로나 사태가 완화되는 그 즉시 이런 버스킹 과다 공급과 복제 현상은 금세 부활하겠지 싶다. 마치 언제 그리 잠잠했었냐 싶게.

겉보기에 멀쩡한 사람이라도 보통 몸 안에 '현성顯城'과 '잠성潛性' 유전자, 둘 다를 지니고 있다고 한다. 그러다가 만약 비슷한 유전자 구조를 지닌 사람끼리 서로 복제와 분배를 반복하면 과연 어떻게 될까? 결국은 잠재된 '잠성' 유전자가 드러나 약체 후손이 탄생한단다.

근친끼리의 혼인이 매우 흔했던 합스부르크 왕조는 이러한 이론에 대한 아주 좋은 실례이다. 그래서 결국 이 왕조에서 태어난 공주, 왕자들은 일찍이 유전질환으로 사망하는 경우가 많았다고 한다. 심지어 이로 인해 이 왕조가 아예 자멸의 길을 들어서게 됐을 것이라는 비관적 연구 결과까지 이미 세상엔 존재한다. 또 그들의 창백한 안면과 독특한 얼굴형(가장 대표적 예로 주걱턱)을 담은 많은 초상화들이 이를 사실로써 증명한다. 예를 들어 스페인의 궁정화가 '디에고 벨라스케스Diego Velázquez•1599-1660'가 그린 '펠리페 4세'와 '마르가리타 공주'의 초상들이 그렇다.

이즈음에서 난 국내 버스커들이 만들어낸 '밈'의 힘이

미약한 이유가 도대체 무얼지 생각을 해본다.

우선, 버스커들 대부분이 창작자이기보단 남의 창작물을 재생산하는 입장이라는 데에 그 첫 번째 이유가 있지 않을까? 그렇기에 버스킹의 미래 같은 걸 그려보며 시작하는 사람 자체가 애초에 많지 않을 테다. 게다가 솔직히 말하면 실력이 부족한 상태에서 무턱대고 공연에 나서는 사람들도 꽤 많은 것 같다. 선행 구조가 이렇기에 결국 관객의 입장에서도 이들을 진중하게 봐주기가 힘든 것은 아닌지 싶다. 그러니 버스커들이 세상 사람들에게 전달하려는 '밈' 역시 채, 생성되기도 전에 맥없이 나가떨어지는 현상들 또한 반복되는 것이겠고.

그런데 사실 나는 한국의 버스커를 대변할 만한 입장과 능력을 가지고 있는 사람이 결코 아니다. 게다가 이 기회를 통해 무언가를 결정짓는 발언을 해보고 싶어 이 글을 쓴 건 더더욱 아니었다.

다만 꽤 오랫동안 버스킹을 해온 한 사람으로서 난 이 행위와 관련해 분명 '밈'이라는 소재를 바탕으로 얘기할 부분이 있으리라 생각했다. 아마도 글을 다 쓰고 보니, 어떤 버스커에게 있어선 단지 버스킹이 순간의 쾌락과 돈벌이를 위한 수단만은 아니라는 것을 가장 말하고 싶었던 것 같다.

그리고 또 시간이 지나고 보니 그것들을 추구한다고 해서 추구되는 것도 아니더라.

하지만 이런 생각을 너무 정직하게 밝히는 버스커로서 내게도 숙제가 있다. 나름 버스킹을 진지하게 대하는 스스로의 생각에 어울리는 태도의 지속성 역시 그에 걸맞게 필요한 것이다. 예를 들어 길거리 관객들에게 새로운 노래를 들려주고 싶어 늘 잘 소화할 수 있는 곡들로 레퍼토리를 보충하는 것. 또 이와 더불어 실수하지 않도록 연습을 거듭하는 것 등등.

그리고 만약 이런 자세를 서서히 잃어버린다면 그때부터 나는 더 이상 거리에서 환영받지 못하게 될 것이다. 아니, 그러긴커녕 내 내면의 어떤 공간조차 그 자리를 잃을 수도 있겠다는 생각이 든다. 스스로 고되고도 어렵게 찾아낸 바로 이 버스킹의 의미를 지금껏 잘 보존해 온 그 소중하고도 내밀한 공간을 말이다.

'유전자'든 '밈'이든 끝없는 자기복제의 끝은 자멸뿐이다.

아무도 듣지 않는 버스킹

나는 소위 말해 '로큰롤 키드'였다.

그런데 아쉽게도 록 음악은 더 이상 이전처럼 인기 있는 음악이 아닌 듯하다. 심지어 흔히들 이 음악이 가장 잘 어울린다고 일컬어졌던 젊은 층 사이에서조차 그래 보인다. 그래서 록의 마지막 르네상스 시기에 일종의 '현상Phenomenon'으로 록 음악을 듣고 즐겼던 세대가 어쩌면, 우리가 마지막이 아니었을까라는 생각이 근래 들어 꽤 자주 들 정도다.

그리고 아마도 그래서일 것이다.

특정 록밴드를 통해 그 시대에 대한 분노 혹은, 공유된 울분 같은 것이 드러난 이후 그것이 거꾸로 그것을 출산시킨 세대에게 다시 영향을 끼치는 현상 같은 것이 더 이상 안 생기는 이유가. 반면에 내가 마지막으로 록 음악을 즐겨 들던 시기에는 이런 순환 현상이 자주 발생했고 또 주기 또한 아주 빨랐다.

그야말로 이렇게 난 90년대 초·중반에 쏟아진 다양한 음악들의 홍수를 직격으로 맞닥뜨렸던 세대이다. 그리고 대표적으로 그 당시 미국에서는 '그런지Grunge', 그리고 영국에서는 '브릿팝Britpop'이 각각, 록 음악계의 주요 흐름들로 황금기를 누리던 시기였다. 그래서 이때 받았던 수혜의 특별한 기억과 감흥들이 아직도 내 세포 하나하나에는 그대로 아로새겨진 채 남아있다.

기억하겠지만 앞선 장에서 난 간략하게나마 내 인생의 여행사를 이미 언급했었다. 그리고 그때 자세히 쓰진 못했지만 이 여행사에는 유럽을 10박 11일간 돌았던 경험 역시 포함돼 있다. 당시 회사원 신분이었기에 나름 길다면 길게 일정을 잡았던 것이었는데 그때 당시 나는 '런던'을 최초 목적지로 정했더랬다. 그리고 그러한 이유는 순전히 '브릿팝'과 영국 영화에 대한 나의 깊은 애정 때문이었다. 또 이것은 유럽 여행을 하기 전 미리 내 멋대로 정해둔 나름의 기준을 따른 선택이기도 했다.

그리고 그 기준이란 바로 내가 찾을 장소들이 가능한 내가 사랑했던 여러 예술 문화와 꼭 관련이 있어야 한다는 것이었다. 특히 미술과 영화 그리고 여기에 더해 음악까지, 이렇게 세 가지와의 연관성이 커야 했다. 그러니 이런 기준에 철저히 근거해 정한 유럽 여행지 목록 중 영국 런던을 빼는 것은 사실상 상상조차 하기 힘든 일이었다.

따라서 결국 그렇게 나는 런던에 갔을 당시 브릿팝의 양대 주축 밴드들의 흔적이 묻어 있는 곳들을 골고루 둘러봤다. 우선 난 '오아시스Oasis•1991-2009'의 2집 앨범 커버를 촬영했던 〈버윅 스트리트Berwick Street〉부터 방문했다. 그리고 그다음으로 '데이먼 알반Damon Albarn•1968-'과 '그레이엄 콕슨Graham Coxon•1969-'이 함께 밴드 '블러Blur•1988-'의 꿈을 키운 〈골드스미스 대학교Goldsmiths, University of London〉 캠퍼스 등도 둘러봤다. 그런데 과연 이 두 밴드는 이 협소한 장소들과 인연을 맺을 당시 이런 상상을 단 한 번이라도 해보긴 했을까? 그들 각자가 만든 소소한 인디밴드가 훗날 이렇게까지나 전 세계에 큰 영향을 주게 될지를 말이다.

그러나저러나 사실 이 정도의 감상만 적어도 이 글을 보는 여러분께 다음과 같은 사실 정도는 생생히 전달됐으리라 생각한다. 내가 과연 이곳에서 대체 어떤 감흥들을 느꼈을지를 말이다. 그런데 사실 난 여행을 할 때 이런 장소들을 게걸스럽게 찾는 것 외에 또 다른 특색 하나를 발휘한다. 그것은 바로 배가 고플 때 그야말로 아무 가게에나 들어가는 모험을 즐긴다는 것이다. 그러니까 난 해외에 나갈 때면 현지인들만이 찾을 법한 이른바, 골목 식당에 무작정 들어가는 것을 꽤 재밌어한다.

사실 영국에 갈 당시 난 직항이 아닌 경유 노선을 택했었다. 게다가 일정을 보니 공교롭게도 경유지에서 머무는 시간이 꽤 길기도 했다. 그래서 당시 시내로 나가 관광까지 겸할 수 있었던 경유지는 바로 국제적인 도시 '홍콩'이었다. 많이들 알다시피 다시 중국령이 된 이후 그 일대 전체가 아주 큰 몸살을 앓았던 곳이다.

그런데 원래 '홍콩'은 미식의 도시로 꽤 유명한 곳이다. 그렇기에 내 생에 가장 먼 거리로 떠나는 여행의 출발점인 이곳에서의 식사를 개인적으로 기대 안 하긴 힘든 일이었다. 그래서 나는 그곳에 도착했을 당시 역시나 내 발걸음을 주사위 삼아 행운의 점괘를 시험했다. '맛있는 식당'이 걸리게 해달라는 주문을 또다시 내 두 발에 건 것이다.

그런데 아쉽게도 난 당시 뽑기에 실패하고 말았다. 우연찮게도 맛으로는 인상적일 게 별로 없는 가게에 들어가고 만 것이다. 다만 그곳에서 내 여행경비 전체를 다른 손님 하나가 다시 되돌려준 것만은 매우 고마운 일이었다. 내가 거기서 식사를 하고 나오다 그만 귀중품용 크로스백을 깜빡 두고 나왔던 것이다. 그리고 그 뒤 난 아쉬움을 채 느낄 새도 없이 런던으로의 비행을 재촉해야만 했다.

하지만 이후, 돌아올 때 또다시 들렀던 홍콩 〈센트럴〉에서 난 반전을 맞이하게 된다. 단지 홍콩뿐 아니라 11일간이라는 나름 장기 여행의 마지막 식당에서 시험한 운이 아주 좋았던 것이다. 이 선택이 유종의 미가 돼주거나 혹은 완전히 반대일 수도 있었는데 무척 다행이었다.

그런데 사실 난 그곳에 무작정 들어가 식사를 하고 나올 때까지도 그 가게의 이름조차 몰랐더랬다. 그래서 귀국 후 뒤늦게나마 알게 된 그 식당의 이름은 바로 〈Mak's Noodle〉이라는 곳이었다. 이는 방문 당시 내가 스마트폰으로 찍어 둔 가게 사진들에 다행히 위치 정보가 함께 남아 있었기에 가능한 일이었다. 그리고 알고 보니 이곳은 이미 홍콩식 '새우 완탕면'과 굴 소스를 곁들인 '데친 중국 케일' 요리로 명성이 자자한 곳이었다. 어쩐지 그제야 내가 그곳을 찾았을 당시 식당 안 손님의 인종 구성이 매우 다양했던 기억이 뒤늦게나마 떠올랐다.

그런데 정작 이 가게를 특별하게 기억하게 된 더 큰 연유는 따로 있다. 물론 내가 먹은 '새우 완탕면'의 면발과 맛도 잊기 힘든 것이긴 했다. 하지만 이 기막힌 맛조차 가게 입구에 붙어 있던 '안소니 부르댕Anthony Bourdain • 1956-2018'의 사진만큼이나 강렬한 기억으로 내게 남아있진 않다. 참고로 그는 미국 출신의 아주 유명한 셰프인데 그의 사진이 바로 그곳 입구에서 꽤 이상한 방식으로 빛나고 있던 것이다.

살면서 나는 지금까지 누군가의 죽음을 직접 목도해 본 일이 없다. 특히 손에 잡힐 듯 가까운 거리에서 말이다. 물론 요즘 사람들 대부분이 나와 비슷할 것이다. 하지만 그럼에도 불구하고 나는 고전적인 관혼상제 경험을 어린 나이에 몇 번 해본 적이 있긴 하다. 그리고 그중 가장 강렬했던 것은 내가 고등학생이었을 당시 경험한 할머님의 장례식이었다.

그때를 상기해 보면 시골 마을 이들이 모두 모여 상복을 입은 채, 며칠씩 한 자리에서 망자를 그리며 술과 음식을 나눠 먹었다. 그러곤 결국 그들 모두 상여를 짊어 메고 먼 산에 있는 묘지에 올라 하관下棺마저 같이 해낸 기억이 난다. 그리고 그러면서 난 할머니 영정 사진을 든 채 그때까지 살아오며 흘렸을 모든 눈물을 다 합친 것보다도 많은 양의 눈물을 그날 하루에 다 쏟아냈더랬다.

물론 당연히 슬펐기 때문에 그랬을 것이다. 하지만 그러면서도 동시에 수많은 사람들이 한꺼번에 내뿜어 대는 애도 분위기에 압도되어 절로 그런 일이 벌어진 것도 같다. 매우 영적인 체험이라 아니할 수 없는 순간들이었다. 결국 지금에 와서 이랬던 당시를 가끔 돌이켜 보면 요즘 청춘들이 좀처럼 하기 힘들 희귀한 체험들을 이때 한 것 같다.

그런데 생각해 보면 참 그렇다. 임종 의식이라는 것도 시간이 점점 흐름에 따라 그 의미나 절차가 조금씩 간소해지는 것 같다고. 물론 예전에도 임종 절차라는 게 꽤 한정된 무대에서 행해지는 일이 대부분이긴 했다. 인간에게 필연적으로 딸린 종착적 과정임에도 불구하고. 왜냐하면 기실 이 의식 역시 줄곧 인간이 탄생하는 순간만큼이나 보통, 그 당사자 가족 위주라는 배경만을 두른 채 행해져 왔으니까.

하지만 핵가족화 아니, 이를 진즉에 넘어 일인 가구화마저 첨예해진 요즘 사회에선 장례라는 것이 일종의 행사처럼 자리매김돼 가는 게 아닐까 싶다. 좀 더 구체적으로 말해 더욱 깔끔하게 그리고 보다 은밀하게 행해질수록 좋은 행사. 특히 여러 장례식장에 자·타의로 수차례 왕래를 하다 보면 이런 생각이 절로 안 들 수가 없다.

아마도 그래서인지 하루에도 수십 건씩 현재진행형으로

전달이 오가는 누군가의 부고 소식들은 때때로 내겐 너무 가볍게만 느껴진다. 마치 깃털처럼. 심지어 요즘엔 이런 무게감 있는 소식이 누군가의 저녁거리 고민에 비할 바도 못할 때가 있다는 생각이 종종 들 정도다. 왜냐. 꽤 자주 우리 주변을 그저 잠깐 배회하고는 멀리 날아가 버리곤 하니까.

이 글의 첫 부분에서 난 더는 여명이 밝아오지 않는 새로운 록 부흥기에 대해 한탄 비슷한 소회를 적었었다. 그런데 근래 들어 이런 느낌의 농도가 좀 더 짙어진 데엔 뚜렷한 이유가 하나 있었다. 그건 바로 내가 경험했던 마지막 록 부흥기를 화려하게 수놓았던 록스타들이 비교적 최근, 여럿 생을 마감했다는 소식이 내 눈과 귀에 연이어 들어왔기 때문이다. 그것도 꽤 비극적이거나 자발적인 방식을 통해서 그렇다고들 했다. 그런데 사실 그들 대부분은 90년대라는 과거에 전성기를 누렸던 이들이다. 그래서 나는 여태껏 이들 모두가 그때 벌어들인 부로 즐거운 중년기를 보내고 있을 줄만 알았더랬다.

물론 이렇게 최근 세상을 등진 록 뮤지션 모두가 나에게 큰 영향을 줬던 것은 결코 아니다. 게다가 난 그들의 음악을 사랑했던 시기가 지난 뒤에는 그들에게 뿌렸던 관심을 거둬들이며 살기 급급했다. 그래서인지 처음 몇몇의 부고를 들었을 때는 솔직히 새삼스럽다는 느낌마저 컸다.

그렇지만 몇 달이 멀다 하고 이런 부고 뉴스는 계속해서 먼 이곳까지 바지런히 날라왔다. 그런데 그러고 나니 어느새 난 그들의 과거 영상을 여러 채널로 찾아보며 그리워하고 있는 스스로를 발견하게 됐다. 왜냐하면 뒤늦게나마 그들 사이에 나를 '록의 신전'으로 이끌었던 인물들이 하나둘 섞여 있다는 자각이 내게 몰려왔기 때문이다. 다시 말해 그들은 내 감수성을 구성하는 재질들이 가장 말랑했던 시절, 내가 그것을 단단히 경화硬化시켜 온전히 나만이 소유할 수 있도록 이끌어 준 이들의 일원이었다.

그리고 이러한 인물들의 연이은 부고 소식 이후 내 귀엔 셰프 '안소니 부르댕'의 사망 소식이 또 한번 들려왔다. 그것도 아주 급작스럽게. 그런데 그것을 알게 된 순간 이상하게도 이는 나에게 아주 세부적인 기억을 소환시켰다. 그러니까 내게 갑자기 그의 사진이 붙어 있던 '홍콩'의 한 식당을 떠올리게 했던 것이다. 이와 더불어 이 가게를 나와 우연히 조우했던 버스킹을 하던 한 남자의 희미한 형상까지도.

나는 자신만의 분야에서 일가를 이룬 사람들의 책을 읽는 것 역시 무척이나 좋아한다. 그리고 그중 본업이 셰프인 저자의 책을 읽은 것은 '안소니 부르댕'의 경우가 처음이었다. 그런데 그 첫 경험은 나에게 매우 즐거운 시간을 선사했다. 전혀 예상치 못하게도. 그래서 이후 난 그의 전체 저작 리스트를 검색했고 게다가 난 그것들로 2, 3차 독서 경험을 이어가기까지 했다. 그런데 사실 이런 경험을 나에게 선사한 이른바 작가 셰프는 '안소니 부르댕'이 유일하다.

기억할지 모르겠지만 바로 앞 장에서 난 뮤지션이 아니더라도 '록스타'라는 호칭이 어색하지 않은 셀러브리티들이 이 지구상에 심심치 않게 존재한다고 이미 쓴 바 있다. 그리고 사실 셰프 '안소니 부르댕' 역시 그런 케이스에 해당한다. 게다가 그가 직접 겪은 경험을 바탕으로 쓴 논픽션 『키친 컨피덴셜kitchen confidential · 2000』을 보고 나면 이런 느낌이 아주 선명해진다.

사실 이 책을 보면 우선 그가 개인적으로 겪은 일들에 단지 너스레를 섞어 넣는 수준으로 대부분의 글들이 쓰여 있음을 즉각적으로 눈치채게 된다. 반면 설교나 강령 따위는 전혀 적혀있지 않다. 하지만 그런데도 그가 콘서트장보다는 훨씬 작을 이 주방이라는 무대 위에서 아주 다이내믹한 커리어를 쌓아왔다는 것을 이내 알게 된다. 그러니 이런 그에게 '록스타'라는 호칭을 붙이는 게 전혀 어색하지 않게 느껴지는 것이다.

또한 그의 책에서는 단 한 번도 여러 가지 삶의 경험이 그저 맛없는 뷔페가 차려지듯 죽 나열되는 법이 없다. 그러니까 이는 좀 다르게 말해 이 책 안에는 그가 지금껏 인생을 살아오며 비싸고도 럭셔리한 음식(경험)을 맛봤다는 것만을 독자에게 어필하려는 글이 없다는 얘기와 같다. (생각해 보면 세상엔 이런 식의 전기도 그 얼마나 많은가!) 반대로 그의 글을 보고 있으면 그저 그 앞에 차려진 '삶의 순간'이라는 음식에 먹을 가치가 조금이라도 있었다면, 그것을 최선을 다해 맛있게 먹은 자로서의 유머와 여유 같은 것이 느껴진다. 양손에 묻어난 양념까지 쭉쭉 빨아가면서 끝까지 게걸스럽게!

한국에선 꽤 오랜 기간 동안 '라떼는'이라는 말이 유행하고 있다.

그리고 이런 현상의 이면에는 우리가 읽어낼 수 있는 어떤 사실 한 가지가 숨어 있다. 그건 바로 그동안 일부 나이 많은 사람들이 부리는 허세에 시달렸던—상대적으로—젊은이들이 꽤 많았다는 것이다. 사실 나의 경우만 해도 일상생활을 하다 보면 역시나 본인의 과거사를 무용담처럼 늘어놓는 상대를 심심치 않게 만나게 된다. 그리고 이들 대부분은 최소한 나보다 나이가 예닐곱 살이 많은 경우가 대부분이다. 그런데 이런 이들을 가만히 지켜보자면 이들에겐 듣는 사람의 의지를 전혀 개의치 않고 발언한다는 공통점도 갖춰져 있는 듯하다. 한마디로 그들은 타인을 향해 철저하게 귀를 닫고 오직 입만 열려 있다.

게다가 이들에겐 유사한 점이 하나 더 있다. 자신이 추구하는 가치를 좇아 그 행동들을 했다고는 전혀 보이지 않는다는 점이다. 단지 그 경험을 했을 때 자신이 어떤 계단에서 한 단 위로 올라설 수 있는 이점이 있기에 그런 경험을 한 듯 들릴 뿐이다. 참고로 그 계단은 '남과 공유하는 표면적 가치'라는 이름을 달고 있고 보통은 매우 세속적인 분위기로 장식되어 있다. 그렇기에 그 얘기 속에 공허함이 맴돌고 있다는 것을 듣는 이들 대부분은 금세 알아차리게도 된다. 안타깝게도 본인의 얘기가 마치 알맹이 없는 강냉이와 같다는 것을 말하는 당사자만 모를 뿐이다.

'마크 롤랜즈Mark Rowlands•1962-'의 『철학자와 늑대The Philosopher and the Wolf • 2008』라는 책이 있다. 이 책에는 사실 저자가 자라나면 개가 안 될 것을 이미 잘 알고 길렀던 늑대 한 마리가 등장한다. 그리고 그는 철학자라는 직업을 가지고 있는 이답게 이 특별한 동물을 옆에서 유심히 관찰하게 된다. 그리고 이 책은 그런 성실한 관찰의 산물이다.

그런데 그의 여러 글들 중 특히 난, 이 늑대가 토끼 사냥에 집중하는 모습을 바라보며 느낀 점을 서술한 대목이 꽤 인상적으로 다가왔다. 그 글에 따르면 늑대는 그 사냥이 비록 실패로 끝난다 하더라도 눈 안에 행복의 불꽃을 피워 올리며 즐거워하더란다. 다시 말해 그는, 늑대는 혹여 이 모든 과정 속에 신체적인 불편함이 동반되더라도 혹은 목적 달성에 실패하더라도 그 모든 순간을 집중하고 즐긴다고 설명한다.

그러면서 그는 인간들에게 이런 질문을 던진다.

어쩌면 우리 모두는 만물의 영장이라는 허울에 갇혀 때론 더 어리석은 딜레마에 빠지는 건 아닌가 하고. 예를 들어 인간은 근심을 잠시 내려놓고 허기, 영혼에 충만함을 동시에 채워 넣어야 할 식사 시간에도 자주 고민에 몰두한다. 혹은 무언가에 실패하면 그것이 자신의 나약함을 상징하는 사건이라고 쉽사리 믿어버리기도 하고. 저자는 그런 인간이 그 어떤 생명체보다 우월하다고 말하는 건 오만이 아니겠냐는 생각을 글로써 옮기기도 했다.

이제서야 말하는 거지만 '안소니 부르댕'의 책들을 연달아 보다 보면 때로는 그의 문체가 너무 직설적이라는 감정이 들기도 한다. 이는 사실 '고든 램지 Gordon Ramsay • 1966-'의 말투와도 꽤 비슷한 점인데 그렇다면 이는, 유명 셰프들만이 갖고 있는 공통 특성이 아닌가 싶기도 하다. 하지만 그렇다 해서 그가 뭔가를 부풀려 독자에게 전달되게 하려고 일종의 조작하는 장치를 글 속에 심었다는 느낌은 들지 않는다. 달리 말해 이는 그가 본래 요리를 통해 추구하려던 순수한 재미, 열정 등을 필요 이상으로 과장해서 글로 옮기지는 않은 것 같다는 뜻이기도 하다.

아마도 그래서인 걸까. 그 역시도 『철학자와 늑대』에서의 늑대처럼 굉장히 몰입도 높은 찰나와 찰나를 생전에 살아냈다는 느낌이 든다. 그러니까 그가 실제 했던 경험을 글로써 이식하기 전, 본인이 1인칭 주인공으로 삶을 살아낸 바로 그 시간들에 그런 것 같다는 뜻이다. 그래서 그것이 켜켜이 누적되어 이런 재밌는 논픽션들이 탄생할 수 있었던 게 아닌가 하는 생각마저 드는 것이다.

게다가 '안소니 부르댕'은 사실 글 쓰는 작가로뿐만 아니라 입담 역시 좋다. 그래서 그는 각종 요리와 음식 관련 프로그램을 직접 진행하거나 유튜브 안에서도 매력 있는 '밈'으로 통한다. 그래서 그가 등장하는 동영상은 꽤 많은 조회 수를 기록하는 게 보통이다. 그리고 그런 그의 여러 영상 가운데 개인적으로 특히 좋아하는 영상 하나가 있다. 이 영상에는 그가 한국의 가락시장에서 메추리알에 소주를 거부감 없이 먹고 마시는 장면들이 담겨있다.

하지만 이렇게 그가 다재다능했었다 한들 분명한 사실 하나는 그 본연의 아이덴티티가 '셰프'였다는 것일 테다. 물론 그는 언젠가부턴 주방에 직접 서기보단 앞서 말했듯, 작가로서 글을 쓰거나 방송인으로 음식을 논하는 커리어에 더 열심이었던 것 같다. 하지만 그렇다 해도 일전에 그가 자신 본연의 커리어를 능숙하게 헤쳐 나온 이력을 갖추고 있지 못했더라면? 아마도 그 뒤 그가 이렇게까지 다양한 성취를 일구지는 못했으리라는 사실은 자못 분명할 테다.

아무튼 그는 결과적으로 이런 성취들에 대한 부산물이랄까. '록스타'라는 호칭에 꽤 어울릴 법한 '부와 명예' 또한 다양한 방식으로 우려냈다. 그래서 결국 그가 인생의 후반전에서 뛰기 자체를 거부한 것을 보면 일반인 중 하나인 내게 자연스레 이런 의구심이 든다. 보통 사람의 시각으로 볼 때 그의 인생은 분명 재밌는 롤러코스터 타기와 비슷했을 것 같은데 왜 실제로는 아니었을까? 라고.

앞서 내가 식당 〈Mak's Noodle〉 유리 벽면에 붙은 '안소니 부르댕'의 사진을 떠올리며 '이상한' 방식으로 빛나고 있었다고 한 것을 다들 기억하실 것이다. 그리고 그 문장을 읽으며 더러는 어색한 형용을 덧붙였다는 느낌을 가진 분도 있었을 것 같고. 그런데 내가 굳이 그런 형용사를 택했던 건 사실 그의 사진 속 외양 때문이 아니었다. 그러니까 이 말은 그가 사진 속에서 입이 비뚤어진 채 기묘한 웃음을 짓고 있거나 혹은, 그의 사진 자체가 너무 낡고 바랬던 게 아니었다는 뜻이다.

다만 이렇게 설명하게 된 연유는 일종의 시각과 또 다른 오감적 체험이 결합하면서 벌어진 화학작용의 결과에 가깝다. 보다 구체적으로 말해 내가 그 식당을 나온 지 채 얼마 안 돼 마주친, 어떤 버스커의 모습과 '안소니 부르댕'의 사진이 일종의 화학작용을 일으킨 것이다. 그리고 그 버스커는 그때 당시 홀로 색소폰을 불며 길가 한 귀퉁이에서 버스킹을 하고 있었다. 한 유명 셰프가 인생을 펼친 화려한 무대와는 매우 대비되는 그 남루한 장소 위에서 말이다. 게다가 당시 그곳에 있는 그 누구도 그의 연주를 듣고 있지 않았다.

사실 지금 난 이 버스커의 모습을 완벽하게 기억하진 못한다. 왜냐하면 이 광경을 본 뒤로 시간이 이미 4년 이상이나 지났고 또 그가 위치한 곳의 조명 역시 매우 어두웠기 때문이다. 하지만 그럼에도 분명히 기억나는 몇 가지 것들이 여전히 내겐 남아있다. 우선 그의 옷차림이다. 그때 이 버스커는 현지 사람이 분명하다는 듯 분명, 다 늘어진 러닝셔츠와 반바지 차림에 슬리퍼를 신고 있었다.

그리고 그가 색소폰으로 연주했던 음률은 솔직히 '어반Urban'한 감성과는 반대의 느낌을 내는 것이었다. 그러니까 홍콩의 현대적이고도 매끈한 마천루가 빛나는 그 밤, 그 시각에 어울릴 만한 연주가 전혀 아니었던 것이다. 우리말로 하면 한마디로 뽕끼가 다분했다고나 할까. 그래서 그가 낸 음들은 마치 '주성치周星馳•1962-' 영화에서 어떤 조연이 립싱크 식으로 재연한 것처럼 매우 부조화스럽게 들렸다.

하지만 그렇다 해도 그는 그 시간대에 그곳에서 이미 버스킹을 한두 번 펼친 것이 아닌 듯했다. 마치 그가 품에 안고 있던 색소폰의 빛바램이 이를 대놓고 증명하듯. 그리고 그래서였는지는 잘 모르겠지만 사실 그는 관객의 유무 따윈 아랑곳하지 않는 듯도 보였다. 여느 버스커와는 아주 다르게. 그리고 연주하는 시간이 늘어갈수록 그는 자신만의 감흥에 더욱 빠져드는 듯해서 이 느낌은 점점 더 강렬해졌다.

이 대목에서 난 다시 '안소니 부르댕'의 삶을 한번 생각해 본다. 이 버스커가 있던 장소와 그리 멀지 않은 곳에서 여전히 빛나고 있을 유명 셰프로서의 사진 속 주인공인 바로 그를. 그는 왜 이런 남루한 버스커와 비교해 훨씬 크나큰 대중의 사랑과 부를 누렸음에도 끝끝내 행복해지지 못했을까? 반면 이 버스커는 아무도 듣지 않는 버스킹을 하고 있는 주제에 꽤 행복해하고 있는데도. 심지어 되레 보고 있는 이가 민망함을 느끼게 할 정도로 만면에 미소까지 지어가면서.

결국, 아직도 그 인근에서 같이 부유하고 있을 이 둘의 얼굴과 거기에 딸려있을 그들 각자의 삶을 찬찬히 떠올려보면 큰 아이러니를 느끼지 않을 수 없다.

흔히들 말한다.

인생은 아무도 모르는 것이라고.

하지만 이건 두 사람 사이에 벌어지는 일의 격차치고는 그 간극의 차가 꽤 크지 않은가….

이런 생각을 하고 있자니 결국 이런 상념이 든다. 인간이라는 존재는 어쩌면 자신이 갖고 있는 가치들을 직접 둘러보고 잴 때 각자만의 방법이 있는 거구나라고. 때론 가장 유용한 도구라 불리는 실제 '눈'보단 '내면의 눈'을 더 유용하게 쓰는 경우도 있는 것이다. 그리고 이럴 때면 이 눈들을 통해 실제를 순간순간 새로운 각도와 시각으로 달리 판단하는 자유로운 오류 또한 범하는 것일지도 모른다. 심지어 사실 어쩌면 그것이 개개인의 삶에 더 큰 영향을 끼치는 것 같기도 하고. 물론 그 판단의 끝이 올바르냐 아니냐는 내가 평가할 부분이 아니리라.

그러나 나는 이렇게 오류를 범한 이들이 일종의 창작물을 만들어 대중의 사랑을 받았다면, 그건 그들이 되레 이렇게 남다른 '내면의 눈'을 가지고 있었기 때문이라고 믿는다. 동시에 또 그것을 만들어내는 순간 이들이 100% 몰입했었기 때문이기도 하고. 그러니까 이들 모두는 남다르게 가치판단을 할 줄 아는 만큼 남다르게 집중력도 발휘할 줄 아는 사람들이었달까. 마치 『철학자와 늑대』 속에서 늑대들이 그러했듯.

그래서 나는 이들이 그것들 안에 영원히 살아 숨 쉬는 각자의 모습을 미리 잘 각인해 놓았다고도 믿는다. 설사 이들에게 '생'이라는 어렵게 켜진 '불꽃'을 단번에 불어 꺼뜨렸다며, 비난을 가하는 게 온당할 수가 있다 한들 말이다.

그렇기에 비록 촛불은 꺼졌다 해도 그들이 피운 연기와 향취는 그 후로도 오래오래 우리 곁에 남아 있는 게 아닐까.

셔터 스피드와 변종 뱀파이어

나는 두 개의 대학교를 졸업했다.

그런데 두 번째 대학교에 입학한 후 굳이 발품을 팔아 청강한 과목 하나가 있었으니. 그건 바로 '사진' 수업이었다. 이미 지나간 학년만이 선택할 수 있는 과목이라 나의 수강 신청 항목에 아예 뜨지도 않았는데 그랬던 것이다.

하지만 이런 열정과는 너무 대비되게 최종적으로 난 이 과목에서 안 좋은 학점을 받고('D' 학점을 받았던 걸로 기억한다.) 해당 학기를 마무리해야 했다. 게다가 난 수업 중 강의실 형광등 아래에서 포장 봉투를 실수로 열어, 거의 새 인화지 한 박스를 다 날려먹는 흑역사를 쓰기도 했다. 그럼에도 불구하고 지금 돌이켜 보면 이런 생각이 든다. 역시나 이 과목을 청강하길 매우 잘했다고.

왜냐. 만약 사진 찍는 기본 원리와 방법을 이때 배워두지 않았다면 소위 디자인 전공인데도 나는 사진에 관해 아직도 많이 무지했을 것이기에. 다시 말해 여태껏 나에게 이 영역들이 흡사 먹지로 가려진 어두컴컴한 공간처럼 남아있을 뻔했다. 게다가 요즘은 스마트폰의 카메라 앱을 실행시키기만 해도 빛의 속도로 기본 세팅이 끝나버리지 않는가.

물론 요즘은 일반인 중에서도 사진 장비나 촬영에 대한 지식이 전공자에 버금가는 사람들도 꽤 있는 것으로 안다. 하지만 나는 뒤늦게라도 이 물결에 서핑보드까지 장만해 올라탈 사람이 아니기에 더더욱 이런 생각이 든다.

아시는 분은 이미 잘 알겠지만 요즘 카메라 기종의 대세라 할 수 있는 디지털카메라는 단지 버튼 몇 개만으로도 기계 전체를 다각도로 컨트롤할 수 있다. 뿐만 아니다. 카메라가 포만감을 느꼈을 때 이 부른 배를 빠르게 공복 상태로 바꿔줄 수도 있다. 사진을 컴퓨터로 전송한 뒤에 바로 원본을 삭제하거나 메모리칩만 갈아 끼우면 되는 것이다.

반면에 내가 사진 수업을 들을 당시 썼던 수동 카메라는 사정이 꽤 다르다.

일단 배를 꺼트리는 과정이 이것보다 몇 배는 더 복잡하다. 그럼 여기서 실제로 내가 썼던 카메라의 사례를 한번 들어볼까.

우선 필름 되감기 레버 아래로 뻗어 내려온 기둥에 직접 새 필름을 갈아 끼워 넣는다(물론 이 이전에 적당한 필름을 구하는 과정 자체도 다소 번거롭다. 하지만 이 부분에 대한 언급은 일단 생략한다.). 그다음, 필름의 시작 부분을 잡아끌어 셔터 아래 스풀 홈통에 끼운 뒤 다시 뒤뚜껑을 덮어 찰칵하고 고정한다.

마지막으로 필름이 팽팽히 펴지도록 필름 되감기 손잡이를 시계 반대 방향으로 가볍게 몇 번 돌려준다. 그러면 이럴 때마다 그야말로 수동 카메라라는 이름에 어울릴 법한 생생한 촉각과 소리들이 내 온몸에 전해져 온다. 또 사정이 이렇기에 수동 카메라는 사진을 아예 찍기 전부터 이미 디지털카메라보다 무척 인간적이라는 느낌이 들기도 한다.

그리고 이렇게 촬영에 대한 기초 준비가 끝나면 드디어 촬영의 필수 기본값 두 가지를 설정할 차례다. 바로 셔터 스피드와 조리개값을 조절해야 하는 것이다. 그런데 이 단계에서도 역시 사용자가 일일이 그 값을 직접 조절해야 한다. 다이얼과 조리개를 돌리거나 조이는 방법들을 통해서. 그러므로 결국 이를 몇 번이고 반복해 사진을 찍다 보면 도대체 왜 이 두 가지의 조합이 촬영에 필수적인지 대번에 이해가 된다. 또 그 조합 여부에 따라 필름에 새겨지는 찰나의 이미지가 얼마나 달라질 수 있는지도 동시에 잘 깨닫게 되고.

그런데 이 과정 안에는 사실 꽤 흥미로운 점 한 가지가 숨어 있다. 셔터 스피드와 조리개값은 상호보완적이라는 사실이다. 그래서 한쪽에 수치를 더하거나 빼는 선택을 했다면 반대쪽 역시 이에 상응하는 가감 조치를 꼭 해줘야 한다. 그리고 이는 촬영에 있어 가장 기본적인 법칙들이기도 하다. 언어로 치면 기본 문법과도 같은 것이랄까.

이를테면 이런 것인데 기본적 원리는 아주 간단하다.

셔터 스피드를 빨리하고 싶다면 조리개를 더 '열어Open' 준다. 반대로 셔터 스피드를 느리게 하고 싶다면 조리개를 더 '조여Close' 주고. 물론 조리개는 가만히 둔 채 셔터 스피드만을 조절하는 역의 경우도 당연히 가능하다. 그리고 이렇게 하는 가장 큰 이유는 렌즈로 피사체의 형상을 포착해 필름에 아로새길 때, 가장 필수적인 요소의 양과 셔터 스피드 사이의 균형을 맞추기 위함이다. 여기서 그 필수 요소란 바로 빛을 일컫는다.

하지만 절대적으로 이를 지켜야 사진을 찍을 수 있는 것은 결코 아니다. 이것이 굉장히 중요한 법칙임에도 불구하고. 또 수동 카메라는 애초에 기본 설계 자체가 이런 기본 법칙조차 쉽게 어그러뜨릴 수 있도록 되어있다. 한마디로 촬영자의 의지에 따라 모든 걸 수동으로 조절할 수 있는 강점이 있는 것이다. 수동 카메라라는 명칭에 너무나 걸맞게도. 그래서 이미 세상엔 이런 제각각의 방식들을 통해 순간을 더할 나위 없이 영원하고도 아름답게 새긴 사진들 역시 꽤 많이 존재할 것이다.

하지만 그럼에도 소위 사진작가나 전문가라면 기본적으로 저 법칙을 모르는 사람은 없다. 또 이들이 열외적인 방법을 쓰더라도 그건, 그들 각자가 현실을 수없이 각인시키며 시행착오를 거친 후에 찾아낸 방식들을 통해서다. 그냥 운에 맡기거나 혹은 그날그날 기분에 따라 그러는 것이 결코 아니라는 얘기다. 고로 저 법칙에 담긴 함의 자체는 금과옥조 같다고 해도 과언이 아니다.

그런데 이렇게 사진을 찍는 방법을 익히는 사진 수업이라 하면 과연 성적 평가를 어떻게 할까?

당연히 학생들 개개인이 직접 찍은 사진들로 평가를 한다. 여기에 더해 인화까지 스스로 다 해낸 것들로만. 그래서 시험 기간이 되면 난 매우 자연스럽게도 촬영을 위해 여러 번 외출을 나가곤 했다. 그리고 그렇게 동생들과 함께 혹은, 혼자 출사를 다닐 때면 그때마다 흥미롭게도 내게 이런 생각들이 몰려오곤 했다.

인간의 시간도 상대적으로 체험되는 그 순간순간에 빛이 서려 있느냐와 아니냐에 따라 그 체감 속도와 인지의 질이 꽤 달라지는 것 아닌가라고. 마치 셔터 스피드와 조리개의 상관관계처럼.

나뿐만 아니라 그 누구든 이런 경험이 있을 것이다.

한 자리에 있는 어떤 사람과 같이 숨 쉬고 있는 공기가 점점 천근만근처럼 날 짓누르는 듯한 경험. 혹은 원하는 것을 이루지 못했거나 혹은 타인에게 상처받아 얼굴에 그늘이 졌던 우울한 순간들. 이럴 때면 우리는 시간이 마치 카메라의 느린 셔터 스피드처럼 아주 천천히 가는 기이한 경험들을 하게 된다. 게다가 이런 순간들은 생각보다 우리 앞에 꽤 자주 펼쳐지는 것 같기도 하다.

물론 이와는 정반대되는 경험들도 있다.

예를 들어 사랑하는 이와 전부터 가고 싶었던 곳에서 멋진 식사와 데이트를 하고 헤어지는 순간을 한번 상상해 보라. 그게 아니면 정성껏 각 세웠던 군복의 다림질이 조금은 옅어진 채 맞이한 휴가의 마지막 날도 괜찮고. 또 해가 천천히 지는 낭만적인 해외 명소에서 맞닥뜨린 여행의 마지막 날도 비슷할 것 같다. 그런 시간이 여지없이 닥쳐오면 앞선 시간들이 마치 찰나의 속도로 지나간 것 같지 않던가. 바로 위에 언급한 경우들과는 반대로 흡사 빠른 셔터 스피드 속도처럼, 쏜살같이 지나간 듯 느껴지는 것이다.

결국 이렇게 셔터 스피드와 삶의 순간들에 대한 생각들을 날실과 씨실 삼아 한 데 엮어보니 종국엔 이런 풍경이 내 눈앞에 선명히 그려지는 것 같다.

삶을 구성하는 주 질료는 보통은 천천히 흐르는 강물 같은 것이 아닐까라고. 마치 빛의 공급이 언제나 좀 부족해 약간 느리게 설정할 수밖에 없는 셔터 스피드처럼. 반대로 빛의 공급이 과다하게 흘러넘쳐서 나의 영혼에도 윤기가 흐르던 순간들은 찰나에 가깝고 또, 이 강물 속에 빠뜨린 번쩍번쩍한 귀금속과 비슷하지 싶다. 그래서 나는 그 근처를 우연히 다시 맴돌게 될 때에만 문득문득 그 환희들을 떠올리며 조금씩 조금씩 앞으로 나아가고 있는 건 아닐까.

그렇다면 과연 버스킹의 시간은 어떨까?

솔직히 말해 내게 버스킹의 시간이 마치 몇 초를 보낸 것처럼 찰나와 같았다고 말할 수는 없다. 버스킹을 한번 하면 보통 3시간 반가량을 공연하니 그 사이사이 시간이 그럴 수 있을지는 모르겠지만.

하지만 오로지 위에 말한 이분법만을 사용해 내가 보낸

모든 순간들을 설명해야만 한다면? 음, 만약 그렇다면 버스킹은 비교적 내 인생에서 빛 점이 선명히 맺히는 타이밍에 벌어지는 일이라고 말할 순 있겠지 싶다. 그것도 꽤 자신 있게. 그리고 이것을 좀 달리 설명해 보면 버스킹의 시간은 그야말로 빠른 셔터 스피드 설정이 가능한 순간이라는 말도 된다.

어쩌면 그래서일까? 버스킹을 나가면 유독 스마트폰이나 카메라로 나를 담아 가려는 사람들이 굉장히 많다. 그러니까 나를 향한 제2, 제3의 시선이 느껴지는 일이 매우 흔한 것이다. 그래서 후에 어떤 타인의 블로그나 소셜 네트워크 서비스 앱에서 우연히 내 공연 사진을 발견하는 일도 심심치 않게 있는 편이다. 또 생전 처음 보는 사람으로부터 나를 담은 스케치나 동영상을 직접 전달받은 적도 여러 번이고.

그런데 지구상에는 이렇게 빛 점이 가득 모여있는 장소, 상황과는 반대로 어둠만이 가득한 곳과 순간들 역시 반드시 공존한다. 마치 빛이 있으면 그것을 쏘인 피사체 뒤로 그림자가 드리워지는 게 당연하듯. 그래서 이런 장소의 엄혹함을 조금이라도 담아내려면 셔터 스피드를 영원에 가깝게 설정해야 겨우 그럴 수 있을 것 같을 정도다.

그리고 이 세상에는 이런 열악한 곳들에 용감하고도 고

되게 카메라를 들이댄 기록들을 잔뜩 모아둔 특별한 책 한 권이 존재한다.

바로 『퓰리처상 사진Moments: The Pulitzer Prize Winning Photographs •1999』이라는 책이다. 그리고 이 책은 제목에서 금방 알 수 있겠듯 '퓰리처상'에서 1942년에 신설된 보도사진 부문 수상작들을 단 한 권으로 엮은 책이다. 참고로 이 '퓰리처상'은 저널리즘 분야 안에서 이를 최초 제정한 미국을 넘어 전 지구적으로도 가장 공신력 있는 상으로 불린다.

내가 글을 쓰고 있는 지금 이 시각에도 현재 세계 어딘가에선 크고 작은 사건, 사고들이 끊임없이 벌어지고 있다.

예를 들어 2022년 2월 24일, 러시아가 우크라이나를 불법적으로 침공해 이후 수많은 사상자와 난민이 발생하고 있다. 더 이상 이런 대규모의 전쟁은 없을 거라고 믿었던 전 세계인의 기대를 무참히 짓밟으며 말이다. 그리고 멀리 갈 것도 없이 내 인근에선 아직도 코로나바이러스를 상대로 의료진과 환자들이 끊임없이 사투를 벌이고 있을 것이기도 하다. 또 이 와중에 미얀마에선 2021년 2월, 쿠데타로 권력을 잡은 군부가 무고한 시민들을 끊임없이 학살한 일도 있었다. 심지어 이는 아직까지도 현재 진행형인 상황인데 매우 안타까운 일이 아닐 수 없다.

사실 이 정도만 나열해도 벌써 난 질리는 듯한 기분이 든다. 하지만 이것 말고도 내가 만약 지구상의 모든 사건 사고를 일일이 나열하려고 맘먹으면 아마도 이 글은 절대 끝이 안 날 것이다. 그리고 이렇게 다양한 대소사들이 여럿 벌어질 당시, 온 지구의 여러 시공간에도 생채기와도 같은 흔적들이 끊임없이 또 동시에 남겨지고 있으리.

세상에는 어쩌면 그렇기에 수많은 사진기자가 필요한 것일지도 모르겠다. 그 많은 흔적을 도드라지게 할 의무들을 각자 한 아름씩 안고. 그리고 '퓰리처상'은 그렇게나 많고 다양한 기자들이 매년 기록해 낸 수천, 수만 컷 중 유독 보석 같은 사진 한 장을 매년 선정해 낸다.

그런데 심지어 『퓰리처상 사진』이라는 책은 그 수십 년간의 기록을 이렇게 단 한 권 안에 전부 모아두기까지 했다. 그러니 이 책은 단지 쭉 훑어보는 것만으로도 보는 이에게 아주 흔치 않은 감흥을 선사한다. 심지어 책을 보는 내내 굉장히 특별한 시간을 보냈다는 기분마저 독자에게 선사하는 것이다.

게다가 각 수상 사진 아래에는 촬영을 하던 당시의 주변 정황 및 기자의 심리상태 등, 비하인드 스토리들 역시 아주 충실히 병기되어 있다. 그래서 사진만으로도 어쩌면 충분히 전달할 수 있는 여파를 몇 배는 더 힘 있게 증폭시킨다. 아마도 그래서일까? 개인적으로는 이 책을 한번 편 이후로 쉬이 덮기가 힘들기도 했다.

참고로 이 책에는 그 사진 안에서 비어져 나온 의미들이 너무도 커서 하나의 상징이 돼버리기도 한 여러 수상작들도 한 데 담겨있다. 그래서 이 사진들은 그저 찰나를 찍어낸 종이 한 장으로 치부하기가 무척이나 어려울 정도이다. 그리고 이러한 가장 대표적인 예가 바로 9.11테러 당시, 뉴욕의 세계무역센터가 폭발하는 장면을 찍은 2002년 수상작이다. 또 베트콩으로 추정되는 사복 차림의 한 남자를 베트남 국가경찰 총수가 권총 한 발로 즉결 처형하는 상황을 담아낸 1969년 수상작도 그렇다.

그런데 의외로 내겐 이런 사진들보다는 상대적으로 소소한 사건을 담아낸 사진들이 더욱 큰 인상을 남겼다. 물론 인지도가 너무도 높은 사건과 공간을 동시에 새겨낸 사진들이 순간적으로 선사하는 느낌이 더 강렬하긴 하다. 그런 컷들은 실상 나를 포함한 전 세계인이 마치 그 사건을 함께 체험한 듯 느껴지게 할 정도니까. 하지만 기실 내겐 만약 그 사진이 찍히지 않았더라면 심지어 그 사건 발생 장소 인근에서조차, 그 실상을 제대로 인지하기 힘들었을 순간들을 담은 사진들의 잔상이 더 오래갔다.

덥수룩한 수염이 덮인 얼굴 아래로 피로 범벅이 된 상반신을 노출한 한 남자가 보인다. 그리고 그는 화면 오른쪽 너머에 있어 형상을 짐작조차 할 수 없는 그 무언가를 노려보며 서 있다. 하지만 그는 이미 이 시선만으로도 그것이 무엇이 됐든 간에 기필코 '살殺'하고야 말리라는 기운을 잔뜩 풍기고 있다. 그리고 그의 오른편 바로 뒤에선 누군가가 급박하게 앞을 향해 뛰쳐나오고 있다. 아마도 앞선 남자의 이런 절멸에 대한 의지를 필사적으로 막기 위함인 듯하다.

1979년 퓰리처상 '특종 사진 부문Breaking News Photography'을 수상한 이 사진 속의 피투성이 남자는 '리처드 그리스트 Richard Greist•1952-'라는 정신이상자이다. 그리고 이 사진은 그가 그의 부인과 애완고양이 그리고 어린 딸에게까지 흉기를 무참히 휘두른 뒤의 상황을 찍은 것이다. 당시 그는 또 다른 이에게도 자신의 머릿속에서 울려대는 절대자의 주문을 이행하기 위해 폭주를 계속하고 있었다.

그런데 그때 한 기자가 용기를 내 그 앞에 섰고 그 상태에서 침착하게 셔터를 눌렀다. 그 저주의 당사자가 자신이 될 수가 있었는데도 불구하고, 이 급박한 상황을 카메라에 담아낸 것이다.

이 사진을 찍은 '토마스 J. 켈리 3세 Thomas J. Kelly III•1947-'는
당시를 이렇게 회상한다.

"(딸) 아이의 얼굴이 피투성이였다.

나는 카메라를 들어 올리려고 했지만 할 수 없었다.

팔이 움직이지 않았다.

아이는 분명 앞이 잘 안 보이는 것 같았지만

우리 쪽으로 걸어왔다. 얼굴에 피가 흘러내렸다.

아이는 "우리 아빠를 해치지 마세요"라고 말했다.

나의 눈에서 눈물이 솟았다. 나는 사진을 찍지 못했다.

차마 손을 올릴 수가 없었다."

너무 자극적인 상황을 그대로 옮겨 적었는지도 모르겠
다. 하지만 여기에 다 옮기지 못한 나머지 실상은 사실, 훨
씬 더 끔찍하다.

그런데 어떤가? 이 사진의 주요 피사체인 '리처드 그리
스트'가 정신병자였다는 사실을 고려하고 사진을 봤더라도
여러분은 이 상황을 이해할 수 있겠는가? 나는 아니었다.
그리고 설혹 이해가 됐다고 치자. 하지만 그렇다 해도 이것

은 단지 머리가 수행할 수 있는 이해의 영역에 들어갈 사달일 뿐이다. 결코 마음의 영역으로까지 이 이해가 전이되기는 쉽지 않다.

그런데 요즘 우리 사회의 모습은 어떠한가.

우리 모두는 현재, 자기 의사 표현이 불가능한 영유아들이 끊임없이 살해되고 학대당하는 그런 믿고 싶지 않은 현실을 함께 살고 있지 않은가. 그리고 이런 끔찍한 만행을 저지른 사람 중 어떤 이는 피해 아동에게 자신의 피가 한 방울도 섞여 있지 않다는 것을 범죄의 핑계로 댔을지도 모르겠다. 그런데 요즘엔 되레 이와는 반대로 물보다 훨씬 진하다는 피가 섞여 있음에도, 이런 잔인한 일들을 자식들에게 벌이는 부모들이 더 많이 눈에 띄는 것 같다. 그리고 이는 사실 지구 반대편에서 한 정신이상자가 그것도, 거의 45년 전에 본인 자식에게 벌인 행각 이상으로 잔인한 일들이다.

요즘은 정말 며칠이 멀다 하고 이런 소식들이 연이어 뉴스에서 보도된다. 그리고 그러다 보니 되레 이런 뉴스에 무뎌지기만 하는 내가 걱정될 정도이다. 대체 왜일까? 그건 아마도 그전에는 그렇게 쉬이 존재한다고 믿지 않았던 잔혹사들이 흡사 갈대숲처럼 자라, 그것이 아예 내가 사는 배경을 이룬 것 같다는 느낌 때문이 아닐까 싶다. 그래서 이 잔인함이 익숙해지고 심지어 우리 모두 점점 이것에 천천히 길들여지는 것 같다고 생각하면 그건 또 다른 의미로 잔인하다.

그 아이들에게 아주 조금이라도 빛이 있었을까?

뉴스로 전해 들은 개별적인 경위들을 들어보면 결단코 아니었을 것이다. 그 잔인한 친·양부모들은 이 아이들에게 조금이라도 빛의 기운이 맴돌라치면 그 한 조각마저 빼앗고 허락하지 않으려 혈안이었다고 하니. 마치 빛을 두려워하는 뱀파이어와는 정반대로 기괴하게. 그런데 그러면서도 그들은 그렇게 아이가 울고 아파하고 있던 바로 옆방에서 자신들만의 빛 안에서 헤엄치며 웃고 즐기는 생활을 영위했다니…. 이를 생각하면 기실 인간이라는 종에 대해 커다란 회의마저 들게 된다.

다시 한번 그 아이들이 이렇게 빛 없는 공간 안에 갇혀 서서히 생명이 사그라져 갈 때를 생각해 본다. 그럼 아마도 그 어린 영혼들은 영원처럼 길고 긴 억겁의 체험으로 그 시간들을 보내야만 하지 않았을까. 마치 전혀 빛을 포착하지 못해 셔터 스피드 설정 자체가 불가능한 카메라처럼. 그리고 어쩌면 이 사실이 나의 마음을 가장 아프게 한다.

사실 수동 카메라로 사진 찍는 것에 능숙해지면 여러 가지 노하우가 생기게 된다. 특히 셔터 스피드와 조리개의 상호조합 값이 가감 공식 안에서도 쉽게 타협의 영역을 찾지 못할 때. 이럴 땐 촬영자가 숨을 꾹 참아 부동의 자세를 유지하는 것이 큰 도움이 된다. 혹은 보조 장치인 삼각대 등을 사용해 그것을 확실히 보완하든가.

그런데 생각해 보면 인간들 역시 마찬가지 아니던가.

특히 기쁘거나 우울한 기분을 끊임없이 오가며 꿀렁거리는 일상을 반복할 때를 생각해 보면 더욱 그렇다. 그러니까 일반 성인이라면 이런 일상 속에서도 어느 정도 그 꿀렁거림을 부드럽게 할 수 있는 숨구멍 하나쯤은 쉽게 만들 수 있다는 얘기다. 한마디로 우리 어른들에겐, 괴로운 현실을 조금은 여유 있게 넘기게끔 하는 융통성을 발휘하는 일이 그리 어렵지 않다.

반면에 아이들은 어떤가.

여리디여린 아이들에겐 그런 숨 참기 기술이나 삼각대 같은 보조 장치 따위 없다. 진실이 그러하기에 여태껏 우린 그들을 어린이라 호칭하며 다 같이 한목소리로 배려하고 보호해 줘야 한다며 이토록 내내 또, 반복해서 외쳐왔던 게 아닌가. 다들 아시겠지만 이 '어리다'는 단어 속에는 그들이 연약하고 상처받기 쉽다는 의미마저 담겨 있으니까.

하지만 세상에는 소중한 아이들만의 빛을 잡아먹고 사는 변종 뱀파이어들이 아직은 그리고 여전히 많은 것 같다.

그런데 대체 왜 이들이 변종 뱀파이어냐고?

왜냐하면 이 괴물들은 자신 아이들의 머리에 따스하게 빛이 다다라 눈망울에 빛 점이 채 맺히기도 전, 이 모두를 잔혹하게 빼앗아 먹기 때문이다.

손가락 위로 신이 키스할 때

몇 년 전.

디자인계 원로 한 분이 '펜싱'과 '검술'을 비유로 끌어들여 강연을 한 적이 있었다. 좋고 나쁜 디자인을 가르는 기준을 설명하는 와중이었다. 그런데 이 비유가 이번 글에선 아주 요긴하게 쓰일 예정이니 그분의 설명을 그대로 빌려 와 좀 더 얘기를 자세히 풀어본다.

'펜싱'은 몸 외부에 착용한 장비 자체가 폼이 나고 또 수도 없이 휘두르는 칼질 또한 현란하기 그지없다. 하지만 정작 점수를 매기고 승부가 갈리는 모습을 보고 있자면 그건 그들만의 게임인 듯하다. 왜냐하면 관련자만 그 기준을 쉽게 알아차리기 때문이다. 그래서 그것이 마치 알맹이 없이 겉멋만 잔뜩 부린 디자인과 비슷하다는 비유였다.

반면에 좋은 디자인은 다르다고 이분은 말한다. 결과물을 한번 보는 것만으로도 승패나 기술, 혹은 목적 달성 여부가 아주 정직하게 드러난다는 것이다. 마치 진검을 휘두를 때처럼 분명하고도 모두가 알 수 있게. 그래서 이분은 좋은 디자인은 흡사 이런 '검술'과 비슷한 것이라고 비유해 설명했다.

하지만 개인적으로 난 두 분야 모두에서 공히 일가를 이루려면 피나는 노력이 필요하다고 생각한다. 그래서 나는 이 말들에 일정 부분 이상의 공감이 잘 되질 않았다. 그런데 나중에 생각해 보니 문득 난, 다소 엉뚱하게도 되레 이 비유가 내가 사랑하는 기타 연주들과 아주 잘 어울리겠다는 생각이 들었다.

다만 나는 전문적인 기타 플레이어나 프로 뮤지션이 아니다. 그러니 내 말에서 설득력이 묻어 나올지를 다소 회의하면서 이 글을 써야 한다는 사실이 좀 안타깝다. 하지만 그럼에도 나 또한 26년이라는 적지 않은 시간 동안 기타를 쳐오며 연주의 스펙트럼을 꾸준히 넓혀왔기에, 이번엔 이 자부심을 땔감 삼아 이 장을 써보려 한다.

그럼 여기서 아까 언급한 비유들을 다시 소환해 본다.

나는 '기타 속주'를 '펜싱'에 그리고 '블루스 연주'는 '검술'에 비교할 수 있다고 생각한다.

요즘 국내의 여러 대학에는 실용음악과가 개설돼 있는 학교들이 참 많다. 또 유튜브를 뒤져보면 그런 실용음악과 합격생들의 개인 연주 영상들을 발견하는 것 또한 그다지 어려운 일이 아니다. 혹은 그들이 발표회 타이틀을 건 채 단체로 공연을 펼치는 영상들도 물론이고.

그리고 여기서 펼쳐지는 다양한 연주 장르 중 주류까진 아니더라도 반드시 섞여 있는 장르가 하나 있다. 바로 블루스이다. 특히 기타 악기의 전공자들은 필수적으로 이 블루스 연주를 배우고 익히는 시기를 반드시 거쳐야만 한다.

그런데 내가 본격적으로 두 가지 기타 연주법을 '펜싱'과 '검술'에 비교하는 글을 쓰기에 앞서 바로 이 블루스라는 카드부터 여러분 앞에 성급히 꺼내 든 데에는 명백한 이유가 하나 있다. 그건 아무래도 이 음악 장르와 관련해 약간은 제반 지식 격 얘기를 먼저 곁들이는 게 좋을 것 같아서다. 왜냐하면 그리 길지 않은 대중음악의 역사 안에서 이 블루스라는 음악은 한마디로 1대 선조라고 할 수 있기 때문이다. 따라서 분명 이런 전개가 좀 더 자연스럽지 싶다.

사실 그 기원을 살펴봤을 때 이 블루스라는 음악은 최초 아프리카계 미국인 노예들이 불렀던 노동요로부터 발전한 것이라고 이미 대중들 사이에 잘 알려져 있다. 게다가 블루스는 소위 우리가 말하는 일반적인 멜로디를 가진 대부분의 팝송의 토대가 된 뼈대, 즉 '백 본Back Bone'으로도 흔히 불린다.

그 이유야 여러 가지가 있을 것이다. 그리고 그중에 가장 중요한 것만 몇 가지를 꼽아보면 글쎄…. 우선 블루스는 기본 구조가 무척 단순하긴 하나 일순간 분위기를 고조시키는 다이내믹을 품고 있는 장르라는 것을 들고 싶다. 마치 잔잔하다가 꼭 일정 주기가 되면 반복적으로 솟구쳐 오르는 파도처럼 말이다. 그래서 일견 되게 심심하게 들리는 것 같으면서도 감정과 기분을 고조시키는 이런 파트를 같이 품고 있는 덕분에, 기본적으로 팝송의 조상이 될 기본 뼈대를 잘 갖추고 있는 것이라고 볼 수 있다. 이른바 기승전결과 멜로디가 뚜렷한 대중음악의 시발점이 돼준 것이다.

하지만 물론 처음부터 이런 장점이 잘 두드러지는 것은 아니었다. 실은 후에 점차 대중화가 진행되면서 보다 귀에 잘 들어올 수 있도록 가다듬어진 것이다. 그래서 사실 블루스 형성의 기반이 됐던 과거 노동요들을 들어보면 대부분이 노동의 괴로움과 노예 입장에서 느낀 서글픔 등을 그저 반복적이고도 꽤 직접적으로 호소해서 원초적인 느낌을 더 강하게 풍긴다(그래서 흡사 이 곡들은 그들이 떠나온 고향의 음악 즉, 아프리카 음악에 더 가깝게 들린다.).

더불어 블루스에 쓰이는 음들의 배열, 즉 스케일은 그 자체가 자유롭게 배치해도 무한대의 스토리를 만들 수 있는 탁월한 장점을 가지고 있다. 그래서 같은 테마 위에서도 매번 새로운 전개가 가능한 것이다. 그런데 흥미롭게도 이는 좋은 이야기의 서사가 가지고 있는 장점과도 꽤 유사한 점이다. 게다가 특히 이 장점은 블루스 연주 시 밴드 전체가 오직 하나의 테마 위에서도, 10~20분에 이르는 이른바 '잼 세션'이 가능하다는 사실에서도 비교적 뚜렷이 증명된다.

곁가지 얘기가 좀 길었는데 그럼 여기서부턴 다시, 왜 내가 두 가지 기타 연주를 '펜싱'과 '검술'에 비유하고자 했는지에 대한 얘기로 돌아가 보련다.

우선 '펜싱'에 비교한 '기타 속주'부터.

세상에 프로 기타리스트는 정말 많다. 하지만 기타라는 악기를 연주함에 있어서 이른바 패러다임 자체를 바꾼 사람의 수는 그리 많지 않다고 할 수 있다. 사실 또 이것이 굉장히 어렵기에 결국 이걸 해낸 이들이 그토록 오래 기억되는 것이기도 할 테다.

그런데 이렇게 드문 기타계의 전설들 중 특히 기타 속주 분야에서의 파이오니어, 즉 선구자 중에서도 가장 앞줄에 서 있는 이가 한 명 있다. 참고로 이 사람은 네덜란드에서 태어났지만 7살 때 미국으로 이주해 성장한 특이한 이력을 가지고 있다. 그리고 그의 이름은 바로 '에디 반 헤일런Eddie Van Halen • 1955-2020'이다.

될성부른 나무는 떡잎부터 다르다 했던가. 이 '에디 반 헤일런'은 17살의 어린 나이에 그의 형 알렉스와 함께 「반 헤일런Van Halen • 1972-」이라는 밴드를 최초 결성한다. 특이하게도 형제가 한 밴드 안에 있는 것이다. 그리고 이 밴드가 최초 전성기를 구가했던 시기는 1970년대 후반부터 80년대 중반까지였다. 그런데 이때는 많이들 아시다시피 전자 악기 제조업이나 전자음악 등이 가장 활황이던 풍요의 시대였다.

그래서 이는 그대로 기타 산업 및 기타 연주 분야에도 큰 영향을 끼치게 된다. 그러면서 단순히 기존 기타의 출력을 크게 키우거나 소리를 찌그러뜨리는 것을 넘어 다양한 '이펙터'들이 이때 당시, 다수 개발되어 나오기 시작한다. 따라서 결국 기타가 표현할 수 있는 소리의 범위가 무척 광대해진 시기가 바로 이때이기도 하다. 여기서 참고로 '이펙터'란 기타의 소리를 다양하게 변환시키는 일종의 외부 기계 보조 장치들을 일컫는다.

그리고 바로 이런 배경들이 기타 속주 기법이 탄생하는 데 아주 직접적인 원인이 된다. 개별적 음의 안정적인 증폭을 가능하게 하는 사운드 이펙트의 힘과 또, 이를 오랜 시간 지속시켜 주는 서스테인의 힘으로 이전에 불가능했던 연주들이 가능해진 것이다. 그래서 이를 이용해 이전과는 달리 '에디 반 헤일런'이나 '잉베이 맘스틴 Yngwie Malmsteen • 1963-' 이 펼쳐 보였듯 기타 지판 위에서 음을 흡사, 연속적이고도 폭포수처럼 쏟아내는 게 가능해졌다. 마치 기타로 마법이라도 부리는 것처럼.

하지만 나의 이런 설명 때문에 여러분이 큰 오해를 할 수도 있겠지 싶다. 속주 연주를 할 때 손에서부터 비롯돼 나오는 일차적인 힘이 아닌 기계의 도움만이 사운드에 절대적 필수 요소일 것 같다고. 아니다. 속주에는 속주에 걸맞은 기타 연주법이 반드시 필요하다. 또 이것에 숙달되는 것 역시 작정하고 한다고 해서 하루, 이틀 만에 가능한 일이 아니기도 하다.

다만 이것 한 가지는 분명히 얘기할 수 있다. 속주를 익히기 위해선 단지 손가락을 빠르게 회전시키거나 변칙적인 피킹 연습을 반복하는 경우가 대부분이라는 것을. 그래서인지 이런 속주 연주에는 종종 '트리키tricky'하다는 표현이 들러붙고는 한다. 기실 이는 기본적으로 연주가 어렵다는 것을 뜻하기도 하지만 동시에 눈속임처럼 교묘함이 있다는 뜻도 품고 있는 단어이다.

그러니까 한마디로 속주는 한 음, 한 음을 섬세하게 연주하는 것과는 다소 거리가 먼 연주법이라고 할 수 있다. 좀 더 전문적으로 말해서 기타 속주는 운지와 피킹이 바뀔 때마다 매번 강약, 리듬, 혹은 음의 떨림을 일컫는 비브라토까지 일일이 신경 쓰는 연주가 아니라는 말이다.

그런데 이렇게 기타 연주계에 있어 일종의 혁명과도 같은 기타 속주가 계속해서 쏟아져 나올 문을 여는 일종의 선언과도 같은 곡이 하나 있다. 바로 앞서 언급한 '에디 반 헤일런'이 연주한 「Eruption(분출) •1978」이라는 곡이다. 아마 여러분도 만약, 이 곡을 한번 들어보게 되면 내가 방금까지 말한 것들의 의미를 여실히 느낄 수 있으리라 믿는다.

그렇다면 이런 속주와는 달리 내가 '검술'에 비유한 '블루스 연주'는 과연 어떨까?

다만 이에 대해 본격적으로 논하기 전, 우선 이 연주의 대가라고 불리는 故 'B.B.King' 옹의 발언으로 앞의 글들이 들어설 길의 문을 열어본다. 생전에 그는 기타 위 한 음 한

음을 연주할 때 그 음들이 '흡사 노래하듯' 연주하는 것이 좋다고 자주 말한 바가 있다.

참고로 앞서서도 이미 비슷한 얘기를 했었지만 이 블루스라는 음악은 짧은 대중음악사 안에서도 그나마 꽤 오래된 역사를 가지고 있는 장르이다. 또 그러한 만큼 이 블루스는 전자 기타라는 혁신적인 악기가 나왔을 때 이를 가장 적극적으로 활용한 장르이기도 했다.

그렇다면 이렇게 전자 기타와 앰프가 블루스 연주에 본격적으로 도입된 초기 상황은 과연 어땠을까? 그러니까 '티 본 워커"T-Bone" Walker•1910-1975'와 같은 파이오니어들에 의해 블루스가 전자 기타로 처음 연주된 1930년대 후기 시절에 말이다. 이때는 역으로 말해 1980년대처럼 기타 음을 변환하는 다양한 이펙터들이 아예 부재하던 시절이다.

그러니 여러분도 이를 감안해 머릿속으로만 그때 당시 기타 앰프에서 쏟아져 나왔을 음들을 한번 떠올려 보시라. 만약 그러고 나면 손이 만들어낸 날것 그대로의 소리가 앰프에서 흘러나왔으리라는 게 그리 어렵지 않게 예상 가능하리라. 단지 소리만 크게 증폭된 것이다.

게다가 이런 초기 블루스 음악들은 연주 자체도 느리게 진행되는 경우가 대부분이었다. 기본적으로 베이스나 드럼 같은 리듬 악기들이 반복적이고도 느린 리듬을 깔아주면서 시작되는 경우가 무척이나 많았던 것이다. 마치 안개가 깔리듯. 따라서 이 위로 블루스 기타 연주자가 비로소 음들을 하나 둘 풀어내기 시작할 때의 상황이 과연 어땠겠는가? 마치 실오라기 하나 걸치지 않은 알몸처럼 선연한 개개의 음들이 청중들 앞에 드러나게 된다.

또 그렇기에 기타 연주자들은 자연스레 한 음(노트) 한 음에 자신의 온 감정과 혼을 실어 연주하게 될 수밖에 없었으리라. 마치 꾹꾹 눌러서 직접 손으로 써 내려간 구애 편지 글처럼. 그야말로 연주에 진심을 녹여내게 되는 것이다. 따라서 이는 결국 기타로 연주하는 블루스가 가진 여러 특징 중 가장 두드러지는 한 가지가 되었다.

자, 지금까지 여러분께 난 '기타 속주'와 '블루스 연주'가 탄생한 각기 다른 배경과 또 각 연주들이 가진 주요한 특징들에 대해서도 간략하게나마 설명을 풀어봤다. 비록 통사 수준의 설명이 아니긴 했지만 그래도 나름 주요한 차이들은 잘 집어내려고 노력했지 싶다. 그리고 그러고 나니 내가 대체 왜 '펜싱'과 '검술'에 각기 다른 기타 연주법을 대입한 비유가 잘 어울린다고 생각했는지, 여러분도 이제 대략적으로 이해가 됐으리라 믿는다.

그런데 내가 앞서 '에디 반 헤일런'에 관해 설명하면서 이미 살짝 언급했듯, 전 세계를 통틀어 봐도 사실 그처럼 기타 연주 패러다임 자체를 흔들어놓은 연주자들은 몇 없다. 하지만 이런 사정과는 사뭇 달리 개개인의 기타리스트들이 이른바 각자의 '록의 신전' 최상단에 봉헌한 기타의 신들은 아주 다양하다고 할 수 있다. 흡사 제각각의 음식 취향만큼이나 각양각색인 것이다. 그리고 이 얘기를 좀 달리 해석해보자면 이는 그만큼 모든 기타 키드들이 보편적으로 알려진 전설들의 목록에 구애받지는 않는다는 뜻이기도 하다.

사실 나만 해도 그렇다. 그러니까 내게도 역시 그리스 신화를 기준으로 보면 제우스급 최고신의 제단을 꽤 여러 차례 갈아치운 역사가 있는 것이다. 매우 불경스럽게도. 하지만 개인적으로 신의 제단 사진을 바꾸는 일이 그리 달갑지만은 않다. 왜냐하면 새로운 신을 제단에 올리는 바로 그 순간, 내 눈앞에 꽤 고된 일상 또한 함께 열리기 때문이다. 보다 구체적으로 말해 그때부터 난 그의 손길이 가닿아 무척, 성스러운 음악들을 열심히 카피하는 데에 나름 혹독한 시간을 보내야만 한다.

이후 실제로 이런 과정에 접어들게 되면 손에 여러 번 물집이 터졌다가 아무는 일이 반복된다. 혹은 원곡을 수천

191

번 반복해 들어서 환청이 들리기도 하고. 거짓말이 아니라 정말 수난이 다가오는 것이다. 하지만 결국 이것에 대한 보답은 반드시 내게 되돌아왔다. 왼손 중지와 약지 끝부분에 솟아난 약, 3~4mm 가량의 굳은살 같은 것이 돼서 말이다.

그리고 그걸 물끄러미 바라보고 있자면 결국 이것이 이 신들로부터 겨우 받아낸 세례의 증거처럼 느껴지기도 했다. 그래서 이를 보고만 있어도 절로 흐뭇한 미소까지 지어지는 것이다. 그런데 기실 내겐 이런 세례를 받아내는 과정들 한가운데에서 그 무엇보다 격한 영향력을 행사한 곡이 하나 있다. 그건 바로 '스티비 레이 본Stevie Ray Vaughan•1954-1990' 이라는 기타계의 전설이 '지미 헨드릭스 Jimi Hendrix•1942-1970' 라는 또 다른 전설의 원곡을 연주곡으로 재해석한 「리틀 윙 little wing•1984」이라는 곡이다.

참고로 이 곡은 이미 해외 기타 플레이어들 사이에서도 연주가 어려운 곡으로 정평이 나있다. 그래서 카피를 시작하기 전부터 나에게는 단단한 각오와 마음의 준비가 필요했다. 하지만 그런데도 내가 이 곡 전체를 다 카피하는 데에는 무려 2개월이 좀 넘는 시간이 소요되고 말았다.

사실 이 곡의 기본 박자 자체는 느리다. 하지만 '스티비 레이 본'은 이 한 곡 안에서 강약이나 리듬 조절을 가지고 놀듯 하는 그의 장기를 그야말로 다 쏟아부었다. 그렇지 않아도 극강의 테크니션이라고 불리는 그가 이렇게까지 해놓았으니 카피하는 데 정말 애를 많이 먹을 수밖에. 특히나 곡의 중반부, 음이 폭포수처럼 분출되는 파트에서는 갑자기 카피가 멈춰 난 말 그대로 1주일간을 쩔쩔매기도 했었다.

그런데 내가 이렇게 겨우 6초 정도의 구간을 카피하기 위해 무려 1주일이 넘는 시간을 보내고 있자니 이때 당시, 나에게 마치 각성에 가깝게 다가온 어떤 느낌 하나가 있었다. 그건 바로 우리 사이에는 뚜렷한 자질의 경계선이 존재한다는 실질적 체감이었다. 더불어 이 경계선이 같은 시간을 이렇게나 다르게 흐르게 하고 또 소비되게끔 하는구나 싶기도 했다. 게다가 그로 인해 삶의 흔적조차 판이하게 새기게 만들고.

이뿐만이 아니었다.

심지어 이 경계선은 높은 몰입도와 열정으로도 결코 제거하지 못할 영역처럼 보이기도 했다. 왜냐하면 난 새로운 창작을 하는 것도 아닌 그저 누군가의 창작물 중 그것도, 일부를 카피하는 데에 1주일 이상의 시간을 보내야만 했던 거니까. 심지어 이후 사실상 난 매일 이 파트를 연습하고 있는데도 매번 그것이 제대로 연주되는 것도 아니다. 아직도 때론 실수가 섞여 나오는 것이다. 흡사 내가 철봉 체조 선수라고 가정했을 때 봉을 놓치는 것과 같은 실수들이다.

결국 이런 생각과 경험이 여러 번 누적되고 나니 나의 내면 안에서는 일종의 결정체 같은 느낌 하나가 솟아났다. 그건 바로 보이지 않는 하늘의 절대자가 몇 명의 손에만 아주 진한 키스를 남겼구나라는 느낌에서 비롯된 자괴감 비슷한 것이었다.

여기는 버스커인 내가 그간 여러 책들을 읽어오면서 만개하게 된 다양한 인문학적 감각을 기록하는 자리이다. 따라서 이 글을 보는 여러분의 입장에서 그간 내가, 여러 뮤지션의 삶이나 대중음악을 다룬 책들 또한 가까이했으리라는 예상이 그리 어렵지 않게 들 것이다. 그런데 그러한 내가 이런 범주와는 많이 다른 무척 특이한 책을 한번 만난 적이 있었으니. 그건 바로 『음악 레슨 - 인생연주비법 The Music Lesson: A Spiritual Search for Growth Through Music • 2006』이라는 책이다.

그런데 도대체 왜 이 책이 남달랐느냐. 그건 바로 저자가 악기 연주를 통해 자신만의 다양한 철학을 길어 올린 체험을 꽤, 독특한 글로 풀어내는 데 성공했기 때문이다.

더불어 이 책은 흥미로운 점이 하나 더 있다. 전문 번역가가 번역한 책이 아닌 것이다. 훌륭한 작곡자이자 또 가수 겸 프로듀서이기도 한 '윤상•1968-'님과 그의 아내분이 이 책의 번역을 맡았다. 그런데 재미있는 사실이 한 가지 있다. 그건 바로 이 책을 다 읽을 때까지도 이렇게 난 번역자들에 대해선 다중의 정보를 갖고 있었으나 되레 이 책의 저자에 대해선 전혀 몰랐다는 것이다. 사실 저자인 '빅터 우튼Victor Wooten•1964-'은 그래미상 5회 수상이라는 대단한 실력과 이력을 동시에 겸비한 음악인인데도 불구하고.

참고로 이 책은 글의 전개 방식과 관점 자체가 굉장히 독특하다.

저자 자신이 음악을 연주하면서 체험한 깨달음의 순간을 마치 가상의 '구도자'로부터 가르침을 얻은 순간처럼 묘사하고 있어서다. 사실 이는 돌려서 생각해 볼 때 "애초에 나는 음악을 신으로 섬기는 사람이오."라는 생각을 반영한 표현법처럼도 보인다. 하지만 이렇게 참신하게 얘기를 전개했기에 의외의 장점도 있는 것 같다. 독자들이 본격적으로 글을 채 감상하기도 전에 편견으로 아예 읽기의 문을 닫는 불상사를 방지한 건 아닐까 싶은 것이다. 왠지 어떤 분야의 프로가 썼다는 책을 보면 독자의 눈높이를 채 이해하지 못한 채 독단적으로 써 내려간 경우도 종종 있는 법이니까.

그런데 결국 이 책을 다 보고 나니 어쩐 일인지 내겐 전혀 다른 분야의 책들에서 봤던 글 몇 개가 일단 불현듯 뇌리 속에 떠올랐다. 특히 자신들의 전문 영역이라는 렌즈를 통해 음악을 들여다보고 분석하려 한 여러 글들이 그랬다.

예를 들어 저명한 생물학자인 '에드워드 윌슨E. O. Wilson・1929-'이 쓴 책에는 이런 글이 나온다. 음악이 진화론적으로 인간의 생존에 전혀 도움이 안 됨에도 불구하고 이토록 다양한 방식으로 또 오랫동안 살아남은 이유를 논한 글이었다. 그러나 개인적으로 내겐 이 장이 사실상 그 책 안에서 가장 논리가 부족한 장으로 읽혔더랬다.

그 외에 종교학자가 쓴 글 하나도 역시 생각났다. 신에게 느끼는 경외감보다는 음악으로 인해 느꼈던 전율과 경의가 되레 자신의 마음속에 더 오래 남아있음을 고백하는 글이었다. 결국 그는 그 글 말미에 이러한 감정을 과연 어떻게 구분해야 하는지 고민이 된다고 덧붙이고 있었다.

결국 이런 기억들을 자세히 상기하고 나니 다음과 같은 생각이 자연스레 내게 뒤따랐다. 음악은 이렇게 특정 분야의 스페셜리스트라 하더라도 그 의미를 쉽게 결정지을 수 없는 그 어떤 것이 아닐까? 라고. 그러니까 음악은 인간이 늘 이성만으로 그 전체 의미를 설명해 보려 도전하지만, 어떻게 해서도 끝끝내 환원되지 않는 부분을 품고 있는 신비한 그 어떤 게 아닐까 싶었던 것이다.

마치 '사랑'이라는 감정처럼.

'니체 Friedrich Nietzsche • 1844-1900'는 일찍이 "신은 죽었다."라고 말했다.

그런데 최근에 나는 어떤 책을 보고 난 뒤 이 문장에 대해 재고하게 됐다. 그 책에선 이 문장이 뜻하는 게 단순히 어떤 종교적 상징이 갑자기 사라졌다는 것이 아니라고 했다. 그러면서 이 책은 이전에는 절대자로 상정한 신이라는 존재가 있었기에, 우리가 저지른 죄의 책임이나 인생의 의미 자체를 이 신에게 전가한 일들이 다수 벌어졌다고 말한다. 또 그렇기에 이를 핑계로 수많은 죄악이 자행되거나 혹은 큰 과오를 저지른 이들마저 쉽게 용서를 받을 수도 있었고. 그러니 이제는 그런 왜곡된 신 따윈 버리고 인본주의의 세계로 당당히 들어서자는 선언과도 같기에 이 문장이 중요하다고도 했다. 한마디로 말해 니체는 이 간단한 한 문장을 통해 이제부턴 인간 개개인이 본인 자신의 인생 가치와 의미를 오로지 홀로, 찾아내고 또 분연히 책임져야 한다는 것을 톡톡히 강조했다는 것이다.

혹시 방금 버스커의 책에서 웬 니체? 라며 거부반응이 인 사람이 있을지도 모르겠다.

그런데 니체가 신이 죽었다고 선언한 것을 믿든 안 믿든 간에 우리 모두에겐 아주 분명한 사실 하나가 있다. 그건 바로 우리 모두는 죽기 전까지 반드시 본인, 개개인이 소유한 각자의 인생에 대한 가치를 스스로 찾아내야만 한다는 점이다. 비록 '생의 의미'를 찾아내는 과정 자체가 번쩍거리지 않으면, 바로 초라함이 되어버리고 마는 속도 빠른 이 한국 사회 속에서도 말이다.

그리고 그 과업을 달성하기 위한 가장 훌륭한 도구로써 대부분의 사람들은 많이들 '직업'을 언급한다. 영혼을 빼고 불렀을 땐 흔히 '밥벌이'라고도 바꿔 불리는 이 보통명사를.

사실 나는 앞으로 도래해 올 미래에도 나의 버스킹이 이러한 직업적 행위와 범주에 포함되지 않을 것을 믿는다. 하지만 그럼에도 불구하고 난 앞으로도 계속해서 기타를 연주할 것 역시 불 보듯 뻔하다. 그리고 그러면서 동시에 드는 또 한 가지 예상이 있다. 그건 바로 내가 앞으로도 흡사 '빅터 우튼'처럼 수차례 테크닉의 득도에 도달하긴 힘들 것 같다는 점이다. 왜냐하면 그는 기본적으로 뮤지션이 직업인 프로 베이스 플레이어이지 않은가. 더불어 그는 나와 달리 이미 신이 남몰래 키스를 통해 축복해 준 손을 보유하고 있는 듯도 하고.

그런데 앞서 난 이 '빅터 우튼'이 그의 책 안에서 음악을 연주하며 체험한 득도의 순간을 마치 구도자나 현자를 만난 순간처럼 묘사했다며 내용을 간략히 소개했더랬다. 그리고 대다수 사람들은 이런 글을 볼 때, 그저 이것이 만화 영화적인 상상력이 과도하게 발휘된 공상이라고 느낄지도 모르겠다. 심지어 악기 연주를 무척 사랑하는 나조차도 처음엔 과장이 좀 심하다고 생각했었을 정도니까.

하지만 내가 누군가의 기타 연주를 재현하기 위해 최소 1주일 이상의 시간을 보내고 나니 생각이 좀 달라진다. 다시 한번 강조하지만 내게 이 시간은 단지 6초라는 시간을 비슷하게나마 재현하기 위해 필요했던 최소한의 시간이었다. 한마디로 난 이 일을 계기로 시공간의 개념이 약간은 우주적으로 뒤틀리는 색다른 경험을 하고 만 것이다. 그것도 기타라는 악기 하나를 통해서. 그리고 그러고 나니 '빅터 우튼'의 눈앞에 어떤 구도자가 출현했던 게 사실, 실제로 벌어졌던 일은 아닐까라고 꽤 현실감 있게 믿고 싶어진다.

여기에 더해 난 나 또한, 여태껏 '빅터 우튼' 못지않게 한 악기 위로 여러 가지 체험을 수십, 수백 차례 누적시켜

왔다는 사실 역시 깨달았다. (그 대표적인 예로 지금까지 똑같은 기타 한 대로 약 450회가량의 버스킹을 치러온 것처럼. 그리고 이걸 행한 시간으로만 환산해도 대략 1,400~1,600시간이다.) 책을 보고 나니 이것이 새삼스레 자각된 것이다. 물론 프로들이 이 정도 횟수의 활동으로 얻은 부가가치에 비해 내가 거둬들인 것을 단순 비교하면 꽤 초라할 순 있으리라.

하지만 결론적으로 나 또한 이런 경험들을 반복해서 하고 나니 결국, 이것들을 통해 어떤 깊은 생의 의미 같은 것이 내 머릿속에 서서히 맺히게 됐다고 여러분께 강력히 주장하고만 싶다. 특히나 수백 번의 연주 반복으로 손가락에 물집이 잡혔는데도 쉬이 그 악기를 놓지 못할 때 이런 느낌은 아주 강렬해진다. 그리고 기실 이는 분명 오래된 직업이나 종교 활동에서 길어 올린 것 못지않게 무척 옹골찬 느낌이기도 하다.

게다가 이런 감정이 한번 들고 나니 이 이후로 난 내 악기를 향해 진심으로 "고마워"라는 말을 속삭일 수도 있게 됐다. 그것도 아주 여러 번씩이나. 그 어떤 푸념 한번 없이 항상 내 옆자리를 지키고 있으면서도, 나에게 정말 많은 것들을 가져다주었(고 또 여전히 주고 있)으니 그야말로 내 입에서 이런 말이 절로 나오는 것이다. 물론 이는 지금까지도 매우 내게 유효한 얘기이다.

그리고 이런 여러 경험과 감정들이 나의 외면과 내면 모두에 다양하게 누적된 이후 난 이런 생각 역시 가지게 됐다. 어쩌면 '악기'라는 것은 이 세상에 있는 그 어떤 물건보다 가격 대비 효용이 가장 높은 사물이 아닐까라고.

그러니 이 자리를 빌려 난 여러분들에게도 부디 이 악기라는 물건에 꼭 손을 대보시길 추천한다. 왜냐하면 손가락 위에 신이 키스하는 순간을 여러분도 꼭 한번씩 맛보라고… 아니, 그건 좀 힘들지 싶고, 그렇다면 그 이유를 이렇게 수정해야지 싶다. 다만 신이 당신의 손 위로 가벼운 숨결을 미끄러지듯 불어넣는 찰나를 맛보기 위해서라도, 라고 말이다.

그런데 어쩌면 그 순간은 신이 깜빡 졸 때에나 발생할수 있는 아주 희귀한 순간일지도 모르겠다.

하지만 뭐 어떠한가.

아주 잠깐이라도 좋으니 이런 순간이 여러분께도 생겨날 수만 있다면. 그렇다면 바로 그 순간 여러분 또한 마치 진공 상태와 같은 찰나 속에 오로지, 본인과 악기만이 이 온 우주에 존재하는 듯한 특별한 느낌을 체험할 수 있게 되리라 믿어 의심치 않는다.

헛되고 헛되니 모든 것이 헛되도다

『생각의 탄생Sparks of Genius: The Thirteen Thinking Tools of the World's Most Creative People • 1999』이라는 책에 소개된 '피카소Pablo Picasso • 1881-1973'의 일화이다.

어느 날 피카소가 기차를 타고 어딘가로 향하고 있었다. 그러던 중 그는 우연찮게도 옆 좌석의 신사와 얘기를 나누게 된다. 이런 경우 흔히 있는 일처럼 말이다. 하지만 이내 대화의 상대방이 누군지 깨닫게 된 이 신사는 피카소 앞에 다음과 같은 불평을 주저리주저리 늘어놓기 시작한다.

"현대 예술은 실재를 왜곡하고 있어요.
  왜 있는 그대로를 표현하지 않는 겁니까?"

이 말을 들은 피카소는 그렇다면 과연 그렇게 왜곡되지 않은 실재의 본보기를 자신에게 보여줄 수 있느냐고 묻는다. 그러자 이 승객은 자신 부인이 담긴 지갑 크기의 사진 한 장을 꺼내 보이며 이렇게 말한다. 바로 이것이야말로 왜곡되지 않은 실재 재현의 완벽한 예라고. 이후 피카소는 그 사진을 아주 유심히 살펴보았다. 위에서도 보고, 아래로도 보고 또, 옆에서까지 뜯어보며 그야말로 꽤 주의 깊게 관찰한 것이다. 그러더니 그는 결국 신사에게 이런 대답을 되돌려 준다.

"당신 부인은 끔찍하게 작군요. 게다가 납작하고요."

플라톤의 '동굴의 우화'라는 것이 있다.

사실 플라톤이 여러 대중에게 '이네아'를 구하거나 혹은 목격하는 일이 그리 만만치 않은 일임을 보다 알기 쉽게 설파하려고 만든, 이 우화를 이해하기란 도통 쉬운 일이 아니다. 그만큼 심오한 내용들이 담겨있기에. 게다가 만약 내가 현재 동굴 속에 있는 상황이라면 이를 이해했다고 말하는 것 자체가 난센스가 될 수도 있다. 하지만 그간 내가 이 우화를 받아들이려고 노력한 수준 안에서 지금 한번, 이 동굴의 우화를 위 상황에 빗대볼까 한다. 그러면 위 피카소 일화 속의 옆 신사는 동굴 속에 있는 사람으로 비유가 가능할 듯하다.

달리 말해 이 신사는 동굴 안으로 스며들어 온 빛에 드리워진 그림자의 형상만으로 세계를 바라보는 진리에 어두운 사람이라는 얘기이다. 그럼 피카소는? 반대로 그는 동굴 밖에서 해를 쳐다보는 인간으로 비유할 수 있을 것 같다. 그래서 피카소는 그 해에서 비롯된 빛으로 진리를 바라볼 수 있는 사람인 것이다.

그런데 대체 플라톤이 이, 이해하기도 쉽지 않은 '동굴의 우화'를 통해 사람들에게 얘기하려던 본질은 과연 무얼까? 사실 그는 우리 인간들 모두가 동굴 안에 갇힌 죄수들과 비슷한 처지에서 태어난다고 보았다. 그래서 그는 철학자로 살아가는 동안 이 동굴을 나가 밖의 진실을 보려면 부단한 노력만이 필요하다는 사실을 늘 만인에게 강조했다. 게다가 애초에 우리는 갇혀 있다는 사실을 자각하지 못한 채 태어나니 더더욱 그래야만 한다는 것이다.

그런데 여기에 더해 개인적으로 난 플라톤이 동굴을 예로 든 데에는 또 다른 숨겨진 이유가 하나 더 있다고 생각한다. 그러니까 이 비유 속엔 인생의 의미나 가치 또한, 바로 직시해서 바라볼 수 있는 사물이나 현상의 외면에서만 찾지 말라는 뜻도 들어 있는 게 아닐까? 하고 생각하는 것이다.

다시 말해 난 그가 이런 외향적인 껍데기들을 동굴에 비친 그림자로 비유했던 게 아닌가라고 생각한다. 따라서 이 비유를 통해 생각해 보면 결국 인간들 모두가 개개인에게 덧씌워진 굴레를 탈출해, 진정한 햇살을 누리기는 사실상 굉장히 어려워 보인다. 왜냐하면 우리 모두는 어떻게 보면 오감 중에서도 그 무엇보다 시각을 가장 신뢰하는 성향을 가지고 있기에.

그렇다면 이를 극복하기 위해 도대체 우리는 뭘 어떻게 해야만 하는 걸까? 흠. 아마도 내 생각엔 각자가 일궈낸 깊이 있는 삶의 철학을 통해 진리를 바라보려고 노력할 때에 비로소, 그것이 (조금이나마) 길어 올려질 수 있음을 플라톤은 궁극적으로 말하려던 것이 아닐까 싶다. 하지만 말이 쉬운 법이다. 평범한 사람으로서 자기 삶에 대한 철학을 갖추기가 어디 그리 쉬운가. 그러긴커녕 자신의 삶을 규정하는 경계 자체가 시계추처럼 갈피를 못 잡고 계속 흔들리는 경우들이 더 많으리. 만약 그렇다면 일단, 그 경계부터 잘 고정하고 나서야 철학의 'ㅊ'이라도 쓰기 시작할 수 있겠지 싶다.

사실 고백건대 나 또한 여태껏 삶의 의미보다는 허무를, 또 보람보다는 절망을, 그리고 사랑보다는 분노의 히스토리를 다방면으로 써온 이력이 있다. 그렇기에 요즘의 난 필시 "물이 아직 반씩이나 남았네."가 아닌 "물이 고작 반밖에 안 남았군." 팻말 뒤에 서도록 안내될 사람이 아닌가 싶다. 만약 인간을 단지 두 부류로만 나눈다고 했을 때 말이다. 그리고 이런 생각들이 내게 아주 진하게 느껴질 때면 매번 이러한 감정을 요리하는 데 있어, 가장 요긴하게 쓰이는 어떤 양념 하나가 있다. 그것은 바로 앞서 언급하기도 한 '허무'라는 이름의 양념이다.

다만 그럼에도 참 다행이지 싶은 게 있다. 그것은 이렇게 '허무'에 감염된 사람들을 위한 다양한 처방전들이 이 세상엔 더불어 존재한다는 사실이다. 물론 서가에도 역시 이런 유의 책들이 나름 풍족하게 차려져 있다. 그럼 이런 서가에 꽂힌 책 중 최 '고서古書'라 할 만한 책 한 권부터 우선 뽑아본다. 그것은 바로 『구약성경』 전도서이다. 그리고 이 책을 펼쳐보니 흥미롭게도 그 안에는 '솔로몬•-BC 931' 왕의 짧지만 아주 강렬한 문구 하나가 이렇게 적혀 있다.

"헛되고 헛되며 헛되고 헛되니 모든 것이 헛되도다!"

어떤가? 이 정도면 기실 허무 중독 해독기의 첫 처방 격 문장으로 전혀 손색이 없지 않은가. 지혜로운 왕으로 아주 유명한 그조차도 실상 사람의 생은 그 자체로 허무한 것이라고 수차례 되뇌고 있으니 말이다. 아니라고? 혹시 더 허무해지는 기분만 드는가.

그렇다면 그다음으로 이 분야의 스테디셀러인 '미셸 드 몽테뉴Michel de Montaigne • 1533~1592'의 『수상록Essais • 1580』은 어떨까? 참고로 이 책은 전 세계인들이 나와 같은 '허무'라는 양념에 중독됐을 때 가장 많이들 처방 격으로 찾는 책으로 이미 유명하다.

참고로 '몽테뉴'는 어린 나이에 법학을 익혀 일찍이 고등법원 법관직에 오른 이른바 난 사람이었다고 한다. 또 그는 퇴직 후 아버지의 넓은 영지와 그가 지은 성까지 물려받아 영주가 되기도 한다. 그러니까 언뜻 보기에 그는 인생 전체를 통틀어 명예와 부를 동시에 거머쥔 듯한 삶을 산 그야말로 행운아로 보이는 것이다. 하지만 이와 무척 대비되게도 원래 그는 정말이지 많은 비운을 겪은 사람으로 사실상 더 유명하다. 그것도 유독 젊었을 때부터. 좀 더 구체적으로 말해 그는 주변의 사랑하는 이들이 연달아 무덤에 묻히는 아주 잔인한 비운을 수차례나 겪었다.

우선 그의 나이 30살. 그는 동료 법률가이며 몽테뉴처럼 작가이기도 한 절친 '에티엔 드 라 보에티Étienne de La Boétie •1530-1563'를 페스트로 잃는다. 그런데 이후 5년 정도의 시간이 지나 이번에는 그의 아버지가 사망함은 물론 남동생까지 운동 경기 중에 세상을 떠나버린다.

어디 그뿐인가. 이런 악운은 세대를 넘겨서까지 연이어진다. 결혼 5년 차인 1570년이 되어서야 태어난 그의 첫 딸이 두 달 만에 사망을 한 것이다. 그리고 이 아이를 제외한 나머지 다섯 명의 딸 중, 네 아이 역시나 어린 나이에 숨을 거두고 만다. 게다가 '몽테뉴' 자신 역시 말에서 떨어지는 낙마 사고로 죽음 직전까지 가는 임사 체험을 하게 된다. 심지어 말년에 그는 신장결석으로 인해 극도의 고통에 시달리기까지 했단다. 결국 이쯤 되고 보니 어쩌면 악마가 고의로 나침반을 잘못 돌려 계속해서 그의 곁을 찾아간 게 아닌지 헷갈릴 정도다.

참고로 그가 살던 시기와 장소는 16세기의 프랑스였다. 그런데 그 당시는 프랑스 내에서 종교전쟁의 참화가 지나간지 채 얼마 안 된 시기였다. 그리고 이 전쟁은 이미 세상에 잘 알려져 있다시피 1562년에 일어난 '바시 학살'을 계기로 벌어지게 된다. 이는 가톨릭 군인들이 여자와 아이들까지 포함한 다수의 개신교도를 무척 잔인하게 학살한 사태였다.

그런데 결국 이 '몽테뉴'의 주변 시대상을 함께 살펴봄으로써 우리가 다소 선명히 알 수 있는 사실 한 가지가 있다. 그건 바로 그곳에 사는 그 누구에게라도 당시에는 주변에 매우 죽음이 흔했던 시절이라는 것이다. 그런데 '몽테뉴'에게는 운명의 장난인 건지 이런 시대적 잔혹사에 더해 개인적인 잔혹사까지 여러 겹 겹쳐 벌어지고 말았다. 그러니 그는 서른일곱이라는 꽤 이른 나이에 법관이라는 높은 관직에서 물러나 일찍이 죽음과 삶을 성찰하게 된 것이라 한다. 그리고 그 덕에 『수상록』과 같은 기록 또한 남길 수가 있었고.

자, 방금까지 난 여러분에게 '몽테뉴'의 인생사를 간단하게 축약해서 소개해 봤다. 『수상록』의 내용을 언급하는 것도 그만 까맣게 잊은 채 말이다. 그럼에도 어떤가. 그의 이런 파란만장한 인생사를 한번 엿본 것만으로도, '허무'에 중독된 영혼이 어느 정도 해독될 것 같은 진한 위안의 약 기운이 느껴지지 않나.

그런데 여기까지 글을 쓰고 보니 어쩌면 내가 조금은 가볍게 이 장의 글들을 써나가고 있는 듯한 느낌이 든다. 그래서 여기서 잠깐 변명을 하고 넘어가자면, 나는 다만 여기까지 쓴 글을 통해 몇 가지 사실을 여러분께 말하고 싶었던 것 같다.

우선 주변을 살펴보면 나(혹은 우리)만큼이나 많은 이들이 이미 이 '허무'라는 감정에 사로잡혔던 선례들이 있었노라고. 그래서 그들이 인생을 걸어가는 걸음을 절룩거리게 됐을 때, 몇몇은 자신이 가진 글쓰기라는 무기를 이용해 그것과 처절하게 싸웠노라는 것 역시 알려주고 싶었다. 그러니 이 글을 읽는 사람 중에도 혹여라도 이와 비슷한 처지에 놓인 분이 있다면 이런 선배들이 이미, 남긴 발자국을 한번 뒤이어 딛고 가보시길 추천해 본다. 그러면 그 무거운 발걸음이 조금이나마 가벼워질 수도 있지 않을까.

추가적으로 이 대목에서 난, 만약 누군가 나에게도 이 허무를 물리치는 '엑스칼리버'와도 같은 강력한 무기가 있느냐고 물어온다면 과연 무슨 대답을 할지 한번 생각해 봤다. 그렇다면 아마 난 버스킹과 기타 연주라고 답할 가능성이 거의 100%이리라. 하지만 이런 나 또한 때로는 무척 겁이 난다. 뭐가 그렇게 겁이 나느냐고? 훗날 내 생활을 떠받치는 에너지를 캐는 오직 단 하나의 유전으로 버스킹을 대하게 될까 봐. 혹은 어찌 보면 다소 협소하다고 볼 수 있는 이 버스커의 시각만으로 주름진 눈을 가진 채 늙어가게 될까 봐 꽤 겁이 난다.

그런데 이런 모순된 감정들이 동시에 내 몸 안에서 어지럽게 섞여가기 시작할 즈음, 난 우연히 서가에서 『숨결이 바람 될 때•2016』라는 책을 발견하게 됐다.

그리고 그 속에서 이런 구절들을 만났다.

결국 우리 각자는 커다란 그림의

일부만 볼 수 있을 뿐이다.

의사가 한 조각, 환자가 다른 조각, 기술자가 세 번째,

경제학자가 네 번째, 진주를 캐는 잠수부가 다섯 번째,

알코올 중독자가 여섯 번째, 유선방송 기사가 일곱 번째,

목양업자가 여덟 번째, 인도의 거지가 아홉 번째,

목사가 열 번째 조각을 보는 것이다.

인류의 지식은 한 사람 안에 담을 수 없다.

그것은 우리가 서로 맺는 관계와

세상과 맺는 관계에서 생성되며,

결코 완성되지 않는다.

참고로 이 책의 저자 '폴 칼라니티 Paul Kalanithi•1977-2015'는 서른여섯이라는 젊은 나이에 폐암 4기 판정을 받는다. 그가 신경외과 전문의가 되기 위해 레지던트로서 마지막 해를 보

내던 중이었다. 그리고 그 후 그는 죽기 전까지 자신에게 주어진 단 2년의 세월 동안 몸을 끊임없이 움직여 이 아름다운 책을 써냈다. 그것도 되레 본인이 의료의 대상이 되어야 할 아이러니하고도 괴로운 상황 아래에서. 게다가 레지던트 생활까지 멈추지 않고 병행하면서였다.

참고로 저자는 청년 시절 문학에 꽤 관심이 많았고 또 감성 또한 풍부했던 듯하다. 하지만 당시 그는 어떤 특수한 목적을 미리 상정한 채 여러 가지 책들을 읽으며 이러한 감성과 지성을 키운 건 아닌 것 같다. 예를 들어 나중에 이렇게 여러 사람들에게 위안을 주는 에세이를 꼭 써야겠다는 목적 같은 거 말이다.

다만 그는 비로소 성인이 다 된 이후 아주 급작스럽게 맞닥뜨린 생의 낭떠러지 앞에서 이 책을 아주 자연스럽게 써낸 듯이 보인다. 이 말은 다양한 독서와 개인적인 체험들을 통해 그가 그간 미리 쌓아놓은 감성들이 자연스레 발현되어 글쓰기의 땔감이 된 것 같다는 얘기다. 흡사 향유고래가 우연히 토해낸 잉여 소화물들이 이후, 바다를 부유하다 점점 귀하디귀한 용연향으로 서서히 변해가듯. 그래서인지 이 책에 실린 문장들은 처음부터 끝까지 진실해 보인다.

그런데 이 기록들은 언뜻 보면 전혀 달리 보이기도 한다.

흡사 거대한 '허무'와 싸우기 위한 전쟁 기록으로도 읽히는 것이다. 그리고 이 허무란 인생의 종착지로 가는 이른바, 급행 티켓을 남보다 너무 일찍 받아버려서 어쩔 수 없이 생길 수밖에 없는 거대한 허무를 가리킨다. 게다가 이 허무는 그 누구에게 책임 소재를 따져 물을 수조차 없기에 그 공허함의 크기가 더 클 수 있어 보인다. 실제 티켓을 발권받은 거라면 매표소에 가서 한번 따져보기라도 할 텐데 애초에 이건 그런 차원의 일이 아니니까.

그런데 이런 생각까지 곁들이며 책을 다 읽은 후 사실상 원제가 『When Breath Becomes Air』인 『숨결이 바람 될 때』라는 제목을 다시 발음해 보면, 실로 무언가가 다르게 느껴진다. 왜냐하면 읽기 전과 비교해 내 혀 위로 실리는 마음의 무게 자체가 달라졌기 때문이다.

이를테면 이런 것이다.

책을 읽기 전엔 제목을 발음하면 흡사 공허한 '공기'처럼 이를 내뱉었던 것만 같다. 왜냐하면 제목에 실린 작가의 '영혼'을 전혀 알 길이 없었기에. 그런데 이 문장을 책을 완독한 후 다시 발음해 보면, 나 역시 책을 읽는 동안 그와 동반해 '무無'를 향해 뚜벅뚜벅 걸어갔었다는 감성적인 체감까지 함께 실리게 된다. 그래서 그야말로 '숨결'을 섞어 발음하는 듯 느껴지는 것이다. 그러므로 이 숨결은 결국 대지 위를 무심하게 떠도는 것과는 꽤 다른 성분의 공기마저로 느껴지게 된다.

사실 저자는 그 누가 보기에도 인생을 누릴 만큼 누리지 못했다. 게다가 갑자기 닥친 종말의 징후 또한 그에게 너무 뒤늦게 전해졌지 싶다. 그래서 그는 그것에 미처 대처할 만한 충분한 시간과 마음의 여유는 더더욱 가지지 못했으리라. 그런데 되레 사정이 그러했기에 오히려 그가 이처럼 생전의 찰나 찰나를 영원처럼 아로새긴 듯한 글을 써낸 게 아닌가 싶기도 하다. 마치 그가 세상을 떠나기 바로 그 직전까지 자신에게 주어진 매 시간을 마치 하루하루처럼 보낸 것이 아닐까 싶을 정도로.

그리고 이즈음에서 난 그의 아름다운 결말을 다시 한번 상기해 본다. 그의 책 안에서 빛났던 많은 문장들 중 나에게 유독, 깊은 인상을 준 앞선 페이지상의 인용 문장들에 빗대서 말이다. 그리고 그러고 나니 이제야 비로소 그가 타인에게 자신의 조각이 비록 초라해 보여도 그것에 결코 소홀히 말라는 말을, 그토록 진실하게 전할 수 있었던 이유가 보인다. 그건 바로 그가 자신 인생에 주어진 단 하나의 조각을 뚜렷이 바라보고자 마지막까지 눈을 부릅뜨고 응시하는 노력을 지속했었기에 가능한 일이었다는 것. 심지어 그는 매우 몸이 고통스러운 와중에도 이 자세를 끝까지 유지했다.

이후 나는 이 문구들이 좋아 이것들을 오로지 나만이 소유한 어떤 개인 공간 안에 확실히 각인시켜 놓았다. 그래서 '허무'라는 것에 또다시 중독되어 무기력함에 젖어들 때면 이 문구를 몰래 한번씩 꺼내 본다. 그러면 난 인생의 달콤한 맛에 무감각해지더라도 그건 그 나름대로 어떠한가라는 위안을 받게 된다. 그러니까 내 삶 안에 은연중이지만 분명히 자리 잡고 있을 게 분명한 그 아련한 맛을, 잠시나마 아쉬워하지 않게 되는 것이다.

그건 그렇고 내 발걸음이 결국 나의 별에 다다르려면 아직까지도 내겐 꽤 먼 거리가 남아 있는 듯하다. 다행(혹은 불행?)히도 앞 길이 구만 리인 것이다. 하지만 그럼에도 언젠가는 나 역시도 분명히 그곳에 당도하게 되리라. 다만 '폴 칼라니티'와는 다르게 조금은 천천히 걸어갈 수는 있을 테다. 주변의 풍경과 경치들도 좀 더 여유 있게 둘러보면서.

그럼 바로 그때,

내가 보게 될 내 인생의 최종 조각은 과연 어떤 형상을 하고 있을까?

Part.2

비디오 룸

Video Room

라라랜드를 나와 르윈의 내면으로

인생은 한 통의 성냥갑과 닮았다.

중대하게 취급하면 바보 같다.

중대하게 취급하지 않으면 위험하다.

－ 아쿠타가와 류노스케芥川龍之介 • 1892-1927

『난쟁이 어릿광대의 말侏儒の言葉 • 1927』 중에서

나에게 있어 버스킹은 직업이 아니다.

그리고 애초에 수익을 얻으려고 시작한 행위 자체가 아니었다. 물론 이제는 이 부분이 중요하지 않다고 말할 순 없는 입장이겠지만.

그러나 그 어느 때고, 내 인생에서 버스킹을 통해 나의 생활을 영위했다고 말하면 이는 과장의 표현이 될 수밖에 없다. 왜냐하면 내겐 버스킹을 일주일에 한, 두 번 이상 하지 않는다는 나만의 확고한 기준이 있기 때문이다. 그러니 여러분도 대략 예상할 수 있겠듯 이 정도 횟수의 버스킹으로 거둔 수입만으로는 결코 내 전체 생활비를 댈 수가 없는 것이다. 게다가 이미 내겐 여태껏 유지해 오고 있는 또 다른 경력의 영역이 어느 정도 확고히 누적돼 있기도 하다.

그래서 설사 미래에 내가 이 영역에서 내쳐지는 일이 생기더라도 버스킹을 직업으로 삼지는 않을 생각이다. 또 다른 커리어의 문을 두드리면 두드렸지. 내가 그간 해왔던 그 어떤 행위보다 노력, 재미, 보상의 삼박자가 이상적으로 결합된 것이 바로 이 버스킹이라고 생각함에도 그렇다.

하지만 그러면서도 난 현재까지 한국의 여느 평범한 성인들이 흔히들 성공의 바로미터라고 일컫는 여러 가치를 추구하는 삶하고는 그다지 연관성 없는 삶을 살아오기도 했다. 이런 버스킹을 떠나 생각한다 하더라도 그런 것인데 아마 앞으로의 상황 역시 크게 다르지 않을 게 분명하지 싶다.

이를 좀 더 풀어서 얘기하면 이렇게 말할 수도 있으리라. 난 여태껏 살아오면서 단 한 번도 '부자'가 되려고 노력해 본 적이 없었노라고. 자본의 논리로 세상이 회전하는 기본 구조가 만들어지는 이 현대 사회 속에서도 꽤 순진하게 말이다. 그런데 사실 어쩌면 난 애초에 능력 부족으로 쉽사리 이런 꿈을 꾸는 것 자체가 스스로에게 그저, 가당치도 않게 느껴졌다는 말이 더 맞는 말일 수도 있겠다.

공교롭게도 외국 영화를 보다 보면 창작을 하는 직업에 대해 어떤 편견을 가지는 것이 오직 한국만의 사례는 아닌 것 같다. 음악이나 미술을 하면 밥 굶기 딱 좋다는 대사가 심심치 않게 등장하는 것을 보면. 참고로 나는 현재까지 소위 말해 이렇게, 큰 부가가치를 내지 못하는 영역을 골라 달리는 듯한 인생 궤도를 그려왔다(창작 영역 전체가 부가가치를 내지 못한다는 얘기가 절대 아니다. 그러니 오해 마시길.).

또 그랬기에 그간 내가 '인생'이라는 '성냥갑' 안에 든 성냥들을 제대로 그어 이 어두운 삶의 행로를 잘 밝히며 걸어왔다고 말하기엔, 많은 성냥들이 그저 사그라져 버린 느낌이 강하다. 예컨대 이 장의 서두를 장식한 문구의 비유들을 빌려 와 말하자면 그렇다는 뜻이다. 그래서 여기서부터 피어오른 불안감이 언젠가부터 나의 등 뒤에 딱 들러붙어 떨어지지 않는 것만 같다.

그런데 기실 곰곰이 생각해 보면 이 글 서두에 언급한 문장에서처럼 '인생=성냥갑'이라는 등식을 통해 결국, 이를 취급하는 인생의 태도를 단순 이분화하기에는 꽤 무리가 따르지 싶다. 사실상 내가 이 아포리즘을 버젓이 이 글 안에 끌어다 논 당사자임에도 불구하고. 왜냐하면 그저 내 눈엔 세간의 많은 이들이 저 두 가지 태도 사이를 무리 없이 잘 오가며 사는 듯 보이기 때문이다.

하지만 나는 기왕 인생을 '성냥갑'에 썩 훌륭하게 비유한 이 아포리즘을 글 안에 소환한 김에 이번 만큼은 이를 아주 잘 써먹어 보려 한다. 일단 방금 전 발언과는 반대로 이 비유를 통해 사람을 이분법적으로 갈라볼 것이다. 그렇다면 현재 세계에서 '영화'라는 매체를 통해 가장 깊은 얘기들을 할 줄 아는 '코엔 형제Joel Daniel Coen • 1954- & Ethan Jesse Coen • 1957-'는 과연 어떤 부류에 넣는 게 좋을까?

아마도 이들은 '성냥갑'이라는 '인생'을 매우 진지하게 다루는 축에 넣는 게 맞지 싶다. 하지만 이들은 그렇다는 것을 본인들이 너무 잘 알아서, 그런 자세와 적절하게 거리감을 둘 줄 아는 현명함도 동시에 갖춘 사람들 같다. 사정이 그러하기에 결국 이들이 평단이나 각종 시상식에서 여전히 가장 찬사받는 영화인들 중 하나로 자리매김까지 할 수 있었던 게 아닐까.

그리고 이들이 만든 영화 중에는 자신들의 이런 성향을 그대로 잘 녹여낸 것처럼 보이는 뚜렷한 사례들이 꽤 여럿 존재한다. 그런데 흥미롭게도 이 영화들엔 그들의 현실과 무척 대비되는 공통점 한 가지가 있다. 그건 바로 '코엔 형제'가 인생을 너무 진중하게 다룬 등장인물들을 꽤 자주 바보로 만들어 버린다는 사실이다. 마치 자기 자신을 운명의 주인으로 굳게 믿으면 결국 그것에 대한 대가는 그것밖에 없다는 듯.

결국 이들은 영화 속에서 큰 곤경에 빠지거나 심지어 종말에까지 처하게 되는 것이다. 그리고 이는 이 글 서두에 내가 옮겨다 놓은 아포리즘 속 비유와도 매우 유사한 설정들이다. (만약 나의 이 선언에 가장 어울리는 영화를 꼭 한 편만 꼽아야 한다면? 그럼 난 그 타이틀마저 완벽한 「시리어스 맨^{A Serious} Man•2009」이라는 영화를 꼽겠다.)

그런데 '코엔 형제'가 이와는 달리 인생이라는 성냥갑을 진중하게 취급하지 않아 늘 삶이 외줄 타기 같은 인물의 얘기를 그리는 선택을 했다면? 과연 그 결과물은 어떨까. 그 사람의 인생만큼이나 위태위태한 몰이해를 드러내게 되진 않을까.

지금 소개하려는 영화 자체가 없었다면 나의 방금 질문은 완벽하게 '우문'이 되고 말았으리라. 하지만 '코엔 형제'는 나의 이런 의문에 완벽한 답이 돼줄 만한 「인사이드 르원「Inside Llewyn Davis • 2013」이라는 영화를 이미 발표한 바 있다. 그리고 이 영화는 단지 표면적으로만 보면 그저 어떤 음악인과 음악을 주제로 한 영화처럼 보이기도 하는 작품이다.

자, 그런데 이즈음 되고 보니 여러분들에게 '인생＝성냥갑'에 대한 비유가 좀 나르하게 느껴질 것 같다. 그래서 이번에는 상당히 다른 결을 보여주는 영화 몇 개를 더 이 글 안에 끌어들여 보겠다. 하지만 이 영화들 역시 「인사이드 르윈」 못지않게 음악과 예술을 추구하는 삶의 얘기를 흥미롭게 풀어냈다.

저예산으로 제작됐지만 본국인 미국은 물론 한국에서도 뒤늦게 흥행 열풍을 일으켜 화제가 된 어떤 영화가 있다. 게다가 대놓고 음악이 중심 소재이기도 한 이 영화는 바로 「위플래쉬 Whiplash • 2014」이다(참고로, 열풍이라는 말은 결코 과장이 아니다. 왜냐하면 「위플래쉬」는 북미 지역을 제외한 전 세계에서 한국 흥행 기록이 가장 좋았기 때문이다.).

아마, 이 영화를 보신 분들은 충분히 공감할 것이다.

음악이 주가 되는 이 영화를 보며 차마 선홍빛 피가 튀는 장면이 나올지 전혀 예상 못 했다는 나의 의견에. 이 영화의 감독인 '데이미언 셔젤 Damien Chazelle • 1985 -'이 추후 밝히길, 그는 이 '음악 영화'를 마치 '전쟁 영화'처럼 느껴지게 찍고 싶었다고 한다. 그런데 이 설명을 듣고 나니 갑자기 무릎이 탁 하고 쳐진다. 심지어 이젠 피는 물론 극 중 음대 교수 '플레쳐(J.K. 시몬스 J.K. Simmons•1955- 분)'의 과도한 구강 액션과 언어폭력 역시 감독의 이런 의도 아래 탄생했구나 싶어 절로 고개가 끄덕여질 정도다.

그리고 이 장편 영화 데뷔작을 발표한 이후 이 감독은 아주 발 빠른 행보를 보인다. 대중과 평단 양쪽으로부터 전보다 훨씬 거대한 호응을 이끌어내는 「라라랜드 La La Land•2016」라는 비범한 영화를 단 2년 만에 내놓은 것이다. 그리고 그 뒤 이 '데이미언 셔젤'은 아카데미 감독상을 최연소 나이에 수상한 감독이 되기까지 한다.

그런데 이쯤에서 앞서 언급한 성냥갑 비유를 재소환해 보련다. 그리고 그러고 나면 '데이미언 셔젤' 역시나 '코엔 형제' 못지않구나 싶다. 그러니까 그 역시도 '인생'이라는 '성냥갑' 안에 든 몇 안 되는 '기회'라는 성냥을 무척이나 성공적으로 그어낸 이로 보이는 것이다. 심지어 그는 단지 성냥 한두 개로 최대치의 불과 열까지 만들어냈다. 결국 이 모든 사실을 종합해 보면 그 역시도 인생을 중대하게 취급함과 동시에 현명함도 함께 보유한 이른바, 난 사람 중에 하나라고 평가할 수도 있을 것 같다.

그렇다면 이번에는 좀 더 깊숙이 들어가서 그의 영화 속 주인공들의 인생까지 찬찬히 한번 살펴보면 어떨까. 마침 방금 얘기를 꺼냈으니 「라라랜드」의 주인공들이 좋을 것 같다. 바로 '세바스찬(라이언 고슬링Ryan Gosling•1980- 분)'과 '미아(엠마 스톤Emma Stone•1988- 분)' 말이다. 과연 이 둘은 인생이라는 성냥갑을 어떻게 다룬 인물들로 바라봐야 할까?

공교롭게도 나는 개봉한 지 한참 시간이 흐른 후에야 이 영화를 관람할 수가 있었다. 그것도 나의 버스킹에 대한 답례로 누군가 주고 간 무료 영화 티켓으로 봤다. 그런데 결국 나는 두 주인공들이 함께 한 곳을 바라보는 현재가 부재하는 것으로 마무리를 하는 이 영화를 끝끝내 안타까워할 수는 없었다. 이것이 영화 속 두 남녀 주인공 모두가 각자의 꿈을 흡사, 별을 쏘듯 멋지게 이룬 뒤의 상황이라 그 대비 효과가 더 컸음에도 불구하고.

그런데 이런 감상이 든 데에는 실로 다음과 같은 아쉬움이 그 뒤로 숨겨져 있었다. 사실 영화를 보다 보면 두 캐릭터가 똑같이 위 성냥갑으로 비유된 두 인생관에 모두 해당하는 삶의 태도를 각각 가졌었다고 볼 수 있다. 그럼에도 결론적으로는 어쩐지 각기 상정된 그 태도에 딸려 올 추후 상황들이, 위 '인생=성냥갑' 비유를 무색하게 만드는 방향으로만 나아간 듯 보였다. 그래서 더욱이 난 이 영화에 감정적으로 빠져들 수가 없었던 것이다.

다시 말해 우선, 이들이 무명이고 반짝이지 않던 시절부터 주목해 보자. 그러면 당시 자신이 좋아하는 것에 가벼운 열정을 쏟기만 했기에 닥칠 수 있었던 생존의 위협은 그들 주위를 맴돌기만 할 뿐이다. 결코 진지한 개입을 원하지 않는 듯 보이는 것이다. 그럼 누군가는 이렇게 반문할 수도 있으리라. 이것은 단지 표면적인 이미지였을 뿐이라고. 그러니까 과연 그들이 결국 인생을 진지하게 다루지 않았다면, 스타 '할리우드 여배우'와 쿨한 '재즈 클럽 사장님'으로서의 성공은 도대체 어떻게 일궜겠느냐고.

맞다. 게다가 영화는 결코 과한 서사를 통해서가 아닌 자연스러운 뮤지컬 영화 언어로 그들의 성공적인 미래를 꽤 잘 도출해 내기까지 했다. 하지만 그럼에도 내 눈에는 그들이 진지했던 그 순간에도 그들을 바보스럽게 만들 수 있었던 불운의 그림자 따위, 끝끝내 그들 주위에 얼씬거리지 않아 보였다. 그러니까 결론적으로 위 모든 감상을 한마디로 매듭지어 말하자면 내 눈엔 이 두 인물 모두가 겪은 대부분의 상황과 체험들이 꽤 비현실적으로 보였다는 것이다. 설사 뮤지컬 영화라는 화려한 겉껍데기를 한 꺼풀 벗겨낸 채

본다고 한들 말이다.

그렇다면 이 글에서 최초 언급했던 영화인 「인사이드 르윈」 속 주인공 '르윈(오스카 아이작Oscar Isaac•1979- 분)'의 삶은 과연 어떠했을까? 사실 이 영화는 「라라랜드」보다 거의 3년 일찍 국내에서 개봉했다. 하지만 개인적으로 두 영화의 감상 시기가 거의 겹쳤기에 내겐 그 단상의 차이가 더욱 두드러졌다.

우선 내가 이 '르윈'이라는 캐릭터를 영화에서 처음 조우했을 때의 느낌은 이랬다. 그 이상으로 위에 말한 성냥갑의 비유가 잘 어울리는 영화 캐릭터는 달리 없겠다고. 게다가 내 눈엔 「인사이드 르윈」이라는 영화 세계 속, 이 주인공은 연신 성냥을 꺼뜨리기만 하는 곤란한 캐릭터로도 보였다. 혹은 엉뚱한 곳에 소흔燒痕만을 반복해서 남기거나.

그런데 영화를 몇 번이고 반복해 보고 나니 내 평가에는 재고가 일어났다. 그래서 그것을 서둘러 적어본다면 '르윈'은 그저 단순히 그의 의도대로 성냥들을 잘 긁어내지 못한 불운한 인물이 아닐까 싶기도 하다. 그러니까 그가 그저 인생이라는 '성냥갑'을 가볍게 다뤘다고 말하기에는 무언가 망설여지는 부분이 다소나마 있었던 것이다.

하지만 적어도 이 영화 속 그에게는 안타깝게도 잘못된

성냥 긋기의 끝없는 반복만이 있을 뿐이다. 이는 달리 말해 사실상 그에게는 '시작과 끝'의 경계조차 없는 '뫼비우스의 띠'와 같은 삶을 뚫고 나갈 교정의 여지가 거의 없어 보인다는 얘기와도 같다. 그리고 이런 무한대의 띠 위에서 뛰는 것과도 같은 '르윈'의 삶은 어떤 장면 하나에서 비교적 그 경계를 선명히 드러낸다. 이미 본 사람은 잘 알겠듯 그건 바로 그가 클럽 밖, 어둠 속의 낯선 남자에게 흠씬 두들겨 맞는 신Scene에서다. 그리고 매우 인상적이게도 이 신은 영화의 도입부와 종결부에 흡사 'Ctrl+C⇨Ctrl+V'를 한 것처럼 거의 똑같이 반복 배치되어 있다.

이 외에도 '코엔 형제'가 '르윈'에게 만만치 않은 운명을 부여했음을 선명하게 느끼게 하는 장치들은 또 있다. 그 대표적인 예가 그가 영화 속에서 끊임없이 다시 만나게 되는 고양이의 이름이 바로 '율리시스Ulysses'라는 점이다. (그리스 신화 속 인물 중 '오디세우스(라틴어 이름: 율리시스)'만큼 유명한 인물이 달리 있을까. 그래서인지 그는 전 세계 문학이나 예술 작품에서 끊임없이 재인용·활용되는 인물 중에서도 수위권에 든다. 사실 그는 본디 '아가멤논' 왕이 이끈 〈미케네〉와 그의 동생 '메넬라오스' 왕이 이끄는 〈스파르타〉가 주축이 된 '그리스 연합' 대 '트로이' 전쟁에서 아주 큰 역할을 한 인물로 유명하다. 그가 바로, 전세를 그리스 연합 쪽으로 돌리게 만든 '트로이 목마'의 아이디어를 낸 장본인인 것이다. 하지만 전쟁 승리 후 오른 귀국 항해 길에서 안타깝게도 그는 바다의 신인 '포세이돈'의 저주를 받게 된다. 그래서 이후 이 '오디세우스'는 목적지를 찾지 못한 채 지중해 인근 구석구석을 10년간 끊임없이 방랑하게 된다.)

참고로 이 고양이는 언제나 '르윈'의 기대와 의사에 반하는 방식으로 그 앞에서 사라지거나 나타난다는 얄궂은 특징을 가지고 있다. 그러니 이런 설정들을 봐도 감독이 표현하려던 '르윈'의 삶이 과연 어떤 것인지 대략 느낌이 온다. 자신도 모르게 하염없이 반복되기만 하는 것이다. 또 동시에 이렇게 울렁거리는 인생이라는 바다 위에서, '르윈'이 쉽사리 목적지에 가닿을 수 없는 운명을 소유한 채 이리저리 표류하고 있음을 생생하게 느끼게 한다.

나는 여태껏 버스커가 남루한 삶의 결정체 같은 것이라고 생각해 본 적은 없다. 하지만 그럼에도 내가 머물렀던 자리나 하루 치 버스킹이 선사하는 감흥에 대해 진지하게 생각해 보면 허무감이 드는 것 역시 사실이다. 강한 휘발성이 느껴지는 것이다. 그런데 그러면서도 또다시 난 일곱 번의 달이 지고, 해가 뜨고 나면 언제 그랬냐 싶게 원래의 나로 되돌아간다. 어느덧 새로운 관객들을 만나기 위해 짐을 싸는 일을 반복하는 것이다.

나의 버스킹은 이렇듯 보통 한 주에 한 번 벌어진다. 따라서 이 한 회의 버스킹은 꽤 미시적인 행위라고 볼 수도 있으리라. 사정이 그렇기에 여기다 대고 생을 성냥갑에 빗대서 논하는 거시적인 자세를 취하면 그건 과잉의 반응일 수도 있지 싶다. 하지만 누군가는 그렇게 얘기하지 않았나. 이런 습관들이 하나둘 모여 종국엔 인생이 되는 것이라고.

이제 얘기를 마무리하기 위해 조금은 어이없을지 몰라도 이런 상상을 한번 해본다. 우선 나의 인생 경험들로부터 우러난 생각들의 중첩을 셀로판지로 가공한다. 그런 뒤 앞서 말한 두 영화의 스토리 위로 3D 안경을 만들어 들여다보는 것이다. 그렇다면 앞으로 내 시야에서는 「라라랜드」 속 '세바스찬'과 '미아'가 사는 세계의 모습은 점차 지워지겠지 싶다. 대신에 난 「인사이드 르윈」의 '르윈'이 사는 세계의 모습만을 현실감 있는 입체의 현현으로 받아들이게 될 것만 같다.

사실 대부분의 인생살이란 그렇지 않은가.

8할 이상이 맘에 안 드는 것투성이고 그나마 2할 정도만이 맘에 드는 범주 안에서 거의 모든 일들이 벌어진다고. 그리고 어쩌면 그 2할조차도 때론 확실치가 않아서 꽤 허망하다. 어쩐 일인지 이것조차 내가 접어준다는 각오를 하고 있을 때만 그나마 나에게 확실한 승률로 잡히는 듯했던 것이다. 사정이 이러하니 그 어른거림이 마치 사막의 신기루처럼 무척이나 아찔할 정도다. 적어도 지금까지 나의 경우는 그랬다.

그런데 여기서 잠깐, 다시금 「인사이드 르윈」으로 시선을 한번 돌려보자. 이 영화는 사실 1시간 45분이라는 그리 길지 않은 러닝 타임을 가지고 있다. 그리고 이런 러닝 타임 안에 같은 장면을 수미쌍관 식으로 두 번 배치한 것은 결코 편집의 실수가 아니리라. ('코엔 형제'가 그럴 리가!) 이건 기필코 '르윈'이 똑같은 삶의 패턴에서 그리 쉽게 빠져나올 수 없음을 암시하기 위한 일종의 장치일 테다. 게다가 1시간 45분이라는 미시적인 시간 안에 이 반복을 가둬놔서 더더욱 이것이 생생히 다가온다. 그리고 이로 인해 관람자인 우리 역시 그 반복되는 생의 잔인함과 허무를 생생하게 느껴볼 수도 있게 되고.

우리 모두는 항상 거시적으로 혹은 멀리 보기의 시각으로 삶을 살고 있어서 늘 그것을 객관화해 보지 못한다. 달리 말해 르윈보다는 조금 느린 호흡으로 실수를 똑같이 반복하기에 다소 천천히 길바닥에 내동댕이쳐지는 것이다. 그렇기에 우린 허무하게 되풀이되는 자신의 열악한 반복 행동을 제대로 주시할 기회조차 가지기가 힘들다. 흡사 영화라도 보듯 간편하게 그럴 수가 결코 없는 것이다. 그러니 스스로가 스스로를 교정하는 일이 그다지 어려운 건지도 모르겠다.

그렇다면 결국, 우리 각자가 죽어 신의 시계가 달린 극장에 입장하고 나서야 얘기는 좀 달라지게 될까. 그러니까 그자리에 앉아 흡사 영화처럼 제작된 우리 인생 스토리를 찬찬히 다시 한번 감상하게 됐을 때가 돼서야 말이다. 그리고 그제야 비로소 끊임없고 하염없이 고꾸라졌던 자신들의 각자 모습을 인식해 슬쩍 눈물을 훔치게 되는 건 아닐까.

그건 잘 모르겠다.

왜냐하면 나도 아직까지 관 속에 누워본 적이 없으니. 다만 이러니저러니 해도 영화 속 르윈이 보여준 여러 삶의 자세 중 어떤 한 가지만큼은 우리가 배울 만하지 싶다. 그건 바로 그가 남과 자신을 함부로 속이거나 혹은 그저 인생을 편하게 살려고 꼼수를 부리지는 않는다는 점이다. '뫼비우스 띠'와 같은 인생 속을 끊임없이 회전하며 헛도는 쳇바퀴질을 하는 와중에도 그는 늘 그래 보였다. 물론 그러면서도 동시에 언제나 꽤 심드렁한 표정을 짓고 있긴 하지만.

그렇기에 나는 그에게 언젠가는 인생이라는 성냥갑을 제대로 그어내는 순간이 반드시 도래하기를 바란다. 그리고 그 소원을 나에게도 돌려 똑같이 한번 더 빌어주고 싶다. 왜냐하면 어쩌면 나도 '르윈 데이비스'처럼 버스킹이라는 비슷한 쳇바퀴 짓을 여태껏 지속해 오고 있으니까. 그것도 「라라랜드」보다는 「인사이드 르윈」 속 세계와 훨씬 더 닮았다고 믿는 이 현실계 속에서 무려 10년간이나 말이다.

물론 이 '바람wish'이라는 성냥조차 쉼 없이 헛도는 쳇바퀴를 늘 원래의 자리로 되돌려 놓는 짓궂은 '바람wind' 앞에 쉬이 꺼져버릴지도 모를 일이지만….

나라는 풍경 혹은 풍경 속의 나

'미야모토 테루みやもとてる・1947-' 작가의 몇몇 작품을 좋아
한다.

그런데 사실 위 문장에서 굳이 '몇몇'이라고 마치 군더
더기와도 같은 형용사를 쓴 데에는 별다른 이유가 있다. 솔
직히 현재까지 국내에 소개된 그의 작품 대부분을 봐왔지만
내가 보기엔, 그들 서로 간의 질 편차가 꽤 있었기 때문이
다. 하지만 그럼에도 그의 주요작 중 단편 모음집인 『환상의
빛幻の光・1979』과 장편 『금수錦繡・1982』는 지금까지 봤던 그 어
떤 일본 문학들보다 꽤 강렬한 기억으로 내게 남아있다.

소설을 다시 언급하고 있다. 그래서 어쩌면 이 얘기들은
앞의 '책꽂이' 파트에서 꺼내야 했었는지도 모르겠다. 하지
만 이미 이 작가의 단편 『환상의 빛』이 아주 멋지게 영화화

된 이력이 있음을 서둘러 밝힌다. 그리고 이 영화는 아마도 아니, 확실히 '미야모토 테루' 작가보다 더 좋아하는 '고레에다 히로카즈これえだ ひろかず・1962-' 감독의 데뷔작인데 여기선 이 영화를 중심으로 얘기들을 나눠볼 작정이다. 그러니 이 소재를 안착시키기에는 이 자리가 가장 알맞다고 본다.

참고로 '고레에다 히로카즈' 감독의 작품 대부분은 앞서 언급한 '미야모토 테루'의 경우와는 달리 서로 간에 질 편차가 거의 없다(개인적인 의견입니다.). 한마디로 그는 현재 일본에서 가장 작품성 있는 작품을 꾸준히 내놓는 '작가주의' 감독이라고도 할 수 있다. 또 단순히 자국뿐 아니라 세계적으로도 호평을 많이 받고 있다. 그래서 우리나라 '봉준호' 감독처럼 해외 유수의 영화제에서 다수의 상을 수상하기도 했고.

그럼 그중 가장 대표적인 실례를 하나 들어볼까. '봉준호' 감독의 영화 「기생충・2019」은 2019년 프랑스 '칸 영화제'에서 최고상인 '황금종려상'을 수상한 바 있다. 그리고 이보다 한 해 이른 칸에서 바로 이 '고레에다 히로카즈'의 작품인 「어느 가족万引き家族・2018」이 같은 상을 받았었다.

여러 인문학 서적을 통해 다양하게 언급되는 주제들 가

운데 나의 흥미를 가장 끄는 것 중에 하나가 바로 '동양'과 '서양'의 차이이다. 또 이 주제는 EBS 다큐멘터리로도 제작되어 많은 시청자들의 지적 욕구를 충족시켜 주기도 했다. 그런데 이것이 설명되는 방식을 잘 살펴보면 크게 눈에 띄는 점이 한 가지 있다. 주로 '문화와 언어의 차이'라는 도구를 사용해 설득력 있는 논지를 펼쳐가는 경우가 대부분인 것이다(아무래도 문화와 언어는 그러한 각각의 사고관을 반영하는 최고의 거울들일 테니까.).

예를 들어 우선 상대방에게 차를 더 권하는 질문을 할 때의 차이점을 한번 살펴보자. 서양인은 보통 이럴 때 "More Tea?"라고 한다. 반면 동양인은 "더 마실래요?"라고 묻는 경우가 많고. 이를 보면 개개의 개체성을 중시하는 서양에서는 보통, '명사'를 사용해 의문문을 만듦을 알 수가 있다. 그런데 보시다시피 동양은 이와 반대다. 동양에서는 관계성을 중시하기에 '동사'를 사용해 의문문을 만드는 것이다.

다음으로 정글에 있는 '코끼리'나 '호랑이'가 찍힌 사진을 볼 때 각자의 반응 차이를 살펴보면 어떨까. 우선 서양인은 사진의 중심 피사체인 동물에 집중해서 시선을 준다. 반면 동양인은 중심의 '동물'과 배경인 '정글'을 번갈아 바라본다고 하고. 그러니까 동양인들은 서양인들에 비해 훨씬 활발한 눈 움직임으로 주변을 같이 살피는 시선 패턴을 보인 것이다.

이런 각각의 성향 차이는 흥미롭지만 간단한 실험에서도 꽤 극명하게 드러난다. 어떤 실험자가 길을 걷다 각각 동양인과 서양인에게 자신의 사진을 찍어달라고 부탁했다.

그러자 당시 서양인들은 실험자의 얼굴이 최대한 부각되도록 즉, 사진을 꽉 채울 정도의 비중으로 찍는 모습을 보였다. 반면 동양인들은 늘 실험자의 얼굴, 신체 못지않게 배경이 잘 보일 수 있도록 신경 써 찍었다고 한다. 서양인들과는 다르게 실험자의 비율을 훨씬 줄여서 찍은 것이다. 한마디로 촬영 당시 서양인은 오직 상대방만이 사진에 잘 담기길 고려했고, 동양인은 그것보단 지금 이 상대방이 대체 어디에 있는지가 분명히 드러날 수 있도록 더 신경을 쓴 것이다.

그런데 재밌는 건 이렇게 판이한 인식의 차이가 동서양의 영화 안에서도 비교적 선명히 구현된다는 것이다. 그리고 '미야모토 테루' 작가의 소설을 영화화한 「환상의 빛•1995」을 처음 보는 순간, 난 이 영화가 그런 뛰어난 예가 될 수 있겠다고 생각했다. 보다 구체적으로 말해 난 이 영화가 어떤 '개인'이 주체적으로 만들어(혹은 살아)가는 삶의 '풍경'을 그린 영화가 아니라고 봤다. 반대로 이 영화는 '풍경'의 일부이기에 하염없이 그것에 영향받아 흔들리게 되는 연약한 '개인'들의 모습을 그린 것처럼 보였다. 그래서 개인적으로 난 이 영화 속에 동양적인 세계관이 아주 잘 녹아있다고 생각한다.

단편소설을 영화화했기에 비교적 간략한 구조를 가진 스토리를 글로 옮겨 본다. 주인공 '유미코(에스미 마키코^{江角マキコ}•1966- 분)'의 남편 '이쿠오(아사노 타다노부^{あさの ただのぶ}•1973- 분)'는 어느 날 갑자기 알 수 없는 이유로 짧은 생을 마감한다. 기차선로 위에서 비극적인 자살을 통해서였다.

그 뒤 '유미코'는 새로운 인연과 함께 본인이 살던 마을을 아예 떠나게 된다. 그러고는 옮겨 간 그곳에서 제2의 결혼 생활을 나름 행복하게 꾸려가기 시작한다. 하지만 그녀에게는 여전히 너무도 이해하고 싶은 게 하나 있다. 그건 바로 자신이 사랑했던 '이쿠오'를 죽음으로 이끈 진짜 원인이 과연 무얼까 하는 것이다. 즉, 그녀는 그가 아마도 철로 위에서 따라갔을 '환상의 빛'과 같은 불가해한 존재를 어떻게든 이해해 보려는 생각에서 여전히 해방되지 못한 채 생을 살아간다.

그런데 방금까지 내가 소개한 간략한 스토리 라인을 언뜻 봐도 여러분 역시 잘 알 수가 있을 것이다. 이것이 사실 구체적인 서사나 화면 연출을 동원해 자세하게 그려낼 '밀도' 자체가 있는 내용이 아니라는 것을. 그래서 비범치 못한 감독이라면 언뜻 영화화 자체를 고려 못 했을 것 같다. 그런데 앞서 언급한 '고레에다 히로카즈' 감독은 그것을 아주 잘 해냈다. 그것도 느리게 흘러가지만 선명한 이미지들과 아름다운 원경 신 등으로 유려하게. 그러니까 사실 영화보다 더 여백이 많았을 이 원작 소설을 멋지게 영화화한 것이다.

그리고 더 놀라운 사실 하나는 '고레에다 히로카즈' 감독이 바로 이 「환상의 빛」을 데뷔작으로 만들었다는 사실이다. 참고로 영화 제작 당시 그의 나이는 삼십 대 초반이었다. 그런데 이 사실이 무색할 정도로 이 영화의 화면 구석구석에서는 삶을 관조하는 자세가 흥건히 묻어 나온다.

게다가 추가적으로 놀라운 사실이 한 가지 더 있다. 그건 바로 그의 이력 시작점이 TV 다큐멘터리 감독에 있다는 점이다. 실상 TV 다큐멘터리는 피사체를 '원경'으로 찍기보다는 초 '근경'에서 다루는 경우가 대부분이지 않나. 그런데도 이렇게 아름다운 원경 신으로 가득 찬 영화를 만들다니, 이런 부분에서도 역시 감독의 남다른 재능이 느껴지는 것 같다.

다시 「환상의 빛」에 대한 얘기로 돌아가 보자.

사실 이 영화는 '이쿠오'가 죽은 이유를 설명하는 그 어떤 특정한 장면을 절대 관객에게 보여주지 않는다. 심지어 엔딩 크레디트가 올라가는 바로 그 순간까지도. 게다가 이 사실을 뒷받침하려는 친절한 서사의 구조 또한 영화 내에 마련되어 있지 않다. 물론 소설도 마찬가지다. 따라서 이 영화는 다 보고 나면 결국, 보통의 영화를 보는 감상 기준으로 봤을 때 미완의 느낌마저 던져준다고도 할 수 있다.

하지만 내가 보기엔 이것 역시 이 영화가 가진 밀도를 낮추는 역할을 했지 싶다. 그리고 그렇게 넉넉히 비워진 밀도를 되레 관객인 내가 채워야만 하는 과정을 거치게 한다. 그러니까 영화를 보며 생기는 그때그때의 상념으로 이 빈 공간들을 관객 자신이 채워나가는 것이다(흡사 이 영화와 관련해 네이버에 올라온 '한 줄 평' 중에 "보면서 딴생각을 했다."라는 말과 매우 비슷하게. 이 관객은 이래놓고서 '별' 점수만큼은 거의 만점에 가깝게 줬다.). 나 같은 경우는 그런 상념들과 동행해 점점 더 영화의 결말에 다가갈 즈음 이런 생각을 한번 해봤다.

활기찬 도시의 풍경이 오히려 '이쿠오'를 숨 막히게 해 그를 죽음으로 인도하지 않았나 하는 생각. 따라 뛰지 않으면 금방 뒤로 처질 듯하고 심지어 언제고 멈추지 않을 그 역동적인 도시의 풍경들이 역으로 말이다. 그런데 이는 사실 '유미코'가 재혼 후 거주하고 있는 현재 어촌의 모습들과는 굉장히 대비되는 풍경들이다. 그 어촌의 일상과 풍경은 더없이 평화롭고 그래서 때론 말 그대로 정지한 수묵화처럼 보일 정도니까.

다시 말해 '이쿠오'는 스스로가 자신의 인생을 정의하는 단계에서 일종의 실패를 한 것일지도 모르겠다는 생각이 든다. 이는 어느 순간 그에게 있어 삶을 살아간다는 것이, 더이상은 본인 스스로가 적극적으로 이것의 풍경을 만들어가는 과정처럼은 전혀 느껴지지 않은 것 같다는 얘기와 동일하다. (이는 그가 그저 '무력'하다고 말하려는 것이 아니다.) 반면 숨 막히게 돌아가는 도시 풍경 속에 그저 하나의 점으로 존재하기에 느껴지는 '참을 수 없는 존재의 가벼움' 혹은, 늘 급작스럽게 다가오는 '존재라는 것의 찰나적인 하찮음'이 늘 그의 주위를 뱅뱅 맴돌았지 싶다.

그래서 어쩌면 이런 느낌이 그에게 있어 가장 무게감 있을 선택이라 할 만한 '죽음'을 깃털처럼 가볍게 실행하게 한 것은 아니었을까. 그리고 이런 부분까지 총체적으로 고려하고 나면 더욱이 내겐 이 영화가 동양적인 세계관을 바탕으로 탄생했다는 감상이 든다.

그런데 앞서 언급했던 동서양인의 사고관 차이에서 비롯한 여러 차별점들 가운데에는 각각의 버스킹을 통해서도 분명히 드러나는 것들이 있는 것 같다. 개인적으로 난, 유럽에 가서 여러 버스킹을 구경했을 당시 이것을 꽤 선명하게 느꼈다. 혹은 여러 소셜 네트워크 서비스 게시물들을 통해서도 추가적으로 난 이를 수차례 재확인하기도 했고.

그리고 그중에서도 가장 두드러지는 차이점 몇 가지를 여기서 꼽아본다면?

그럼 아마도 버스킹 장소를 고르는 각각의 기준과 그 결과를 살펴보는 게 가장 좋을 듯하다. 그럼 우선 개인을 중심 축으로 해 자신을 둘러싼 환경을 차차 인식해 나가는 서양의 버스커들부터 살펴보자. 보통 그들은 남의 시선 아랑곳하지 않는다는 듯, 길거리 행인이 쉴 없이 오고 가는 통행량 많은 장소 한가운데에서도 버스킹을 쉽게 한다. 이를 좀 더 구체적으로 설명하면 서양 버스커들은 보통 자신을 중심으로 주변에 행인들이 잔뜩 둘러싸고 있어도 이를 별로 부담스러워하지 않는 경우가 많다는 뜻이다.

반면에 동양인 버스커는 어떠한가. 그들은 일단 자리를 잡을 때 우선 배경을 바라보고 난 뒤, 그제서야 비로소 본인을 인식해 나간다는 성향을 충실히 따른다. 예컨대 이들은 우선 자신을 둘러싸고 있는 풍경의 안전성과 지속성부터 고려하는 것이다. 그래서 관객들과 적당히 이격되어 거리감을 어느 정도 확보할 수 있고 또 뒤가 가로막혀 위험 요소가 별로 없는 곳에서 대부분 버스킹을 펼친다.

이것이 과장이 아니라는 것은 내 사례로도 충분히 증명된다. 그러니까 저런 동서양인의 성향 차이를 설명하는 글들을 눈여겨보기 전부터 스스로 고려했던 버스킹 장소들의 특성들만 돌이켜 봐도 실제로 나부터가 그랬던 것이다. 또 이런 경험들이 내게도 무척 여러 번 있었기에 앞서, 내가 버스킹을 펼치는 장소에 대한 다양한 얘기들도 진실성을 담보삼아 쓸 수 있었다고 생각한다.

결국 이 대목에서 앞서 말한 이 모든 차이들을 모두 뭉뚱그려 동서양인의 성향을 구분 지어 본다면 이렇게 간단한 요약 표현도 가능하지 않을까. 이것이 '나라는 풍경'과 '풍경 속의 나'로 각각 대비되게 인식하는 각자의 관념들 때문에 생겨나는 차이들이라고.

그런데 이즈음에서 난 여러분께 한 가지 사실을 고백하련다. 때론 버스킹이라는 행위를 통해 만들어지는 혹은 주변 환경에 섞여 들어가는 '풍경 속의 나'라는 체감 역시, 가끔 내게 참 '깃털'처럼 가볍다는 느낌을 선사한다는 것을. 흡사 「환상의 빛」에서 '이쿠오'가 자신의 인생에 대해서 체감했을 것과 비슷하게 때론 정말 그렇다.

하지만 이제 난 버스킹에도 '달의 뒷면'처럼 어두운 부분이 있다는 것을 잘 안다. 또 그것 역시 버스킹이라는 전체를 이루는 일부로서 기능한다는 자의식 또한 가지게 됐고. 그래서 요즘엔 버스킹을 한번 시작하면 일단 난, 그것을 끝까지 잘 해내기 위해 진심을 다해 전념한다.

그럼에도 보통 한 주에 한 번씩 나가는 버스킹 중 '블랙홀의 시간'이 생길 때면 꼭 내게 이런 생각이 든다. "'풍경 속의 나'라는 표현 앞에 지금은 '억지'와 같은 조사를 붙여야겠군."이라고. 그러니까 지금껏 잘 섞여왔던 이 풍경에 불현듯 내 내면이 어깃장을 놓는 것이다. 그러면서 이곳에서 떨어져 나가야 할 것 같은 분리의 감정이 드는 것을 난 어찌할 수가 없다. 아, 참고로 '블랙홀의 시간'이란 꼭 인근 시공간에 갑자기 구멍이라도 생긴 듯 그 많던 관객들이 한꺼번에 증발해 버리는 순간을 말한다.

그런데 이렇게까지 쓰고 보니 아차! 싶다.

왜냐하면 다른 글들과 비교해 봤을 때 다소 이 장의 글이 모순의 결을 드러내는 것 같아서다. 하지만 인간의 마음이란 그리고 또 이런 인간들이 섞여 부대끼며 살아가는 과정이란 어쩌면 결국 이런 게 아닐까? 그러니까 때론 인생이란 이토록 일관성 없는 모순의 악다구니가 연이어지는 행진과도 같은 게 아니겠냐는 얘기다.

그리고 이런 감정의 소용돌이라는 '태풍의 눈' 한가운데에 내가 서 있다는 느낌이 들 때면 꼭, 삶에 대해 "알 수 없네."라는 자각이 곧바로 나를 덮쳐온다. 그것도 마치 큰 파도처럼. 그러면서 고개를 절레절레 흔드는 반사작용마저 스스럼없이 나오는 것이다.

결론이다.

작가 '미야모토 테루'와 '고레에다 히로카즈' 감독이 각각, 자신만의 도구로 그려낸 '환상의 빛'을 보고 나면 결국 이런 생각이 든다. 앞서 내가 경험했듯 숨 막히는 생의 모호함으로 눈앞이 아득해지는 순간을 향해, 어쩌면 이들이 손에 잡힐 듯한 '서글픈 이름'을 달아준 것은 아닐까라고.

내가 살고 싶은 다른 세계

앞서 이미 말했지만 나는 대학에서 디자인을 전공했다.
그래서 지금까지 난 디자인 관련 학과 수업을 듣는 와중이
나 혹은 실무 현장에서 "디자인은 예술이 아니다."라는 표
현을 귀에 못이 박히도록 들어왔다. 하지만 그럼에도 난 과
연 "가치 있는 '미'와 '예술'은 대체 어떻게 정의되는가?"
라는 화두에 대한 오직 나만의 답을 늘 찾고 싶었다. 마치
청개구리처럼. 그렇기에 난 지금까지 여기에 아주 많은 고
민과 시간들을 동시에 쏟아붓기까지 했다.

그러다 결국 난 나라는 한 인간으로 살아온 그동안의 생
속에서 장고長考 끝에 드디어, 한 가지 결론을 내렸다. 그건
바로 음악이든 미술이든 그리고 영화든 이 모든 예술 분야
를 통틀어 어떤 작품이 진정 훌륭하다는 평가를 받으려면

특별한 조건 하나가 반드시 필요하다는 것. 보다 구체적으로 말해 난 특정 예술 작품이 결국 뛰어나고 독보적이라는 평가를 받으려면, '어떤 독창적인 세계가 그 안에서 홀로 생동하도록 작품 안에 잘 가둬놓을 것'이라는 조건이 절대적이라고 생각하게 되었다.

내가 볼 땐 만약 이 세계가 잘 직조되어 있기만 하다면 이후 여러 가지 진귀한 현상들이 빚어지는 듯하다. 우선 '생로병사'를 겪는 인간의 인생처럼 하나의 작품을 단 한 번이 아닌 수차례 감상했는데도 이것들에게서 여전히 생생하게 살아 숨 쉬는 생명력이 비어져 나오게 된다. 심지어 어떤 작품의 경우엔 재차 감상 시 매번 다른 느낌과 의미를 찾을 수 있는 불멸의 힘마저 우러나온다고도 생각한다. 감상하는 회차의 수와 감상자 그때그때의 감정, 생각이 달라 불가피하게 수반되는 가변성 앞에서도 그야말로 끄떡이 없는 것이다.

그리고 이런 생각과 경험을 몇 번이고 누적시켜 어떤 작품이 너덜너덜해질 정도로 감상을 했는데도 불구하고 그것이 여전하다면? 그러니까 이럼에도 그 작품의 잔향이 옅어지기는커녕 짙어지기만 하는 진귀한 경험의 단계로까지 감상이 전이가 되면 내겐 초월적인 현상이 벌어진다. 아예 그 작품을 대할 때 "그 세계 속으로 들어가 영원히 머물고 싶다."라는 생각마저 드는 것이다.

내가 청소년이던 시절, 현재까지 여전히 활발하게 활동 중인 '조니 뎁Johnny Depp•1963-'은 데뷔한 지 채 얼마 안 된 청춘스타였다. 그런데 그는 당시부터도 이미 작품을 선택하는 기준이 좀 남달랐다. 애초에 독특하고 평범치 않은 캐릭터로 스크린에 등장하는 경우가 많았던 것이다. 물론 지금도 그런 기조를 잘 이어오고 있는 걸 보면 그의 성정 자체가 그런가 싶기도 하다.

그리고 그런 그의 초기 출연작 중 공개 당시 나의 기억에 가장 선명한 스크래치를 남긴 작품이 하나 있다. 그건 바로 스웨덴 출신의 영화감독 '라세 할스트롬Lasse Hallström•1946-'과 함께한 「길버트 그레이프What's Eating Gilbert Grape•1993」라는 영화이다.

그럼 우선 간략하게나마 이 영화의 줄거리를 설명해 본다. 주인공이라고 할 수 있는 '길버트 그레이프'는 아버지가 일찍이 자살로 생을 등진 어두운 가족사를 가지고 있다. 그리고 그로부터 얻게 된 우울증으로 폭식에 빠져, 200kg의 몸무게가 된 엄마와 한 집에 살면서 그는 식구들을 뒷바라지하고 있다. 그런데 그의 열악한 가족 배경은 여기에 그치지 않는다. 사실 그의 남동생은 정신지체아인 데다가 사춘기 여동생은 늘 그의 말을 안 듣고 겉돌기만 하는 것이다. 그나마 그는 누나하곤 말이 좀 통하는 편인데 그런 그녀마저 살림에 지쳐 늘 말투에서 짜증이 배어 나온다.

그런데 이런 길버트에게 있어 특별한 시간이 하나 있다. 그것은 바로 같은 동네에 사는 유부녀와 외도 파트너로서 함께 시간을 보낼 때다. 그러던 어느 날. 그는 부모의 이혼 이후 캠핑카로 할머니와 함께 미국 전역을 떠도는 비슷한 나이의 숙녀 '베키(줄리엣 루이스Juliette Lewis•1973- 분)'를 만나게 된다. 그러자 이후 그의 마음과 생활 속에 소소한 변화의 바람이 불기 시작한다.

인터넷이 없던 당시 나는 이 영화가 정말로 맘에 들었다. 그래서 이후 줄곧 이 감독의 필모그래피를 아날로그 방식으로 쫓으며 속속들이 그 작품들을 찾아보는 팬이 돼버리고 만다. 또 그러면서 난 이 감독만의 독특한 특징에 대해서도 서서히 눈을 뜨게 됐다. 그런데 기실 여러분도 아마 이「길버트 그레이프」라는 영화 한 편의 줄거리에서부터 대략 냄새를 맡았으리라. '라세 할스트롬' 감독의 과거 영화들에선 이처럼 소위 평범한 이력을 가진 사람들은 거의 등장하지 않는다.

그런데 방금 굳이 내가 '과거'라는, 일종의 기간을 한정 짓는 표현을 쓴 걸 이해해 주길 바란다.

사실 '라세 할스트롬' 감독은 비교적 최근까지도 꽤 활발하게 활동하고 있는 노장 감독이다. (그 실례로 2018년엔 「호두까기 인형과 4개의 왕국The Nutcracker and the Four Realms•2018」 같은 블록버스터 영화도 감독했다.) 그런데 그의 최근 필모그래피를 살펴보면 내가 그의 영화를 가장 애호했을 시기와는 많은 변화들이 느껴지기에 어쩔 수가 없었다.

물론 그의 최근작 중에도 꽤 흥미롭고 좋은 작품들이 있다. 예를 들어 「로맨틱 레시피The Hundred-Foot Journey•2014」 같은 영화가 그렇다. 그러나 내가 예술가의 모습으로 기억하고 좋아하는 '라세 할스트롬'의 황금기는 확실히 과거다. 그러니까 1985년을 시작으로 「길버트 그레이프」를 거친 뒤 2005년 즈음에 마침표를 찍는 20년 정도의 시기인 것이다.

그리고 앞서서도 이미 언뜻 운을 뗐지만 이 시기에 나온 그의 영화들을 자세히 들여다보고 있자면 확실히 눈에 띄는 공통점이 있다. 그건 바로 각 등장인물들의 개성적인 울림이라는 것이 영화 속 세계 안에서 그들 각자가 처한 제각각의 사정과 환경으로부터 입은, 작고 큰 상처들을 통해 비어져 나온다는 것이다.

그럼 그러한 실제 예들로 우선 그의 초기작인「개 같은 내 인생My Life As A Dog•1985」부터 살펴본다. 이 영화의 주인공 '잉마르(안톤 글랜제리어스Anton Glanzelius•1974- 분)'는 몸이 아픈 엄마와 어쩔 수 없이 떨어진 채 외삼촌과 불행한 소년으로의 삶을 지속한다. 하지만 그럼에도 자신의 인생이 우주에 보내진 개, '라이카'의 견생犬生보다는 낫다며 가물은 위안을 찾는다. 그다음으로「사이더 하우스The Cider House Rules•1999」의 경우는 어떤가. 주인공 '호머(토비 맥과이어Tobey Maguire•1975- 분)'는 매년 한 번 상영되는 영화가 오직,「킹콩 King Kong•1933」뿐인 보육원에서 나고 자랐다. 그러다 이후 결국 그는 자의로 '사과 농장'으로의 탈출을 감행하게 된다. 하지만 그곳은 단지 사과뿐만이 아닌 농장과 얽힌 사람들의 아픈 스토리마저도 주렁주렁 열린 곳이었다.

이번에는「쉬핑 뉴스The Shipping News•2001」의 스토리를 한 번 보자. 이 영화의 주인공 '쿼일(케빈 스페이시Kevin Spacey •1959- 분)'은 대도시 뉴욕에서 교통사고로 사이가 안 좋던 아내를 잃었다. 그 뒤 그는 고향인 뉴펀들랜드로 돌아와 지역 신문 기자 일자리를 얻는다. 그러면서 영화는 그가 조금씩 조금씩 마음의 상처를 치유해 가는 특별한 일상들을 그리고 있다.

마지막으로 언급할 영화는 「언피니쉬드 라이프An Unfinished Life•2005」이다. 사실상 이 영화의 주인공이라 할 수 있는 '에이나 길키슨(로버트 레드포드Robert Redford•1936- 분)'은 교통사고로 아들을 가슴에 묻게 된다. 게다가 이 주인공과 깊은 친분을 과시하는 '밋치 브래드리(모건 프리먼Morgan Freeman•1937- 분)'는 곰에게 공격당해 불구가 됐지만 끝끝내 이 곰을 이해하고 용서하려 한다.

이 장의 글을 시작할 때 이미 난 좋은 '예술'을 가늠하는 나만의 기준에 관해 간략하게 적어봤더랬다. 그런데 이러한 기준이 형성되는 데에 꽤 큰 영향을 끼친 예술가 중 하나가 바로 이 '라세 할스트롬' 감독이다. 비록 그는 대중 예술 분야에서 활동하는 사람이긴 하지만 말이다.

그런데 과연 이렇게까지 내가 그를 특별한 예술가로 기억하게 된 가장 큰 연유는 무얼까? 그건 아마 그가 이토록 불행한 인생사를 사는 인물들이 어떻게든 살아 숨 쉬며 앞으로 나아갈 수 있도록, 그 숨결을 여러 차례 불어넣어 줬기 때문이 아닐까 싶다. 다만 그는 그것을 현실 속에서가 아닌 영화라는 매체를 통해 가상 실행했을 뿐이지만. 하지만 그럼에도 내겐 그것이 마치 실화처럼 생생히 와닿았다. 사정이 그러했기에 사실 그는 좋은 예술(혹은 예술품)에 대해 정의를 내리려는 나의 '생각이라는 화분'에 꾸준히 물을 준 사람이라고도 바꿔 말할 수 있겠지 싶다.

하지만 이때의 영화들이 반대로 만약, 영화 속 인물들의 아픔만을 관객에게 전달하고 거기서 이내 이야기를 멈췄다면 과연 어땠을까. 그리고 그 단계에서 일찍이 그들에게 향한 시선마저 완전히 거둬들였다면? 그럼 결국 내가 이토록 '라세 할스트롬'의 영화를 오랫동안 각인할 수 있었을까.

현대의 예술계는 이미 '후기 모더니즘'과 '포스트모더니즘'의 시대를 한참 전에 지나왔다고 말해진다. 따라서 영화 속의 세계 역시 건조한 오늘날의 현대 미술처럼 진짜 현실을 과장하지 않고 거울처럼 비추는 일이 빈번하다. 예를 들어 요즘의 많은 영화들이 배경 음악을 다수 제거해 애초에 감정 과잉이 유발될 가능성 자체를 철저하게 차단한다. 혹은 촬영에서도 역시 '핸드헬드handheld'와 같은 다큐멘터리의 촬영 기법을 적극적으로 도입하고 있기도 하고. 그리고 이는 영화가 현실 자체를 아주 적극적으로 미메시스(예술 창작의 기본 원리로써의 모방模倣이나 재현再現을 뜻함.)하고 있다는 꽤 뚜렷한 증거들이다.

게다가 이렇게 영화 제작과 관련한 세계관의 변화는 영화의 스토리에도 그대로 반영이 되고 있지 싶다. 위의 설명처럼 거친 현실을 방법론적으로 미메시스하는 영화들을 보고 있자면 특히 더더욱. 왜냐하면 이런 영화들은 스토리의 서사에서조차 꽤 흔하게 이런 새로운 예술관을 지속, 연장하는 모습을 보여주기 때문이다.

예컨대 영화가 시작될 즈음 여기 출연한 주인공이 애초에 냉혹하고 상처 가득한 현실에 갇힌 채 주요 서사가 시작됐다고 치자. 그런데 사실상 이런 인물이 현실에서 구제받기는 그리 쉬운 일이 아니다. 그래서 요즘은 영화 안에서도 쉽사리 이들의 인생이 극복되거나 혹은 급반전을 맞는 결론 자체를 아예 배제하는 경우들이 꽤 많아졌다.

그런 지금의 관점에서 '라세 할스트롬'의 1985~2005년 시기의 영화들을 다시 한번 바라본다. 그렇다면 이전과는 달리 이 영화들이 꽤 결점이 많은 영화들처럼 보일지도 모르겠다. 왜냐. 결국 이 영화들에선 주요 등장인물 대부분이 따뜻한 화해나 위로의 과정을 통해, 어느 정도 치유되는 모습을 직접적으로 보여주기 때문이다. 또 설사 이런 경우가 아니라 하더라도 적어도 결론만큼은 등장인물 대부분이 꽤 안녕할 것이 예상되게끔, 영화들이 잘 매듭지어져 있기도 하다.

하지만 그런데도 '라세 할스트롬' 세계관 속 인물들이 내 기억 속에서 여전히 생동하는 데에는 별다른 이유가 하나 있다. 그건 바로 이 영화들 내지는 감독이 추구한 몇몇 가치 중, 가장 주요한 것 한 가지를 내가 제대로 수혜받았다는 느낌이 아직까지 내 내면 안에 남아 있어서다. 그리고 그것은 바로 '위로'라는 가치이다.

사실 내가 '라세 할스트롬' 감독의 전성기 작품으로 꼽았던 위의 다섯 작품 모두 원작이 따로 있다. 공교롭게도 모두 소설을 기반으로 영화화가 진행된 것이다.

그리고 이를 알고 나면 이런 생각이 든다.

감독이 작정하고 그리려던 확고한 세계관이 이미 그 자신 안에 있었던 것이라고. 그래서 그런 잣대라는 렌즈를 통해 이 소설들을 간택한 것으로 보이는 것이다. 하지만 만약 그게 아니라면? 그렇다면 역으로 그 각기 다른 작가의 작품들 속에서 감독이 이 엄혹한 세계에 플러스시키고 싶은 소중하고도 공통된 가치 하나를 발견했을 가능성이 크다. 그래서 난 이 감독이 이들 원작 속에서 발견한 빛을 바탕으로 탈바꿈시킨 것이 바로 결국 '위로'라는 가치가 아니었느냐고 믿는 것이다. 물론 그 자신만의 언어로 이것을 꽤 잘 포장해 냈기에 이것이 훗날 많은 이들에게 잘 전달되기까지 했으리라.

그리고 아마도 그래서일 것이다. 내가 이 영화들을 마치 내게 잠시나마 자기 품에서 쉬어 가도록 손을 내밀어 준 키다리 아저씨처럼 기억하는 이유가. 특히 이런 감정은 현실이 내가 감내하는 수준으로 닥쳐올지 혹은 아닐지를 미리 예고하고 밀려오는 게 아니라 그저, 빠르고도 급한 소용돌이 물처럼 다가올 때에 더욱 강렬히 느껴졌다.

앞서, 내가 버스킹을 할 때 레퍼토리가 되는 곡이 이제 50여 곡 정도나 된다고 이미 말한 바 있다. 그리고 나는 이 각각의 곡들에 대해 최소 한두 가지 이상의 정보를 알고 있는 편이다. 예를 들어 곡에 얽힌 여러 흥미로운 일화들이나 혹은 가사의 숨겨진 의미, 여기서 더 나아가 뮤지션이기 이전에 한 명의 사람으로서 작곡자가 겪었던 인생의 대소사들에 대해서 그렇다.

사실 생각해 보면 그런 것 같다.

이런 정보들을 보충함으로써 아무래도 그 노래를 점점 더 몰입해 부를 수 있게 됐노라고. 노래라는, 어찌 보면 음률 위주로 구현된 한정된 세계를 넘어서 말이다. 또 이런 정보들을 쥐고 있기에 난 내가 때론 그런 정보를 관객들에게 전달하거나 혹은 하지 않음으로써 생겨나는 감정의 격차 또한 일부 조절할 수 있게 됐다.

그런데 최근 그렇게 부를 목록에 합류시킨 곡 중 이른바 각성의 순간을 꽤 오랜만에 내게 선사한 곡이 하나 있다. 그리고 이를 일종의 약 먹는 행동에 빗대 보면 다음 상황과 비슷하지 않을까 싶다. 복용 당시, 내가 그것을 먹기 전 기대했었던 것을 훨씬 뛰어넘는 최대치의 약 효과를 맛보게 됐다고. 그래서 이후, 그 약(곡) 주위를 끊임없고도 쓸쓸하게 맴도는 후유증 또한 같이 얻게 된 사례와 매우 유사하다고 말이다. 그리고 이렇게 중독성이 치명적이었던 약은 바로 「I'm On Fire•1984」라는 곡이었다. 참고로 이 곡을 부른 '브루스 스프링스틴Bruce Springsteen•1949-'은 미국을 상징하는 뮤지션 중 한 명으로 불린다.

이 노래는 사실 2분 42초 정도밖에 되지 않는 그야말로, 짧은 플레이 타임을 가지고 있다. 보통 대중적인 팝송들이라 하면 못해도 최소 3분 이상의 길이를 보유하고 있는 경우가 대부분인 걸 생각해 볼 때 말이다. 하지만 그런데도 앞서 언급한 '라세 할스트롬'의 사례에 못지않다. 이 짧은 시간 안에 하나의 완벽한 세계를 봉인해 놓은 것이다.

사실 이 노래는 노래 속 화자가 단 한 번만 봤을 뿐인 어떤 이성에게 노골적인 질문을 던지는 것으로 시작한다(가사를 구체적으로 언급하고 싶지만 저작권 문제로 곤란하다. 그러니 이글에 혹하신 분이라면 꼭 이 순간, 이 곡의 가사를 더불어 살펴보시길.). 다만 그것은 상대에게 가닿을 수 있는 말은 아니다. 오로지 화자의 머릿속에서만 빙빙 맴도는 공허한 질문일 뿐인 것이다.

그리고 그 질문들을 곰곰이 곱씹어 보면 그야말로 열에 들뜬 상태에서 이 화자가 얼마나 상대를 간절히 원하고 있는지가 생생하게 느껴진다. 노래 제목처럼 이 남성이 지금 현재 흡사, 불 한가운데에 올라서서 노래를 부르기라도 한 것처럼 말이다. 다만 그건 머리와 가슴에 불이 붙어 오직 거기서부터 내뿜어져 나오는 욕망만은 아니다. 되레 그것은 우선 철저하게 몸으로부터 상대를 원함으로써 솟아나는 에로스적 욕망에 훨씬 더 가깝다.

그런데 이런 가사를 가진 노래 속 세계에 만약 나만이 타이틀을 붙일 수 있는 권리를 갖게 된다면 아마도 나는 '욕정'이라는 단어를 붙이는 게 가장 합당하리라 생각한다.

참고로 이 노래는 이 곡의 뮤직비디오와 함께 감상했을 때 하나의 완벽한 감상의 궤가 완성된다. 그리고 아마도 이 영상은 80년대에 나온 노래답게 당시 MTV 채널을 통해 줄기차게 TV 전파를 탔을 것이다. 그런데 여러분들도 이후 나처럼 꼭 한 번이라도 이 오래된 뮤직비디오를 감상해 봤으면 좋겠다. 유튜브 같은 경로를 통해서 말이다(이래저래 주문이 많아서 죄송.). 아마도 그러고 나면 우선, 왜 내가 이 곡에 저런 타이틀을 붙이고자 했는지부터 충분히 공감하게 되리라 생각한다.

사실 우리가 살고 있는 이 현대에선 보통 표면적인 신분제는 이미 사라진 지 오래라고 흔히들 말해진다. 그럼에도 우리는 잘 알고 있다. 사람 개개인이 쥐고 태어난 배경과 부의 차이로 인해 우리 사이에는 단호한 경계선이 그어져 있다는 것을. 단지 현대엔 그것이 그저 눈에 잘 띄지 않을 뿐인 것이다. 또 그 경계선을 함부로 넘기가 얼마나 어려운지 역시, 어느 정도 머리가 굵어지면 대부분의 사람들이 절로 알게 된다. 심지어 이 곡이 태어난 미국(참고로 이 「I'm On Fire」가 실려있는 '브루스 스프링스틴'의 7집 앨범 제목은 바로 「Born In The U.S.A.[*1984]」이다.)뿐 아니라 때론 이 땅에서 더 절절하게.

그런데 노래 속 주인공은 보이지 않는 그 경계를 그의 영혼 혹은 자신의 두개골 속에 자리 잡은 '6인치의 계곡[six-inch valley'이라고 마치 손에 잡힐 듯 묘사하고 있다. 하지만 그럼에도 실은 그가 이 계곡을 쉽게 가로지를 수 없다는 사실을 여타 그 누구보다 본인 자신이 일단, 너무나 잘 알고 있는 듯하다. 그리고 어쩌면 그래서인지 일단 이 노래를 듣고 나면 그가 느낀 이 '욕정'이라는 감정에 결국 전혀 다른 양가감정이 기어이 들러붙고 만다. 가장 본능적이라서 경계하고 혐오해야만 할 것 같은 이 감정 위로 꽤 짙은 '연민과 쓸쓸함'이 흐르는 것이다.

다시 한번 강조하지만 노래 속 화자인 '그'는 '그녀'를 끝끝내 안을 수 없다는 것을 본인 스스로가 이미 너무 잘 알고 있다. 그래서 한편으론 이것이 그가 느낀 이 '욕정'을 더 들끓게 하는 촉매제가 되는 것도 같다.

게다가 아마도 그래서인 걸까? 이후 이 노래 속에 갇힌 '욕정'이라는 감정의 세계가 결국 듣는 이에게까지 더 확실하게 부각되는 듯한 느낌마저 든다. 사실 그게 참 아이러니한 점이다. 하지만 결과적으로 그 느낌이 오직 이 노래 속에 세상, 그 어디에도 없는 독창적 세계를 구축하는 데 있어 가장 큰 주춧돌 역할을 하는 것만 같다.

그리고 1984년이라는 꽤 오래전 과거에 나온 이 노래를 들으면서 내게 떠오르는 또 다른 생각이 있다. 요즘 유행하는 수많은 노래들 속에선 왜 되레, 2분 42초라는 짧은 시간 안에 구현된 이토록 복잡다단한 세계 이상의 것을 발견하기가 그다지도 힘든가라는 지각이다. VHS라는 영상 포맷이 전성기였던 이 시기를 한참 전에 지나 기하급수적으로 녹음·촬영·영상 기법들이 발전했음에도 불구하고.

사실 그간 국내에선 비교적 최근까지도 가요 혹은 팝송이라는 이분법을 사용하는 게 매우 유효했다. 그런데 요즘 엔 더는 이렇게 완벽하게 분리 호칭하는 게 무리다 싶을 때가 종종 있다. 특히 미국의 인기 토크쇼나 주요 음악 시상식에서 '케이팝' 그룹의 격렬한 퍼포먼스를 볼 때 그렇다. 게다가 이제 한국 사람들은 자국의 뮤지션이 한글로 노래를 발표했는데 그것이 그 주 빌보드차트 1위를 차지하는 꽤, 놀라운 광경을 실시간으로 목격하고 있기도 하다. 따라서 저런 구분 자체가 약간은 구세대의 유물처럼 느껴지는 오늘의 서울, 바로 이곳에서 난 버스킹을 하고 있다.

그리고 이 버스킹 자리에서 나는 「I'm On Fire」와 같은, 그러니까 누가 보기에 따라서는 꽤 구닥다리 같아 보이는 팝송을 부르고 있는 것이다. 다만 오래됐음에도 우리가 흔히 노래를 통해 제대로 조우하기 힘든 소소한 얘기 중 하나를 진실로써 구현해 낸 이 팝송을 말이다. 그리고 그 순간 이런 생각이 절로 든다. 한국의 음악적인 환경에서 이런 다양한 얘기들을 전달하고 또 이후, 여러 담론마저 생산하는 노래가 히트한다는 것은 어쩌면 아직까지 우리에겐 꽤 요원한 얘기가 아니겠냐고.

우리나라에서도 꽤 유명한 팝송 중에 「Tom's Dinner •1987」라는 곡이 있다.

그런데 사실 이 곡은 작곡자가 최초 앨범에 실은 원곡보다 공교롭게도 다른 버전이 세계적으로 훨씬 더 큰 인기를 얻었다. 바로 「DNA•1988-1998」라는 영국 음악 프로듀서팀이 추후 리믹스를 한 버전이 소위 말해 대박을 터트린 것이다. 아마 국내에서도 이 버전을 통해 이 노래를 알게 된 경우들이 훨씬 더 많으리라.

그런데 원래 이 곡은 '수잔 베가Suzanne Nadine Vega •1959' 라는 미국 여성 뮤지션이 쓴 곡이다. 참고로 그저 딱 한 번만 봐도 인텔리한 느낌을 확 하고 풍기는 그녀는 원래 포크Folk 사운드 기반의 곡들을 주로 작곡한다. 그리고 그녀에게 있어 사실상 최고의 히트곡은 이 곡이 아닌 바로 「Luka•1987(앞서 언급한 「Tom's Dinner」와 더불어 그녀의 2집 앨범 「Solitude Standing•1987」에 함께 수록됨.)」라는 곡이다. 참고로 이 곡은 발표 당시 빌보드 차트 3위까지 올라 그녀의 곡 중 가장 높은 차트 기록을 갖고 있기도 하다.

그리고 사실 이 「Luka」 역시 찬찬히 살펴보면 이 곡 안에도 또 다른 세계 하나가 숨겨져 있다. 부모님에게 매일 맞고 학대당하는 가여운 한 아이가 숨죽인 채 살고 있는 것이다. 하지만 안타깝게도 이 아이는 옆집 이웃에게 시끄러운 소리가 나도 그저 모르는 척해달라고 넌지시 부탁한다. 아마도 자기 탓인 것 같다면서.

이와 비슷한 사례로 미국 얼터너티브 록 밴드 '소울 어사일럼Soul Asylum • 1981-'이 1993년에 발표한 「Runaway Train(그들의 6집 「Grave Dancers Union • 1992」에 수록됨.)」이라는 곡도 있다. 사실 이 노래는 아직도 납치, 실종되어 집에 돌아오지 못하는 아이들에 대한 노래다. 그래서 이 곡의 뮤직비디오를 보면 이 아이들의 흔들리는 웃음들이 그대로 각인된 채 남아 있다.

라쿠코의 세계에 포함되는 것과 아닌 것

도쿄 키타구 아카바네.

오늘 '고로(마츠시게 유타카ᵐᵃˡˢᵘˢʰⁱᵍᵉ ゆたか•1963- 분)' 상의 하루 치 목표 업무는 1건의 미팅과 1건의 주문품 전달이다.

그런데 사실 그는 이미 범상치 않은 미망인 차림의 고객과의 첫 미팅을 잘 마무리했다. 마치 의뢰인의 외모만큼이나 흔치 않은 서양 '악마상'을 찾아달라는 의뢰를 잘 접수한 것이다. 다음으로 이번엔 주문품을 전해주러 갈 차례. 흠. 그런데 '고로' 상, 이 고객에게는 무거운 졸업앨범들을 대신 날라줘야 하는 약간의 무례한 처사를 당하고 만다. 그렇지만 최종적으론 기분 좋게 주문 물건을 전달하면서 역시나 두 번째 미션도 순조롭게 마무리!

이제 그럼 '고로' 상 드디어 혼자만의 만찬을 즐기러 갈

차례이다. 물론 이것은 미리 예정된 일은 아니었다. 그는 예의 그 유명한 '띵 · 띵 · 띵' 소리에 본능적으로 반응할 뿐이다. 그리고 이 소리는 그의 위 속 허기가 힘차게 전진하고 있음을 시청자에게 꽤 경쾌하게 알려준다.

원래 '고로' 상은 머릿속에 떠올린 가게가 있었으나 식당을 찾는 와중 이내 결정을 바꾼다. 결국 그렇게 그가 자리 잡은 가게는 〈카와에이川栄 · 1946-〉라는 장어요리 전문점. 그리고 그는 이곳에서 '호로'라고 전에 언뜻 들어본 적 있는 새의 모둠 요리와 꼬치구이 두 개, 여기에 더해 '장어 오믈렛'까지 주문한다. 심지어 이후 호로 수프까지 추가 주문한 '고로' 상. 세상에나, 역시 대식가다. 그리고 그렇게 천천히 음식을 기다리려는 찰나 그는 그제야 여유가 생겼는지 잠시 옆자리를 돌아본다. 그러고 보니 그곳엔 자신만큼이나 나이 지긋한 한 초로의 남자가 앉아 장어구이에 니혼슈를 홀로 자작하며 먹고 있다.

당시는 아무리 어림잡아도 보통 그 나이대 남자라면 대부분, 가족들 뒷바라지라는 의무에 떠밀려 직장에서 한창 땀 흘리고 있을 시간. 그러니까 해가 아직은 중천에 떠있는 한여름의 평일 낮인 것이다. 그러니 '고로' 상, 그런 시간에 벌여져 있는 풍경치고는 그것이 참 생경해 보였나 보다. 그

특유의 말투로 이런 내면의 대사를 내뱉는 걸 보니.

"낮부터 술, 장어라니. 라쿠코의 세계다!"

(라쿠코らくご: 아주 우스운 내용으로 듣는 사람들을 재미있게 만드는 일본 특유의 독특하고 전통적인 이야기 예술.)

나에겐 정식적인 직장을 가지지 않고(혹은 못하고) 명목상 프리랜서라는 타이틀을 단 채 일을 하던 기간이 꽤 있었다. 집에서 디자인 작업을 하거나 혹은 몇몇 회사와 계약을 맺고 출퇴근을 하며 밥벌이를 했던 것이다. 그래서 이 기간에는 항상 고정으로 나가는 토요일뿐만 아니라 금요일 밤에도 버스킹을 꽤 나갔더랬다. 그리고 버스킹에 나가기 전 항상 난 이것도 일종의 '밥심'으로 하는 거라며 밥을 든든하게 먹고 나가곤 했다. 그것도 상당히 고칼로리로. 그래서 이런 버스킹 날이면 난 하루에 단 한 끼만을 먹는 경우도 심심치 않게 있었더랬다.

그리고 이 대목에서 다소 부끄러운 얘기일 수 있는 걸 알고 진실 한 가지를 밝혀보련다. 이럴 때마다 난 꽤 자주 가볍게 맥주를 곁들여 마시곤 했다. 물론 버스킹을 나가 주사를 흩뿌릴 정도로 마신 것은 절대 아니다. 그야말로 기분이 살짝 좋아질 정도로만 마셨다. 그래서 나가서 한 곡 정도를 불렀을 즈음엔 이미 취기가 다 휘발되어 날아갈 정도로. 그리고 이렇게 먹고 마시는 동안 내가 가장 즐겨 보았던 콘텐츠가 바로 글 서두에서 그 내용을 일부 언급한「고독한 미식가」였다. 물론 아직까지도 난 이 드라마를 매우 애정하며 시청하고 있다.

그런데 요즘 나뿐만이 아닌 한국 전체에서도 남자 홀로 밥과 우롱차를 주문해 먹고 마시는 내용의 이「고독한 미식가孤独のグルメ▪2012-」의 인기가 꽤 높다. 심지어 초로의 독신남이 주인공인 이 소박한 드라마의 인기가 되레 방송을 만들어낸 본토보다 이곳에서 더 높다고 한다. 이는 어떤 일본 기자가 국내의 한 주요 주간지에 쓴 기사를 참고한 '팩트'이다. 결국 그러고 보니 이런 해외에서의 열띤 반응이 아마도 이 단순한 드라마가 시즌 10(2022년 기준)까지 제작되는 데에 큰 기폭제가 된 건 아닐까 싶기도 하다.

일본은 초고속 성장 이후 이것이 일종의 버블이었다는 것을 반증이라도 하듯 '잃어버린 30년'이라 불렸던 꽤 장기간의 경제 침체기를 겪었다. 이는 세계적으로도 매우 잘 알려진 사실이다. 게다가 이 정체기의 여파는 흡사 유령처럼 아직도 일본 사회 구석구석을 맴돌고 있다. 그런데 이 기간과 이후 일본 사회가 겪어낸 여러 가지 사회, 문화적 현상들을 넌지시 살펴보자면 그냥 지나치기 힘든 부분들이 있다.

왜냐하면 그 안에 추후 한국 사회가 겪어야 할 상황들의 예고편 같은 여러 지점들이 도드라져 보여서다. 그리고 개인적으로는 그런 현상 가운데 최근에 가장 눈에 띈 게 바로 '먹방' 열풍이라고 생각했다. 왜냐하면 사실상 이 먹방은 일본에서 꽤 한참 전에 붐이 일어 아직까지도 장기간 지속되고 있는 일종의 문화 현상이기 때문이다.

사실 일본은 이미 음식 문화의 디테일이 강한 나라라고 전 세계에 정평이 나 있다. 또 그런 나라의 국민들답게 일본인들은 우리보다 훨씬 먼저 그들이 선호하는 여러 가지 문화 콘텐츠에 자국의 음식과 식문화를 다양하게 결합해 오기도 했다. 이와 관련한 만화, 영화, 문학, 드라마 등을 분에 넘치고도 다양하게 만들어온 것이다.

그런데 이런 일본에 이어 현재 한국도 마찬가지의 길을 걷고 있다. 우리 고유의 다양한 음식, 식문화와 방송 콘텐츠가 이합집산을 거듭하는 그야말로 '먹방 르네상스' 시기를 맞이한 것이다. 심지어 이제는 이 붐이 시작된 지 한참의 시간이 지났는데도 이 열기가 가라앉을 기미조차 안 보인다. 그렇기에 난 먼저는 일본이 그리고 이제 와서는 왜 우리가 이렇게 된 것인지가 꽤 궁금했다.

그러면서 나는 이렇게 해외＋국내 먹방 유행과 관련해 여러 기사 글을 찾아보던 중 우연히 '푸드 포르노Food Porno'라는 흥미로운 표현 하나를 발견했다. 그런데 사실 난 처음 이 표현을 봤을 땐 세상에서 가장 자극적인 단어 중 하나일 이 'Porno'를 '음식'이라는 단어 바로 옆에 짝지어 준 것이 어쩐지 좀 불편하게 느껴졌다. 그런데 어라? 이내 이 생각은 금세 공감이라는 전혀 다른 감정으로 바뀌고 말았다.

사실 생각해 보면 그렇다. 성행위뿐만 아니라 음식을 먹는 것은 인류가 하는 행동 중 가장 보편적인 행동 중 하나이다. 동시에 가장 개인적인 취향 및 성향을 반영할 수 있는 행동이기도 하고. 그리고 또 어떻게 보면 두 가지 행동 다, 인간의 가장 기본적이면서도 원초적인 본능을 따르는 행동들이기도 하다. 따라서 이 두 가지는 누군가의 가르침이 딱히 없어도 실행이 가능한 행위라는 말도 된다.

그런데 이 두 행위 중 이미 성행위에 카메라를 들이댔던 인류다. 너무도 은밀한 행동이기에 딱히 공론화하면 인류를 거스르는 범죄처럼 치부될 수도 있을 이 성행위에 버젓이. 그렇다면 그런 인간에게 음식을 먹고 즐기는 행위라고 공공연하게 방송을 만들지 말아야 할 이유가 어디 따로 있었겠는가. 그래서 결국 이런 생각들이 점차 먹방을 제작하고자 하는 일차적인 발단들로 진화한 건 아닐까. 하지만 난 일본과 우리나라 안에서 먹방이 발달한 방식에는 이런 보편적인 발상을 넘어 조금은 남다른 메커니즘이 숨어있지 않나라고 생각한다.

일본은 다양한 방송국과 방송 콘텐츠 범람의 시대를 맞이한 지가 이미 꽤 오래되었다. 물론 우리나라의 상황 역시 현재는 마찬가지다. 그래서 요즘엔 인터넷 선이 깔린 일반 가정에서 TV를 틀기만 해도 보통 300~500개까지 채널이 검색되는 게 보통이다. 또 그렇기에 대부분의 사람들은 어떤 시간대에 어떤 채널에서 대체, 어떤 방송들을 내보내는지에 대한 구체적인 인지 없이 거의 모든 하루하루를 지나친다.

아마도 그래서일까?

나를 포함한 대다수의 사람들이 TV 앞에서 수백 개의 채널을 돌리면서도 동시에 어느 한 곳에 안착하지 못한 파리처럼 쉴 새 없이 안구를 굴려댄다. 마치 여느 여성들이 간절기에 입을 옷이 없다며 수없이 옷장을 헤집어놓듯. 그런데 요즘 사람들은 그렇다 해서 이런 고행(?!)을 재빨리 끝낸 뒤, 특정 콘텐츠에 정착해 방청 시간을 늘리는 것 역시 잘 못하는 것 같다. 그러니까 오히려 때론 리모컨을 통한 유목질로 더 많은 시간을 허비하곤 하는 것이다.

아마 이런 현상이 생긴 데에는 여러 가지 원인이 있으리라. 하지만 단순히 생각해 봐도 알 수 있는 이유가 하나 있다. 특히나 일본이나 한국처럼 바쁘게만 돌아가는 초경쟁 사회 안에서는 더더욱. 그러니까 이 두 장소에서 그 누가 쉽사리 TV 콘텐츠를 흡사 유물 발굴해 가듯 세밀히 따져가며 골라낼 여유마저 부릴 수 있겠냐 싶은 것이다. 나는 아마도 이것이 일본과 한국에서 유독, 다수의 먹방들이 제작되고 있는 가장 근본적인 이유가 아닐까라고 생각한다.

사실 먹방은 항상 그것을 보는 시청자에게 출연자가 먹고 있는 음식의 맛있음을 전달한다는 취지에 제일 충실할 뿐이다. 게다가 이 먹방 안에서는 어떤 인과관계나 혹은 기승전결을 이해하라고 시청자에게 강요하는 경우가 매우 드물다. 혹은 누군가에겐 일상을 사는 가장 큰 보람 중의 하나일 팬심을 가져보라고 주입하는 일 또한 없고.

「고독한 미식가」로 이 글을 열었던 만큼 이 드라마를 통해 위 주장에 좀 더 설득을 보태본다. 사실 「고독한 미식가」는 회당 방송 시간이 항상 35분 정도이다. 게다가 주인공 '고로'가 다양하게 겪는 에피소드를 살펴봐도 그 안에 복잡한 서사 따윈 없다. 마치, 이 캐릭터 자체가 얽히고설키는 사회적인 관계망이 싫어서 프리랜서의 삶을 선택했다는 걸 증명이라도 하듯.

게다가 각 회의 본격적인 먹방 전 혹은 1, 2차 먹방 사이에 공존하는 에피소드를 살펴봐도 눈에 띄는 특이점이 하나 있다. 여기에 등장하는 무척 다양한 인물들이 그 이전과 이후에도 이 '고로' 상과 다시 엮이는 일이 결코 없다는 점이다. 한마디로 그들 모두는 아주 깔끔하게 그 에피소드 안에서만 주인공과 인연을 맺고 끊는다.

물론 이완 달리 드라마상에서 꽤 자주 언급되는 '타키야마(무라타 타케히로 むらた たけひろ•1960- 분)' 같은 캐릭터도 있긴 하다. 하지만 주인공의 절친인 그는 사실 거의 이름만 언급되는 경우가 대부분이다. 이 외에도 동일한 엑스트라 연기자들이 다른 역할로 재등장하는 경우들도 한번 살펴봐야지 싶은데 사실 그들 역시도 마찬가지다. 이들 또한 드라마상에서 '고로' 상과 직접적으로 대화를 나누거나 혹은 일적인 인연을 맺는 경우는 절대 없기 때문이다.

따라서 결론적으로 봤을 때 이 '고로'라는 인물은 공동화된 자의식 같은 것에 결코 얽매이지 않는 사람처럼 보인다. 다시 말해 그는 직장 사람들과 직접적으로 교류하지 않는 순간에도, 대기모드를 켜놓아야 할 것 같은 괴로움에서 꽤 자유로워 보이는 사람인 것이다. 사실 이런 부분은 일본인과 한국인의 일적 인간관계 사이에서 가장 끔찍한 단면 중 하나로 지적되는 측면이 아니던가.

물론 드라마 안에서 그 역시도 업무가 가져다주는 피로를 느낀다든가 혹은 진상 고객들 때문에 눈치를 보는 순간들이 꽤 자주 그려지기도 한다. 하지만 이런 상황들은 그야말로 잠시뿐이다. 되레 이런 상황을 유머러스하게 다뤄서 보고 있자면 피식피식 웃음이 새어 나올 정도다. 게다가 이것이 당회 드라마의 흐름을 흔들어놓는 수준으로까지는 결코 발전되지 않는다. 심지어 이런 업무로 인해 발생한 스트레스조차 '고로' 상은 무언가를 먹음으로써 바로바로 치유해 버리니까.

따라서 나는 이렇게 느슨한 마음으로 이 드라마를 감상할 수 있기에 「고독한 미식가」가 한국에서도 남다른 인기를 얻었다고 생각한다. 등장인물 간의 격한 갈등 혹은 들쑥날쑥한 스토리의 서사를 꼭 따라가야 한다는 의무감 없이 그저 보기에 편하니까. 게다가 이 드라마는 음식을 맛있게 먹는 장면들을 통해 보는 이에게 큰 대리만족마저 선사해 준다.

결국 위 얘기를 모두 종합해 보면「고독한 미식가」안에선 주인공이 음식을 맛있게 먹는 행위 자체를 잘 보여주기 위해, 드라마 시스템 전체가 봉사하고 있다고 말할 수도 있으리라. 그러므로 시청자는 현재까지 나온 총 10개의 시즌 중 그 어느 한 에피소드를 택해 보더라도 딱히 그전에 마음의 준비를 할 필요가 전혀 없다.

게다가 개인적으로는 드라마「고독한 미식가」에는 꼽을 만한 장점이 하나 더 있다고 생각한다. 그것은 바로 음악이다. 이 드라마를 보다 보면 천천히 음식을 음미하거나 나른한 분위기가 연출될 때는 블루스, 재즈 스케일 기반의 가벼운 연주들이 흘러나온다. 반대로 빠르고도 격렬하게 식사를 마무리하는 장면에선 리듬 빠른 록 스타일의 연주가 나오고. 그리고 때때로 주인공이 이국적인 음식을 먹을 때면 재밌게도 그 음식이 태어난 나라의 민속 악기로 연주한 음악이 배경에 깔리기도 한다(예를 들어 주인공이 한국식 야키니쿠를 먹을 때면 배경에 사물놀이 음악이 흐르는 식이다.).

따라서 결국 이런 적절한 여러 배경음악들이 드라마의 강약과 템포 조절에 크게 기여한다. 내용상 다소 심심할 수 있는 드라마에 음악이 마치 톡 쏘는 고추냉이 같은 역할을 하는 것이다. 따라서 결론적으로 난 이렇게 잘 만들어진 배경 음악 또한, 시청자들이 별 편견 없이 이 드라마에 빠져드는 데에 큰 일조를 했다고 생각한다.

사실 나는 국내에서 「고독한 미식가」가 거의 알려지지도 않았던 시즌 1 현지 방영 때부터 보자마자 바로 팬이 되고 말았다. 그런데 앞서 말했듯 나와 비슷한 사람들이 꽤 많았었나 보다. 이후 드라마의 제작이 무려 시즌 10까지 연장된 데다 심지어 언젠가부턴 국내 TV에서도 일본과 동시간대에 본 방송을 볼 수 있게까지 된 걸 보니.

그래서 난 최근 주변 지인들을 만나게 되면 종종 이 「고독한 미식가」를 보는 이유에 관해 물은 적이 있다. 그런데 흥미롭게도 그럴 때마다 대부분의 사람들은 아주 비슷한 대답들을 돌려줬다. 그러니까 "그냥 본다."라는 즉, 별다른 이유가 없다는 대답이 주류였던 것이다. 그런데 만약 반대로 남이 나에게 이런 질문을 했다면? 나는 아마도 아니, 확실히 "위안을 줘서."라며 다소 색다른 대답을 꺼내놨을 테다.

우리나라에는 탱자탱자 놀던 농부가 나중에 결국 소가 돼버린다는 무시무시한 전래동화가 있다. 그런데 가까운 일본은 물론 서양에도 비슷한 내용의 우화들이 있다고 알고 있다. 흥미로운 현상인데 이를 보면 애초에 이런 동화들은 학습효과를 노리고 쓰인 게 아닐까 싶다. 그러니까 게으름으로 인생을 때운 사람이 나중에 받게 될 대가라는 게, 생각보다 꽤 무시무시할 수 있음을 이런 우회적인 방법을 통해 아이들에게 가르치는 것이다.

나 또한 어렸을 때 이런 동화들을 읽으며 커왔다. 또 어찌 보면 이 동화가 주는 교훈이라는 것이 기실 우리 사회 안에서는 거의 고정관념에 가깝기도 할 것이다. 그런데 이런 분위기 속에서 함께 자라온 여러분들에게 방금처럼 내가, 「고독한 미식가」에 나오는 낮술 등을 즐기는 캐릭터들에게서 위안을 받았다고 말하면 과연 어떤 기분이 드시는가. 다시 말해 대부분의 사람들이 영위하고 있는 생활에서 한 발짝 정도 떨어진 채, 여유를 부리는 캐릭터들의 모습에서 위로받았다는 나의 고백이 방금 여러분께 어떻게 다가갔을지가 난 꽤 궁금하다.

다만 안타깝게도 나는 여러분의 대답을 직접 들을 수가 없다. 하지만 그럼에도 대략 어떻게 반응들을 할지가 예상된다. 아마도 많은 이들이 이런 발언은 그저 자기합리화를 위안이라는 이름으로 포장한 것이라고 말하지 않을까 싶다.

일견 맞는 말이다.

왜냐하면 내가 앞서 말한 여러 캐릭터들의 모습들 속에

서 위안을 발견하고 있을 당시 나 역시도 흡사, 이들처럼 평일 대낮에 시원한 술 한잔을 들이켜며 현실을 외면하고 있을 때가 많았기 때문이다. 그것도 수많은 타인들이 스트레스를 받아가며 각종 일터에서 한창 땀 흘리고 있을 바로 그 시간에. 하지만 이제 와서 혹여 내가 이런 선택들로 시간을 흘려보냈던 그때의 나로 다시 되돌아갈 수가 있다면? 그럼 그제야 난, 그 시간을 훨씬 더 발전적이고도 건설적으로 보내게 될까? 아니다. 그렇진 못할 것 같다는 확신에 가까운 기시감이 든다.

그리고 이런 강력한 마취제와도 같은 합리화를 스스로에게 연신 걸어가며 「고독한 미식가」를 시청하는 것이 설사 100% 부당하다 하더라도 해보지 않은 사람은 아마 모를 것이다.

대낮에 은밀한 공간에서 시원한 차림으로 맥주를 마시며 '먹방' 드라마를 보는 느낌이 얼마나 큰 자유감을 선사하는지. 그런데 어쩌면 이는 버스킹이라는 비일상적인 행위에 시동을 거는 행동치곤 이것도 그것 못지않게 비일상적이었기 때문에 더 그런 기분을 선사하지 않았나 싶다. 그러면서 일종의 완벽한 수미상관을 이룬 것이다.

이 장의 도입부에서 난 '고로' 상이 옆자리의 남자가 낮술에 장어 먹는 모습을 보며 라쿠코를 떠올린 상황을 글로 옮겨봤다. 그런데 여러분의 눈에도 내가 버스킹 날 벌인 이런 소소한 먹자판과 놀자판 또한 꽤 비슷해 보이지 않는가. 그러니 이때의 내 모습을 만약 '고로' 상이 볼 수 있었다면 그는 또 한번 날 바라보며 틀림없이 라쿠코를 연상했겠지 싶다.

나는 어릴 때 유독 밤새우는 것을 좋아했다.

사실 평일과 주말을 가리지 않고 그랬던 듯하다. 그런데 어느 순간 사회인이 되면서부터 내겐 밤을 새우는 것 자체가 꽤 요원한 일이 돼버리고 말았다. 그리고 그러다 보니 우연히 혹은 오래간만에 밤을 새운 후 여지없이 떠오르는 아침 해를 다시 조우하게 되면 나는 늘 이런 생각을 했더랬다.

"지금 내가 보고 있는 이 해와 하늘은 내 인생에서 오직 딱 한 번만 볼 수 있는 것들이잖아. 그런데 대체 왜 나는 매번 꼭 똑같은 시간에 펼쳐진 하늘만을 보는 삶을 선택해야 하는 걸까? 그 누가 시킨 것도 아닌데."라고.

그리고 이렇게 꼭 밤을 새워야만 볼 수 있는 풍경과 문득 재회하게 되면 어쩌면 이것이 '라쿠코'적인 삶이 아닐까 하는 느낌이 진하게 든다. 좀 더 구체적으로 말해 밤새 여흥을 잔뜩 즐긴 후, 하늘을 산호색으로 서서히 물들이며 느긋

하게 떠오르는 늦여름 해를 다시 만났을 때 특히 그렇다. 혹은 금요일에 아주 가벼운 낮술 이후 적당히 기분 좋게 버스킹을 시작했을 때도 마찬가지였고. 그리고 그럴 때면 비록 이 '라쿠코'의 결말이 설사 안 좋은 패만을 거머쥔 남자의 인생으로 끝난다고 하더라도 "뭐 어때?" 하는 생각이 내게 들기도 한다. 그리고 어느새 난 남에게도 그 세계로 안내하는 손을 슬며시 내밀고만 싶어진다.

아마도 이런 경험들이 내게 여럿 있어서일까?

「고독한 미식가」라는 타이틀을 보고 있으면 내겐 흡사 이것이 '라쿠코'의 세계로 통하는 문처럼 느껴지는 것만 같다. 그리고 아마도 그래서 난, 여전히 이 드라마를 애정하는 것일지도 모르겠다.

자신의 선택이 때로는 '시'가 될 때

"시간은 모든 일이 한 번에 일어나지 말라고 존재하는 것이
고… 그리고 공간은 모든 일이 당신한테만 일어나지 말라고
존재하는 것이다."

— 수전 손택Susan Sontag • 1933-2004

사람은 인생의 갈림길 앞에 서게 됐을 때 결국 선택을 통해 인생의 발자취라는 것을 만든다. 또 그런 흔적들을 통해 나의 인생이라는 조각을 인간의 감각으로 아주 길게 늘어져 있는 시간과 공간 그 사이, 어딘가에 새길 수도 있게 된다. 그리고 그러한 조각들의 부분 부분을 기억하는 것으로 난, 내 인생을 남의 것과 구분할 수 있는 것이라고 믿는다.

그리고 바로 여기에 사람들이 치매 걸린 사람들을 보고 안타까워하는 이유가 숨어 있는 게 아닐까 싶다. 당사자만 모를 뿐, 그를 둘러싼 모든 이는 한 사람의 인생 발자국들이 점차 지워지고 있음을 실시간으로 지켜보게 되니 그것이 무척이나 안타까운 것이다. 게다가 이내 자신도 저렇게 될 수 있다는 불안감도 이런 안타까움에 한몫을 할 테다.

그런데 만약 이와는 반대로 자신은 절대 그렇지 않으리라고 한번 가정을 해보자. 그러니까 본인은 나이가 들어서도 자신의 과거와 회포를 풀 기회 자체가 박탈되는 불운을 운 좋게 피할 수 있었다고 치잔 얘기다. 그런데 설사 그렇다 하더라도 우리 인간들은 젊었을 때 해온 여러 선택의 결과로 노년에 일종의, 성적표를 받게 된다는 것을 모두가 아주 잘 알고 있다.

게다가 그 성적표에는 자신 인생의 무게감이나 성공 여부 역시 아주 적나라하게 적혀있을 것이다. 그러므로 그 누군가는 그때 가서 과거의 자신을 처절하게 후회할 수도 있으리라. 그리고 아마도 그래서일 것이다. 우리 서로서로가 눈앞에 산더미처럼 쌓여 있는 바로 그 '선택'이라는 것을 잘 해내기 위해 때론 많은 고민과 시간들을 투자하는 이유가.

물론, 인간이란 실상 대부분이 실제 벌어지지도 않을 일로 고민하느라 많은 시간을 허비하는 존재라고는 하지만.

그러나 그런 신중한 고민 끝에 끌어낸 선택이라는 것이 언제나 늘 어렵게 길어 올린 신선한 우물물 같지는 않다. 이 말은 이렇게 선택을 한다 한들 이것이 모두에게 늘 이로운 결과만을 가져다주지는 않는다는 뜻이다. 또 선택을 내리는 당사자조차 몇 번의 쓴 경험만으로도 결국 모든 선택이 금과 같을 수 없음을 금방 깨닫게 되기도 한다. 사정이 이러하기에 우리는 꽤 자주 바로 이, '선택'이라는 버튼을 누를 때 대뜸 기대감부터 앞세우진 않는다. 왜냐하면 선택에는 이처럼 늘 도박과 같은 측면이 있기 때문이다.

또 이렇게 절반의 실패 확률을 감내할 수 있다는 일종의 마음 방어 자세가 갖춰져 있을 때 뒷감당도 쉽다. 설사 선택의 결과가 입에 쩍쩍 들러붙는 실패의 쓴맛만을 선사하더라도 후에, 이것이 이를 줄여주는 심리적 사탕 역할도 하게 되는 것이다.

사실상 인간의 삶은 꽤 광대하지만 엔트로피 역시 무척이나 높은 지대들을 아슬하게 가로지르는 여정과 비슷하다. 한마디로 예측이 꽤 불가능하다는 얘기다. 그렇기에 선택에 대한 부담은 항상 우리를 줄줄 따라다닐 수밖에 없다. 그런데 이번엔 이런 범주의 고민에서 살짝 벗어나 반대편을 한

번 바라보자. 그러니까 만약 자신이 선택하지도 않았고 혹은 선택조차 고려해 보지도 않았던 어떤 일 때문에 큰 문제가 발생했다면, 우린 대체 이럴 때 어떻게 해야만 하는 걸까? 심지어 보증을 잘못 선 이에게처럼 만약 이런 일이 이미 손쓸 새도 없이 커져 결과의 뒷감당만을 나에게 요구해 오기 시작했다면?

'이창동•1954-'감독의 영화 「밀양•2007」과 「시•2010」에는 공통점이 있다. 일단 두 영화 모두에는 자신이 선택하지도 않았던 고통스럽고도 거대한 위기 한가운데로 덩그러니 내던져진 두 여인이 등장한다. 흡사 내가 앞서 예로 들었던 상황처럼 말이다. 그리고 이 두 영화는 그것에 대처하기 위해 뒤늦게나마 그녀들이 흔들리며 택했던 일련의 선택들을 세밀하게 따라간다. 그러면서 결국 이 영화들은 우리 모두에게도 큰 질문들을 던진다.

그럼 두 영화의 내용을 간략하게 살펴본다. 일단 영화 「밀양」의 주인공 '이신애(전도연•1973- 분)'는 젊은 나이에 갑작스럽게 남편을 잃었다. 그 뒤 그녀는 어린 아들과 함께 그의 고향인 '밀양'에 내려와 새로운 삶을 시작하려 한다. 그런데 혹시 악운의 신이라도 있어서 실수로 자신이 가진 모든 악운의 병을 모두 다 그녀에게 쏟아버리기라도 한 걸까?

이후 그녀에겐 아들 납치와 살해라는 거대한 비극이 또다시 닥치게 된다.

그리고 '이신애'는 이런 참극들을 연달아 겪은 이후 결국 동네 주민의 권유를 통해 신, 즉 예수님이라는 존재에 귀의하게 된다. 그런데 이 대목에서 그녀가 과연 신을 선택하게 된 주된 동기가 무얼지에 대해 진지하게 한번 생각을 해본다. 그리고 그러고 나면 꽤 흥미로운 지점에 다다르게 된다.

남편과 아들의 죽음은 설사 자신이 선택한 일의 결과로 벌어졌다 하더라도 감당하기가 매우 힘들었을 일들이다. 그래서 이후 그녀에게는 이 비극들을 감당하게 도와줄 다소 특별한 이유와 어떤 당위들이 필요하지 않았을까. 그래야 그나마 남은 생을 살아갈 수가 있을 테니. 따라서 그녀는 결국 차라리 절대자의 선택으로 이러한 일련의 비극이 모두 벌어지게 됐다고 치부하려 한 듯 보인다.

하지만 그녀의 잔인한 운명은 여기서가 끝이 아니었다. 이후 그녀는 살인자로부터 본인이 주님에게 용서받았다는 참회와 구원의 고백을 듣게 되는 것이다. 기실 이 고백은 달리 해석하면 아들을 잔혹하게 죽인 범죄자가 그 어미를 앞에 두고, "당신과 나는 사실 같은 부모를 둔 형제자매로서 결국 난 그 아버지께 용서받았다."라는 선언과 다름없었다.

그런데 당시는 '이신애' 자신이 주님의 선택받은 자식이 됐다고 믿은 지 채 얼마 안 된 시기였다. 게다가 그녀는 사실 이날 이 가해자를 용서하기 위한 마음을 단단히 먹은 채 그 앞에 선 것이었다. 그런데 그 상황에서 막상 그녀는 앞선 가해자의 고백을 듣고 나니 자신이 이것 하나만큼은 절대 양보할 수 없음을 그제야 깨닫는다. 그 어떤 존재도 자신보다 먼저 그를 용서할 순 없음을. 설사 그게 제아무리 위대한 신이라고 하더라도. 따라서 그녀는 순간, 거대한 혼란에 빠질 수밖에 없게 된다.

이후 영화는 그녀가 내린 뜻밖의 선택들을 따라간다. 마치 '이신애의 인생'이라는 자동차가 더는 운전자의 의지대로 컨트롤되지 않을 거라고 그녀 자신이 확신했다는 듯. 또 설사 진로를 선택해 봤자 이제 그녀의 핸들링 따위는 아랑곳하지 않고 폭주하는 일밖에 안 남았다는 듯. 아마도 '이신애'는 가해자의 어이없는 고백을 듣는 순간 자신이 이미 운명의 종착역에 다다랐다는 느낌을 받은 것 같다. 이와 거의 동시에 그 종착역엔 그녀가 믿어보려던 신조차 존재하지 않을 것이라는 종말론적인 느낌까지 뒤따른 듯하고. 그럼으로 결국 그녀에게 이런 선택 불능의 상태를 가져온 게 아닐까?

그렇다면 영화 「시」의 여주인공 '양미자(윤정희[*]1944- 분)'

의 인생은 과연 어땠을까?

그녀는 딸이 배 아파 탄생시킨 어느덧 수염이 거뭇해진 손자와 함께 단둘이 산다. 그러면서 동시에 소박하고도 진솔하게 노년의 삶을 걸어가고 있는 것이다. 그런데 그녀는 최근 들어 부쩍 문득문득, 잘 알던 단어들이 자신의 머릿속에서 점차 희미해지고 있음을 자각한다.

그러던 어느 날.

그녀에게 갑자기 외손자가 같은 학교 여중생을 성폭행하는 것에 가담했다는 소식이 전해진다. 그러면서 그녀는 흡사 이미 남이 내 옷에 엎지른 뜨거운 물처럼 뒷감당만을 요구하며 다가온 이 사태에 대해, 그녀만이 할 수 있는 어떤 선택들을 더하게 된다. 결국 앞서 언급한 「밀양」에서의 '이신애'와 그녀의 처지는 이런 부분에서 상당히 유사하다.

참고로 이 영화 안에서 '양미자'는 '시' 쓰기 강좌를 듣는 인물이다. 따라서 이것이 진행되는 교실의 풍경이 종종 영화 속에 등장한다. 더불어 강사 역할을 맡았으면서 동시에 실제 시인이기도 한 '김용택•1948-' 님의 강연 내용 또한 한 화면에 담겼다. 그런데 이 '김용택' 님이 마지막 수업을 진행할 당시 꺼낸 말 중 나에게 깊은 인상을 준 것이 하나 있다. 그건 바로 "시를 쓰는 게 어려운 게 아니라 시를 쓰겠다는 마음을 갖는 게 어려워요."라는 말이었다.

　사실 이 말에 빗대보면 영화 「시」의 주인공 '양미자'는 이미 시를 쓸 충분한 능력이 있어 보인다. 왜냐하면 그녀는 여태껏 소녀 같은 감수성을 바탕으로 마음가짐을 어여쁘게 매만져 오며 늙어왔기 때문이다.

　하지만 그럼에도 난 그녀가 정작 '시를 읽고 쓰는 것'을 배운 자만이 할 수 있는 그 특별한 '무언가'로 지레 상정한 채 접근했기에 되레 그러지 못한 게 아닌가 싶었다. 달리 말해 그녀는 시에 이상한 방식으로 종속되어 있는 우리나라 안에서의 왜곡된 방법론 같은 것에 현혹되어 강의를 듣는 초반, 시를 잘 못 썼던 게 아닐까 싶은 것이다.

　그렇기에 그녀가 외손자의 성폭행 가담을 알게 된 이후 행동으로 보여준 여러 선택들을 따라가는 와중, 내겐 이런 생각이 들었다. 비로소 '양미자'라는 인물이 시에 대한 모든 고정관념을 훌훌 털고 자유로워졌다고. 동시에 그녀가 남의 아픔을 마치 자신의 아픔처럼 사무쳐 할 수 있는 시인의 마음을 결국 가지게 됐다고도 느꼈다. 그래서 이후 그녀는 이 마음들을 바탕으로 피해자 여중생의 아프고도 가여운 무덤 앞에 직접 '시' 한 편을 쓴다. 심지어 여기에 그녀는 자신의 육신으로 또 한 편의 큰 '추모 시'를 덧붙이기까지 한다.

자, 그럼 이즈음에서 앞서 살펴본 두 영화 속 주인공들의 선택을 각각 정리해 봐야 할 것 같다. 우선 한 사람은 자신이 선택하지도 않았던 거대한 사건을 마주하기 위해 절대자에게 귀의하는 방식을 택했다. 반면에 또 다른 이는 끝끝내 자신이 그것에 대한 대가와 책임을 모두 끌어안는 희생의 방식으로 대처했고. 그렇다면 과연 여러분은 이 두 여인의 선택 중 어떤 것에 좀 더 마음이 쓰이시는가?

이 책에 제일 첫 장을 쓸 때 난, 꽤 간절한 마음으로 버스킹을 시작했다는 나만의 은밀한 사정을 이미 여러분께 고백한 바 있다. 사실 누가 보기에 따라선 이 행위는 아주 자유로운 선택의 바다에서나 건져냈을 법한 행위처럼 보임에도 불구하고 실제 내 처지는 그랬던 것이다.

하지만 이 글을 보고 있는 대부분의 독자도 만약 성인의 입장에서 삶을 영위하고 있다면 이미 잘 아시리라. 삶이란 어떤 대상에 대해 본인이 간절하다고 해서 이를 쉽사리 허락하지만은 않는 꽤 짓궂은 성질을 가지고 있다는 것을. 혹은 이 간절함을 자양분 삼아 모든 선택을 진실하게 내린다 해도 역시나 삶은, 이것에 흔쾌히 호응을 해주는 후함 또한 잘 보여주지 않는다.

그런데 노지에서 노래한다는 꽤 남루한 선택을 한 나에게 버스킹을 하는 동안의 세상은 달랐다. 그 특수한 세상 속, 길거리 관객들은 민망해하기는커녕 소박한 미소와 진솔한 손길로 그들 마음을 내게 표출시켰던 것이다. 그것도 여기에 관심과 호응까지 보태 한두 번도 아니고 수천, 수만 번씩이나. 결국 그러다 보니 세상에 1도 감사할 줄 모르며 살던 내가 언젠가부터 그들에게 굉장히 감사한 마음을 가지게 되었다. 또 이 마음은 내가 현재까지 버스킹을 지속하는 데 있어 가장 큰 이유이자 원동력이 돼주고 있기도 하다.

사실상 '버스킹'은 이렇게 내가 한 수많은 선택 중 이것이 꽤 괜찮은 한 가지였음을 증명하는 일들을 나에게 여럿 불러왔다. 그야말로 내게 '○'가 훨씬 많이 쳐진 답안지를 되돌려 받는 듯한 느낌을 자주 선사해 준 것이다. 또 그렇기에 그 선택 안에 투입되는 노력, 가치 등도 내가 조절 가능한 범위 안에서 조정할 수 있다는 고양감 역시 뒤따라올 수 있었다.

하지만 여태껏 나 또한 인생의 경로가 갈라지는 몇몇 분기점에서 처절하게 넘어지는 경험을 꽤 여러 번 했다. 그렇기에 이러한 버스킹에 딸려 나온 '운'도 언젠가는 언제 나랑 그렇게 친밀했냐는 듯 다 떨어져 나갈지도 모르겠다. 그러면 혹시 다 쓴 각휴지의 바닥을 연신 긁듯 결국 그 운을 내내 찾아 헤매는 시간이 내게 다가오는 건 아닐까. 사실 이런 상상이 들면 난 꽤 두렵기까지 하다. 그런데도 훗날 만약 기어코 그런 시간이 정말로 내게 닥쳐오게 된다면? 그럼 아마 그때부터 난 계속해서 손쉽게 남을 비난하며 그저 부정의 연대기만을 쓰게 되는 건 아닐지….

나는 솔직히 모든 인간이 고귀한 영혼을 가졌다고는 절대 생각하지 않는다.

그리고 만약 내가 신이 될 수 있다면 나는 내게 이런 일상이 눈앞에 펼쳐지리라 예상한다. 거대한 신의 제단에 앉아 그야말로 수백억 개씩 내려지는 인간들의 선택을 직접 살펴보며 하루하루를 보내게 되리라고. 그런데 만약 그것을 그 개개인이 쓴 문장의 형태로 받아 보게 된다면 어떨까. 그럼 그중 누군가는 분명 '매우 지저분한 욕설'과도 같은 선택을 연이어 벌이고 있을 것이다. 마치 어떤 연예인 '인스타그램'에 달린 단지, 끔찍하다는 단어로도 그 의미 한정이 불가능한 악성 댓글과도 비슷하게. 그리고 이와 동시에 또 다른 누군가는 남에게 향기가 되고 또 세상에 소금이 되는 선택들을 반복해서 내리고 있으리라. 앞서 언급한 '악성 댓글'들과는 정반대로 마치 '시'와 같은 선택들을 반복해서 내리고 있는 것이다.

내가 알기로 뛰어난 시인들은 아름다운 한 문장을 기어코 완성해 내고자 평소 무척 치열한 고민들을 한다. 그러다가 찰나의 순간 속에서도 소박하지만 동시에 불멸에 가까운 진심이 포착되면 이를 순식간에 글로 옮겨내는 것이다. 그런데 시인이 이토록 어렵게 한 줄의 시를 써 내려간 것과 매우 유사하게 오직, 이런 선택만을 켜켜이 쌓아온 사람에게 만약 훗날 거대한 불행이 닥쳐온다면. 그것도 앞서 예로 들었던 영화 속 여주인공들의 사례처럼 본인이 선택하지도 않았던 어떤 뜻밖의 일 때문에….

그렇다면 '그' 혹은 '그녀'는 이렇게 잔인한 운명 앞에서도 끝끝내 우아함과 진심만을 무장하여 대처하지 않을까? 그러니까 이런 절박한 상황 속에서도 그들로부터는 쉽게 동요되지 않을 '시'적인 반응과 태도가 자연스레 표출되지 않을까 싶은 것이다. 마치 천천히 우려낸 재스민 차 안에서 마른 재스민 꽃과 향이 서서히 피어남과 동시에 차 위로 떠오르듯.

앞서 난 영화 「시」의 '양미자'가 '시의 작법'이라는 방법론에 갇혀 되레 시를 쓰지 못했던 것 아니냐는 나만의 추론을 밝힌 바 있다. 그녀에겐 원래 시를 잘 쓸 수 있을 정도의 아름다운 마음씨가 충분히 갖춰져 있었음에도 불구하고. 그러나 그런 그녀에게 갑자기 손자가 저지른 악행의 뒷감당과 후처리라는 불행한 사태들이 파도처럼 몰려오고 만다. 그러자 당시 과연 그녀는 어떻게 처신했던가? 결국 그녀는 그 모든 것을 본인의 책임으로 돌리겠다는 듯, 마치 선택의 총합으로써 큰 시를 쓰듯 자신의 인생을 마감했다.

예술 작품이 아름답고 고유한 울림을 가지려면 꼭 필요한 것이 있다. 그건 바로 작가가 스스로 영혼을 갈아 각인시킨 듯한 그것만의 개성과 독특함이다. 또한 그전에 가능한 작가가 그저 훗날 작품을 제작하기 위한 것만을 염두에 둔 채 어떤, 고의적 선행 행동들을 하지 않는 것이 중요하다고 본다.

그보다는 흡사 한 줄의 시를 어렵게 써나가듯 본인이 진솔하게 해낸 선택이라는 점을 먼저 세상에 여럿 흩뿌려야 하는 것이다. 그 뒤 그 점의 흔적들을 나중에 작가가 선택한 고유의 도구들로 다시 한번 이어가야만 한다. 고되지만 오직 순수한 마음만을 가진 채. 그리고 그럴 수 있을 때 나는 그것이 결국 그 작가만의 고유하고도 아름다운 예술 작품들로 재탄생하는 것이라고 본다.

한데 이런 자세가 과연 창작을 업으로 해서 타인에게 영감을 주는 예술가들에게만 오로지 필요한 자질일까?

어쩌면 사실 우리 모두에겐 예술가 못지않게 각자 스스로의 인생이라는 '예술'을 최대한 아름답게? 아니. 그것은 너무 과한 듯하고 '나답게' 완성할 의무가 있는 것은 아닐까?

또 그 모든 선택을 할 때 그것이 남의 영혼을 짓밟는 방식이면 결코 안 될 것이다. 나에게 최대한 집중하면서도 남에게 해를 끼치지 않는 배려가 가장 밑바탕이 돼야 하지 않을까 싶은 것이다. 그리고 그래야 그 선택이라는 것이 결정체처럼 빛나게 쌓여 결국 그 사람의 인생을 가치 있게 맺음지어주는 것은 아닐지.

그런데 이 선택이라는 문의 문고리는 꽤 짓궂게도 언제 어디서나 나를 따라다닌다. 아니 나뿐만이 아니다. 평소 잘 인식을 못 해서 그렇지 알고 보면 우리 모두에겐 각자 자기 몫으로 할당된 본인만의 고유한 문고리가 반드시 하나씩은 있으리라. 게다가 이 문고리는 그 어느 누가 기피하려 해봐야 절대 떨쳐낼 수 없는 그야말로 불가피한 존재이기까지 하다. 그야말로 늘 우리 뒤를 쫄쫄 따라다니는 것이다.

그래서 지금 이 순간, 내가 글을 쓰던 이 노트북을 덮고 길을 나설 때도 이 문고리는 몇 초가 안 돼 바로 내 눈 안에 들어온다. 혹은 버스킹을 하기 위해 매번 조금씩은 다른 방식과 마음가짐으로 나의 장소에 안착하는 순간에도 역시나 마찬가지고. 한마디로 그 어느 때고 이 문고리는 나를 향해 그 존재감을 슬며시 그러나 또, 선연히 드러내는 것이다.

그렇다면,

과연 난 앞으로 이 선택이라는 '문' 혹은 '문장'들을 어떻게 나만의 방식으로 열거나 써나가야만 할까.

예술가 아니, 우리 모두의 소명 의식

"나는 영화를 원한다. 하지만 영화는 나를 원하는가?"

— 테오 앙겔로풀로스Theo Angelopoulos • 1935-2012

아시아 지역에선 다른 지역에 비해 직업에 대한 소명 의식을 꽤 중요하게 여기는 분위기가 있다.

그런데 현재로선 저 말을 과거형으로 써야만 온당한 게 아닐까 싶다. 왜냐하면 지금은 세상의 변화를 지시하는 시곗바늘이 과거 그 어느 때보다 엄청나게 빨리 회전하고 있어서다. 게다가 어느 정도 식견이 있는 여느 외국인에게 전 세계를 통틀어 그 바늘이 가장 빨리 회전하는 곳을 한번 꼽아보라고 한다면? 아마도 한국은 즉시 언급될 만한 몇 안 되는 나라 중 하나이기도 할 테다. 그래서 결국 우리나라 안에서만 보더라도, 직업적으로 한 우물만 팠다가는 나중에 손가락 빨기 딱 좋다는 말들이 자주 나오는 세상이 됐기에 앞서서 꺼낸 말을 더욱 확언할 수가 없을 듯하다.

아무튼, 이 책을 통해 지속적으로 밝히고 있지만 나는 그 누구보다 예술가들을 무척이나 사랑한다. 또 그래서 난 그들이 앞서 남긴 여러 자취들 속에서 특히 내가 훗날 디디면 참 좋겠다 싶은 이른바, 다음 발자국의 선취된 흔적을 찾아내려 항상 혈안인 삶을 살아오기도 했다.

아마도 그래서인가 보다. 내가 유독 그들이 글이나 말로 남긴 아포리즘들을 통해 매우 많은 자극들을 받게 되는 이유가. 그리고 그런 것들 중 특히 이 글 서두를 장식한 문장은 내가 소명 의식이라는 것에 대해 생각할 때면 언제나 가장 먼저 떠올리게 되는 아포리즘이다.

흔히들 직업에는 귀천이 없다고들 한다. 물론 이 말 아래에 펼쳐져 있는―한국이라는―세상 속 현실은 그 사정이 정반대이지만 말이다. 마치 거울에 비친 이미지처럼. 하지만 난 아직도 이 말이 요즘 세상에서도 여전히 의미를 가질 수 있다고 생각한다. 왜냐하면 이 말이 현실화될 여지의 문이 아직도 우리를 향해 어느 정돈 열려있다고 생각하기에. 좀 더 구체적으로 말해 개인적으로 난 개개인이 자신의 직업에 임할 당시, 당사자가 과연 그것에 자신의 자존감을 얼마만큼이나 섞어 넣어 농도 높게 수행하느냐 마느냐에 따라 귀천 또한 크게 달라질 수 있다고 생각한다. 비록 오늘날처럼 각박한 사회 분위기 속에서도 말이다.

그런데 이런 나의 개인적 생각이 모두의 현실이 되려면 아직까지도 우리에겐 꽤 많은 시간이 필요해 보인다. 왜냐하면 개개인이 '금과옥조'처럼 직업윤리를 가지고 살려고 노력해도, 일부 직업군을 천하게 봐왔던 사회 인식의 개선 자체가 아직은 요원한 일 같아서다. 기실, 이건 나만의 독단적 주장이 아니라는 것은 사실상 매일 국내 뉴스에서 쏟아지는 여러 관련 보도들로 아주 수월하게 증명이 된다.

경제적으로나 의식적으로나 사회가 급격히 성장했다는 얘기가 우리 주변 곳곳에서 들려옴에도 이는 대체 왜 그런 걸까. 상세한 이유까진 잘 모르겠지만 어쩌면 이는 빠른 사회 발전에 뒤따라 붙는 일종의 성장통 혹은 부작용은 아닌 걸까. 게다가 이런 사회 속에 살다 보니 이런 생각마저 든다. 도입부에 언급한 한마디가 어쩌면 그저 배부른 예술가의 멋부린 한탄은 아닐까, 라고. 왜냐. 그건 아마 저런 아포리즘 자체를 쉽사리 떠올릴 만한 환풍 잘되는 맘 한쪽의 여백 자체가 거의 없기 때문이 아닐까 싶다. 특히나 현실 속에서 그저 하나의 톱니바퀴로 잘 굴러가기 위해 때론 무심히 밥벌이를 (그것도 여러 해나) 행했던 나 같은 사람에겐 더더욱.

또한 저 아포리즘의 창작자이자 위대한 감독이라 불리는 '테오 앙겔로풀로스'의 작품을 국내 극장에서 찾아보기는 상당히 요원한 일이다. 따라서 그런 현실 아래에서 이 말을 통해 맘에 불씨는커녕 불꽃 한번 튈 일 없이 지나치는 게 오히려 꽤 자연스러운 일 같기도 하다.

그리고 말이 나온 김에 저 말을 좀 더 철저히 해부해 보면, 저런 류의 자문에 대해서 스스로가 결론을 내리는 일 자체가 무척 쉽지 않다는 점에 대해서도 한번 생각을 해봐야지 싶다. 왜냐하면 일단 내가 어떤 분야에서 소명 의식을 기꺼이 바칠 만한지 아닌지를 반사해서 보여주는 요소라는 것도 한둘이 아닐 것이기 때문이다. 실례로 인상파 화가의 경우를 생각해 보자.

이 경우라면 우선 대중·평단의 평판이나 동료들과의 교류 건전성 등을 우선 고려해야 한다. 인상파라는 상징적인 호칭이 태어난 것도 분명 다수의 당사자들끼리 공유하는 미학이나 관념이 존재했기 때문이라서 이 말은 결코 과장의 표현이 될 수 없다. 더불어 이들은 자신의 그림을 한 작품이라도 팔았을 때 거기에 매겨지는 가격 또한 반드시 고려해

봐야 할 것이다. 그리고 결국 그런 뒤에야 비로소 본인이 당대 '페인팅Painting'이라는 분야 안에서 과연 환영받고 있는지 아닌지를 가늠할 수 있는 것 아니겠는가.

그런 측면에서 '빈센트 반 고흐Vincent van Gogh•1853-1890'의 인생을 지금 다시 한번 상기해 본다. 사실상 그는 살아 있는 내내 끊임없이 내쳐짐의 역사를 쓰고 또 썼음에도 끝끝내 불굴의 의지로 붓을 놓지 않았으니 말이다. 따라서 이 경우를 살펴봐도 저 아포리즘에 대해 재고가 필요한 것이 아닌가라는 생각이 자연스레 들게 된다.

물론 누군가는 그의 정신적 착란에서 비롯된 여러 환상이 그의 작업이 지속되게 한 가장 큰 동인이라며 반론을 제기할지도 모르겠다. 그럼에도 분명한 사실 한 가지가 남는다. 그의 주변에는 당대의 미술계와 대중이 그를 원치 않는다는 증거가 꽤 흘러넘쳤고 또 결정적으로 '고흐' 역시 그 사실에 대해 잘 인지하고 있었다는 점이다.

그런데도 그는 끝끝내 자신만의 스타일로 그림 그리는 것을 결코 포기하지 않았다. 어쩌면 그래서 그가 소위 말하는 '불멸의 화가'로 여태껏 전 인류에게 사랑받고 있는 것일까? 그건 잘 모르겠다. 하지만 나름 소신 있게 말하고 싶은 부분이 있다. 그건 바로 '고흐'가 위와 같은 소명 의식이라는 '거울'에 반사된 자신의 존재 가치를 늘 재가면서까지 항상 캔버스 앞에 앉지는 않았으리라는 것이다. 그러니까 욕실에 들어가기 전 언제나 일단 체중계부터 올라가는 습관이 든 사람과는 달리 말이다.

그렇다면 이 화가와는 달리 본인의 아이가 꽤 성장할 때까지도 재능이라곤 다시 찾아올 기미가 전혀 안 보이는 한 인물의 삶은 과연 어찌 바라봐야 할까. 게다가 이 사람 역시도 본인을 둘러싼 주변의 인식과 상황이 '고흐'와 비슷하게 꽤 초라하기까지 했다. 그런데 사실 이 인물은 실존하는 사람이 아니다. 고흐가 생전에 사랑했던 '우키요에うきよえ'의 나라에서 만들어진 어느 영화 속 인물인 것이다.

내가 좋아하는 감독이니만큼 여기서 '고레에다 히로카즈'의 작품을 한번 더 소환하려 한다.

그가 감독한 「태풍이 지나가고海よりもまだ深く·2016」속 주인공 '료타(아베 히로시あべ ひろし·1964- 분)'는 한때 소소한 문학상을 수상한 나름 촉망받는 작가였다. 하지만 지금의 그는 이혼 후 아들의 양육비도 제대로 대지 못한 채, 흥신소 직원이 되어 남의 사생활을 캐며 살아간다.

한마디로 오늘날의 그는 예전에 자신이 원했던 것과는 전혀 다른 삶의 경로에 접어들어 있는 것이다. 그래서 현재 그는 어찌 보면 마치 자신의 인생 위에 얼룩처럼 찍게 된 점들을 근근이 이어 나아가는 듯한 삶을 살고 있는 것처럼도 보인다.

그의 전 부인을 포함한 친가족들조차 이제는 이런 그의 현실을 너무나도 잘 알고 있다. 따라서 이들은 그에게 이제 헛된 꿈 그만 꾸라며 다그치는 것을 말이나 행동을 통해 직간접적으로 전달한다. 하지만 그럼에도 그는 아직 그가 첫발을 들여놓아 맛보았던 프로 작가로서 살아간다는 단꿈을 여전히 내려놓지 못한 것 같다. 예컨대 '테오 앙겔로폴로스'의 아포리즘에 빗대어 얘기하면 이런 식인 것이다. 그는 넓게 보자면 '문학', 그리고 특히 그중에서도 '소설'이 여태껏 그에게 양팔을 활짝 펼친 채 돌아오길 기다리고 있다며 굳게 믿는 듯하다.

그런데 영화가 거의 끝나갈 즈음 이런 장면이 나온다.

전 부인 '쿄코(마키 요코真木ょう子・1982- 분)'가 "마음 정했으니까, 편히 갈 수 있게 해줘(그러니까 이제 날 좀 놔줘.)."라고 선언하면서 '료타'에게 알겠냐고 묻는 장면이다. 그러자 그는 "알겠어."라는 단답 이후 "이미 알고 있었어."라며 굳이 앞선 답변을 보완한다. 그런데 이런 대사를 듣고 나니 우선 느껴지는 게 있다. 그건 진즉에 그가 전 부인과 자신 사

이의 관계가 완전히 끝났음을 스스로 잘 인지하고 있었던 것 같다는 점이다. 게다가 한편으로 이 대사는 한때 작가였던 그가, 이미 소설을 잘 써낼 능력을 상실했음을 본인 자신이 잘 알고 있었다는 고백처럼 들리기도 한다.

게다가 이 장면을 보고 나면 흥미롭게도 앞서 나온 장면들 역시 좀 달리 보이게 된다. 예를 들어 현재 그가 글을 전혀 쓰지 못하고 있음에도 꾸준히 타인들에게 자신이 새 글을 준비 중이라고 어필하는 장면들이 그렇다. 그러니까 '료타'의 뒤늦은 고백을 들은 이후로는 그가 일전에 이렇게 소설가로서의 능력 상실을 인정하지 않았던 이유들이 다소 선명히 보이는 것이다. 그건 아마도 그가 자신의 입으로 이걸 인정하는 순간, 정말 자신에게 조금이나마 남아있을지 모를 글쓰기 능력마저 단숨에 폭삭 사그라져 버릴 것 같았기 때문이 아니었을까.

그리고 이렇게 그가 자신을 지속해서 속여온 결과로 튀어나온 자기부정과 가족과의 격한 갈등이 최고조에 달했을 즈음, 사실상 영화도 최고 분기점을 맞는다. 마치 그것 때문에 발생이라도 된 듯한 태풍 역시 가장 격렬해지는 것이다. 그리고 이것을 피하고자 세 명의 전前 가족 구성원들은 잠시나마 한 자리에서 억지로 재결합되기도 한다. 결국 그는 이런 상황 속에서 부족한 자신을 처음으로 인정한 것인데, 그렇게 '료타'는 영화 마지막 부분에 가서야 겨우 인생에서 한 발짝 전진한 모습을 관객에게 슬며시 보여준다.

결국 그렇게 '태풍이 지나가고'…,

그의 삶에 긴 찌꺼기처럼 보였던 질척거리는 미련 또한 태풍이 다 함께 쓸어 간 듯 보인다. 그래서 엔딩 크레디트가 올라갈 즈음 돼서는 어쩐지 '료타'가 영화가 끝난 후 세상에서 안녕히 지낼 것 같다는 안도감마저 든다. 하지만 동시에 뭔가가 불길하다. 왜냐하면 그가 가족이라는 울타리를 애초에 만들지도 않았다면 생기지도 않았을 미련의 동인인, 혈연관계를 여전히 유지하며 삶을 잇고 있을 것이기에. 따라서 그저 반전 격의 미래를 그가 영화 이후의 세계에서 맞이했으리라 예상하면 그건 역시 순진한 생각이지 싶다.

자, 지금까지 내가 '고흐'와 '료타'라는 인물을 다소 억지스럽게 한 자리에 소집했는지도 모르겠다. 하지만 적어도 이 두 인물에게 딸려 올라오는 현실적인 배경들이 꽤 유사하다는 점만큼은 여러분들 역시 인정하리라고 본다. 그러니까 두 인물 모두에겐 예술혼에 계속 고양되어 있거나 혹은 한때 고양되었던 주체로서, 자신을 세계에 끊임없이 인식시키려 했다는 공통점이 있다. 그런데 그런 이 둘에게 세상과 본인 안에 내재한 재능이 계속해서 보내오는 답장은 오직 거절과 사양뿐이었다. 따라서 이 두 사람에게는 자꾸 미끄러지는 패배의 히스토리를 갖고 있다는 공통점도 있다.

그런데 어쩐 일인지 그에 대한 각각의 대처는 정반대였다.

'고흐'는 세상 혹은 그가 원했던 분야에서 간절히 원했던 환영 대신 줄곧 건네진 거절의 패를 끝끝내 사양해 자신의 의지를 관철했다. 그리고 '료타'는 비록 영화 속 인물이긴 하지만 반대로 그것을 겸양하게 받아들여 자신의 소망을 일단락 지었고. 그런데 나는 이 두 가지의 전혀 다른 대처 방식들에서 결국 내게 쓰임이 있을 생각 덩어리 하나를 뽑아낼 수가 있었다.

그건 바로 어떤 분야 안에서 자신이 쓰임새가 있는지 아닌지를 가늠하는 데에 가장 큰 준거가 되는 바로 이, 소명의식을 인지하기 위한 필수 조건에 관한 것이었다. 그러니까 결국 그것은 애초에 당사자가 끊임없이 그 분야 안에서 열심히 쳇바퀴를 굴리고 있는 와중에나 성립되는 인식이 아니겠냐는 판단이 든 것이다.

앞서 이미 살펴봤듯 '료타'는 자신이 소설을 다시는 잘 써낼 수 없음을 그 스스로가 은연중에 의식하고 있었다. 사정이 그러함에도 그는 꽤 독특한 습관 하나를 가지고 있었다. 그러니까 타인의 삶이라는 연극 속에서 우발적으로 뱉어진 인상적인 대사들을 계속해서 포스트잇에 기록해 간직하는 것이다.

그런 모습을 보고 있자면 이런 생각이 든다.

그가 그러한 소소한 제의를 통해 자신의 죽어버린 재능을 겨우 붙들고 있는 것 같다고. 다시 말해 그는 그런 행위를 통해 그나마 본인의 글쓰기 재능이 나비처럼 훨훨 날아가는 것을 방지하려는 것이다. 하지만 이미 그것은 제의祭儀 이상의 의미가 될 수 없다. 왜냐하면 그가 진실로 소설을 향한 갈망과 재능을 스스로 부활시키는 게 가능했다면 이러고 있을 시간이 없기 때문이다. 반대로 만약 정말 그럴 수 있었다면 그는 이미 원고지가 됐든 메모장이 됐든 펼쳐서 그 대사들에 영혼과 살들을 붙여나갔었어야만 했다.

반면 '빈센트 반 고흐'는 어땠는가.

그에게도 역시 세상에 인정을 받고 싶은 '그의 열망'이라는 나침반의 '자침'과 세상이 품고 있는 '극성'이 어긋나기만 하는 경험이 빈번했다. 또 그는 그것의 여파로 그 자신 역시도 불신하게 된 경험을 지옥처럼 고백하는 편지를 써, 동생 '테오Theo van Gogh•1857-1891'에게 수십 차례 보내기도

했고. 하지만 그는 그 와중에도 한시도 붓과 팔레트를 놓지
않았다.

　사실 난 애초에 목적지를 정해두지 않고 띄운 배처럼 이
글을 쓰기 시작했다. 그런데 그렇게 글을 적다 보니 자연스
레 위의 두 인생에 빗대어 내 것들 역시 반추해 보게 됐다.
특히 내 인생에서 내가 꿈꿔왔던 어떤 영역들과 또, 그것이
결과적으로 내게 되돌려 준 반응과 대가들에 관해서.
　참고로 난 사회 초년생의 입장에서 선택했던 나만의 경
력이 시작됐던 시기를 다음과 같이 기억한다. 마치 내 스스
로가 공장에서 지금 막 출고되어 탄탄대로만을 달릴 것 같
은 '매끈한 세단'과 같다고.
　그런데 이런 믿음에 정말 어떤 주술 효과라도 있었던 걸
까?
　커리어 초반 정말 난 앞을 향해 싱싱 잘 달려나가기만
했다. 심지어 주변의 화려한 박수까지 연신 받아가면서 그
랬던 듯하다. 그런데 얼마 안 가 대체 이를 어쩐다. 순간 내
눈엔 내가 달리고 있던 길보다 훨씬 넓고 멋진 길을 질주하
는 (혹은 그런 것처럼 보이는) 여러 다른 자동차들이 들어온 것
이다. 또 지인 중에는 지금 달리고 있는 길보다 저 큰 대로

를 바로 지금! 달려보는 게 좋을 것이라며 나를 독려해 주는 이들마저 몇몇 있었다.

그래서 당시 난 잘 달리던 세단에 급브레이크를 밟았다. 그러곤 갓길에 들어서 잠시 숨까지 골랐던 나는 이후 바퀴까지 새로 갈아 끼운 뒤에야 비로소 다시 시동을 걸었다. 하지만 어라. 뭔가가 이상했다. 어느덧 내 앞에는 큰 대로가 펼쳐지긴커녕 원래 잘 달릴 수 있었던 길마저 막힌 퇴로로 변해있었던 것이다. 그래서 후진을 통한 재진입조차 아예 불가능했다.

이후 난, 이런 처절한 공백기 끝에야 겨우겨우 다시 도로에 올라설 수가 있었다. 하지만 그러고 나니 이미 내가 기대했던 커리어로서의 풍광이 꽤 시들해져 있음이 느껴졌다. 더불어 내겐 이전만큼 드라이버로서의 열정이 살아나지 않는 느낌만이 생생할 뿐이었다.

기실 이랬던 내가 감히 그 누구에게 내 개인의 소명 의식을 진지하게 논하겠는가. 그도 아니라면 이 글로 반면교사를 삼으라며 너스레를 떨겠고.

다만 여기에 이런 글을 쓰게 된 건 아마도 내가 '테오 앙겔로풀로스'의 아포리즘을 재인식해 볼 기회를 가지게 된 시기가 길거리에서 한창 버스킹을 할 때였기 때문이지 싶다. 의외로 소위 말하는 샐러리맨으로 생활을 영위할 때가 아니었던 것이다. 또 그렇게 내 인생에서 시간상 앞뒤에 놓여있었기에 더욱 대비되는 두 가지 일을 각자 전개한 후, 마침내 소명 의식을 고민했을 때 그 각각의 의미나 경계가 더 뚜렷해 보였기 때문이기도 하다. 그러니까 되레 지금 처하지 않은 입장에서 그전의 나를 돌이켜 보니 그간 간과했던 것들이 여럿 보였던 것이다.

이는 마치 주변에 있던 어떤 소중한 것이 수명을 다하고 나니 그제야 그것이 소중했음을 깨닫는 과정과 비슷하다고나 할까. 그리고 어쩌면 나는 나도 모르게 이런 생각들을 품은 채 지금까지 맹목적으로 버스킹을 해왔던 것 같다. 그런데 사실 난 '테오 앙겔로풀로스'의 아포리즘을 처음 곱씹게 된 그 초반 시기에는 대뜸 이런 생각부터 했더랬다. "나의 경우라면 이 문구에서 '영화'의 자리에 '음악'을 넣어야 하는 것이 아닐까."라고.

파렴치한 생각이 아닐 수 없었다.

하지만 금세 그 파렴치함으로 인한 나 자신의 몸서리쳐짐이 빠른 단어 교정을 스스로에게 마치, 변명처럼 요구했다. 그래서 내가 재빠르게 이어서 연상한 단어는 바로 '거리'라는 명사였다.

바로 이렇게 말이다.

"나는 거리를 원한다. 하지만 거리는 나를 원하는가?"

아마 나는 이 문장처럼 지금껏 내게 버스킹을 해오고 있는 거리의 일부가 되고 싶다는 열정이 스스로에게 갖춰져 있지 않았더라면, 결코 이 행위를 이렇게까지 오래 지속하지는 못했으리라 생각한다. 그리고 '테오 앙겔로풀로스'의 아포리즘 자체를 눈여겨보거나 재차 곱씹는 일 자체도 없었을 것이고.

그렇지만 버스킹을 시작한 초기의 난 반대로, 대부분의 사람이 그저 스쳐 지나가는 길거리에서 공연하는 사람이라는 자의식 때문에 이런 생각을 차마 하지 못했더랬다. 또한 난 매주 많이 나가야 한두 번 공연하는 그야말로, 즉흥의 느낌이 강한 곳들로만 그간 내가 안착했던 장소들을 대하기도 했었다. 결국 이런 나였으니 이 '거리'라는 공간을 간절히 원한다는 생각이 내 뇌리에 떠오를 리 만무했다. 심지어 버스킹을 시작한 뒤 2, 3년의 세월이 흐를 때까지도.

하지만 그러면서도 좀 더 세밀하게 과거를 회상해 보면 금세 또 다른 자아가 발견된다. 그러니까 이랬던 와중에도 항상 버스킹에 도움과 보탬이 될 그 무언가를 진지하게 고민하거나 보완하며 공연을 해온 제2의 내가 보이는 것이다. 그리고 결국 이 모든 행위와 노력들은 내가 그 거리에서 내쳐지고 싶지 않다는 어떤 은밀한 열망과 긴밀히 연결돼 있었던 것만 같다.

결론적으로 이 모든 소회들을 종합해 봤을 때 참 다행이다 싶은 생각 한 가지가 결국 내 머릿속에 떠오른다.

그건 바로 내가 어떤 '거리'를 간절히 원한다는 목적을 먼저 상정하고 또 그것을 이루기 위한 방편으로 이런 노력들을 끊임없이 경주한 것이 결코 아니라는 것이다. 나는 애초부터 버스킹을 내가 그저 사랑해서 할 수밖에 없는 어떤 순수한 행위로서 항상 먼저 인식해 왔다. 그리고 그다음 수순으로 그것의 무대가 되는 바로 이, 거리에서 잘 받아들여질 수 있는 여러 방법들을 자연스레 고민했을 뿐이다. 그런데 그러다 보니 그 이후, "내가 또다시 버스킹을 나갈 그 '거리'가 이번 주에도 날 열렬히 환영해 주겠지."라는 느낌이 자연스럽게 나를 따라왔다.

물론 이는 결과론적인 얘기일 수 있다. 게다가 이것이 누군가에겐 정말 별거 아닌 얘기처럼 들릴지도 모르겠다.

하지만 못 느껴본 사람은 절대 모르리라.

어떤 특정한 거리가 나에게만 특별한 의미가 되는 기분이 과연 어떠한지. 그러니까 내가 좋아하는 그 거리와 그곳을 오고 가는 이들이 오직 나에게만 미소 짓는 기분이 대체 어떠한지 말이다.

너와 나 사이의 상대성 이론

최근 우연히 영화 「콘택트Contact • 1997」를 TV에서 다시 보게 됐다.

다만 작정하고 본 것은 아니었다. 그저 어느 날 난 '굿럭!'이라는 주문을 리모컨에 걸어 행운의 버튼 놀음을 하던 중 이 영화를 우연히 다시 만나게 됐을 뿐이다. 그런데 당시 영화는 이미 후반부에 들어서 있었다. 따라서 어쩔 수 없이 난 영화의 일부분만을 재감상할 수밖에 없었다. 그리고 그런 조각 시청 경험은 끈질긴 케이블 TV의 재방송 정책에 힘입어 그다음 날까지도 이어졌다.

그런데 내가 다시 보기 시작한 지점은 공교롭게도 청문회 장면에서부터였다. 참고로 이는 주인공 '엘리 애로웨이(조디 포스터Jodie Foster • 1962- 분)'가 외계 미지의 존재로부터 전수받은 설계 기술로 제작된, '구형 회전체 기계'를 통과한 이후의 상황이다. 사실 그녀는 당시 이 경험을 통해 시공간을 뛰어넘는 체험을 한 뒤 본인이 원래 있던 자리로 되돌아온 상태였다. 하지만 지구인들을 상대로 그녀가 겪은 이 경험을 설명하는 것이 거의 불가능에 가까워 마침내 이 청문회는 불통의 현장이 되고 만다.

여기서 재밌는 점은 내가 최초 감상 후 기억하고 있던 영화의 전개와 다시 보고 있는 장면들의 전개가 꽤 달라 보였다는 것이다. 그래서 난 내 기억을 신뢰하지 못하겠다는 잡념들을 떠올리며 이 영화의 조각난 재감상을 마쳤다. 그런데 나의 이런 상황은 어쩌면 영화 속 '엘리' 박사의 경험을 모두 표면적으로(만) 지켜본 지구인들이 이후, 그녀의 기억과 경험에 대한 증언을 쉽사리 신뢰하지 못하는 상황과 매우 비슷한 듯했다.

만약 할리우드에서 '과학'이라는 주제에 가장 천착하는 감독을 한번 꼽아보라 하면 여러분은 과연 누가 가장 먼저 연상이 되시는가. 내 머릿속에 가장 먼저 떠오르는 감독은 바로 이 영화 「콘택트」를 감독한 '로버트 저메키스Robert Zemeckis•1952-'이다.

특히 그는 단지 과학적인 주제, 소재들을 잘 선별해 영화를 만든다는 목적에만 충실한 감독이 아니었다. 그 외에도 그는 여태껏 '신新 과학기술' 즉, 새로운 테크놀로지를 적극적으로 도입해 영화를 제작하는 것에도 남다른 의욕을 보여왔다.

그의 필모그래피를 살펴보면 앞선 내 발언들이 실로 과장이 아니라는 게 바로 드러난다. 우선 그것의 가장 대표적인 예로 「빽 투 더 퓨쳐Back To The Future Part I, II, III•1985-1990」 시리즈를 들 수 있다. 이 영화는 이미 많이들 아시다시피 과학에 별 관심 없는 이도 혹할 만한 '시간여행과 타임머신'이라는 과학적 주제를 변주해 만들어졌다. 다만 동시에 안타깝게도 이 영화 안에는 많은 과학적 오류들이 함께 담겨있기도 하다. 하지만 그가 감독으로서 이 영화를 통해 아주 큰 발판을 마련했다는 점은 일단 기억할 만하지 싶다.

그리고 그가 감독으로서 뉴 테크놀로지를 잘 활용한 가장 뛰어난 사례로는 「폴라 익스프레스The Polar Express•2004」를 드는 게 제일 좋겠지 싶다. 왜냐하면 이 작품은 이른바 '퍼포먼스 캡처' 기법을 전 세계 최초이자 전반적으로 활용해 만든 장편 애니메이션 영화이기 때문이다. 이는 실제 배우들의 몸에 수많은 센서를 부착해 실사 같은 컴퓨터 그래픽 이미지를 추출해 내는 기법을 말한다. 물론 이 기법 이전에도 이것의 시초 격이라 할 수 있는 '모션 캡처' 기법이 이미 여러 영화에 쓰이고 있긴 했다. 하지만 '퍼포먼스 캡처'는 이보다 훨씬 섬세한 캡처가 가능한 보다 진일보한 기술이다.

그리고 '로버트 저메키스'가 이 기법을 잘 활용해 만든 이 영화가 흥행에 성공하자 이후, 이 획기적인 기법은 할리우드에서 가장 흔히 쓰이는 제작 기법의 하나가 된다. 그런 면에서 볼 때 당시 감독의 선각자적 판단이 대단했다 할 만하다.

그런데 이런 그의 필모그래피 중 그나마 비과학적인 오류나 비약을 최소화했다는 호평을 듣는 영화는 없는 걸까. 있다. 그것이 바로 이 「콘택트」인 것이다. 그 실례로 이 영화는 단지 일반 관객들 혹은 평론가들뿐만 아니라 현실 세계의 과학자들로부터도 꽤 많은 호평을 이끌어냈다. 물론 이렇게 오류를 최소화할 수 있었던 데에는 다 이유가 있다. 그건 바로 이 영화가 '칼 세이건Carl Sagan • 1934-1996'의 원작 소설을 기반으로 제작됐기 때문이다.

사실 '칼 세이건'은 본업 자체가 과학자인 인물이다. 또 그는 『코스모스Cosmos • 1980』와 같은 우아하고도 친절한 과학 교양서를 쓴 인물로도 매우 유명하다. 참고로 이 책은 미지의 우주에 대해서 대중들이 궁금증을 느꼈을 때, 그것을 다 방면으로 해소해 줄 좋은 문이 돼줄 만한 책이다.

그리고 이렇게 실제 과학자가 쓴 원작을 바탕으로 영화화됐기 때문일까? 이 영화는 우주적 혹은 과학적 시각에 대해 열린 마음을 가지고 봐야 그 진정성을 제대로 느낄 수 있겠다는 생각이 든다. 예를 들어 우리 대부분이 절대적이라고 믿고 있는 '공간'과 '시간'의 개념이 단지 우리 인간만의 창작물일 수 있다는 것. 혹은 이 두 가지는 드넓고도 드넓은 이 우주 안에서 단지 지구와 같은 몇몇 협소하고도 한정적 구역 안에서만 적용 가능한, 특수한 개념일 수 있다는 것에 대해서 특히 그렇다.

그런데 이러한 사정과는 별개로 과학적인 영화와 이론에 대해 딱히 관심과 선호가 없는 사람이라 하더라도 대부분이 들어봤을 어떤 이론 하나가 있다. 그건 바로 과학자 '아인슈타인Albert Einstein•1879-1955'이 전무후무한 과학자로 자리매김하는 데 가장 중요한 역할을 한 '상대성 이론'이다. 하지만 그럼에도 주변에서 이 상대성 이론 자체를 꽤 이해하는 사람을 찾기는 그리 쉬운 일이 아니다. 심지어 내가 주변에서 과학을 전공한 뒤, 이를 바탕으로 밥벌이를 하는 사람들을 만났을 때도 사정은 별다르지 않았다.

하지만 이러한 현실에도 불구하고 역으로 왜 이 이론을 '상대성 이론'이라 일컫는지, 그 이유를 희미하게나마 인지하고 있는 사람들은 꽤 많으리라 생각한다. 그리고 바로 그 이유는 이 이론이 '시간'과 '공간'의 개념이 얼마든지 상대적인 상황에 따라 뒤틀리거나 달라질 수 있다는 생각을 기반으로 쓰였기 때문이다. 그런데 지금 이 대목에서 한번 상기해 보시라. 사실 이 두 개념은 그동안 우리 인류가 참 오랫동안, 그리고 또 매우 보편적이고도 절대적으로 '참'이라고 불러왔던 것들이다.

그리고 결론적으로 봤을 때 '상대성 이론'이 우리에게 무척 어렵게 느껴지는 이유는 아마 이런 게 아닐까. 우리가 이렇게나 보편적으로 일컬어 온 '참'의 개념을 한참 넘어선 상상력을 발휘할 때나 그나마, 그 실체를 이해하는 데 한 걸음 다가설 수가 있어서라고.

그런데 이 어렵고도 어려운 '상대성 이론' 중에서 그나마 이해하기 쉬운 한 대목이 있다. 그건 바로 인간이 만약 빛의 속도로 우주를 여행할 수 있다면 이 여행자와 지구에 머무르고 있는 사람들 사이에 흐르는 시간이 달라진다는 것이다. 보다 구체적으로 말해 이 여행자가 우주에서 보낸 시간보다 훨씬 많은 시간이 지구에 흘러있을 것이라고 한다.

그런데 영화 「콘택트」에서는 일이 반대로 진행된다. (하지만 이는 '상대성 이론'을 기준으로 봤을 때 잘못된 설정이라고 한다.) 예컨대 영화 속에서 주인공 '엘리' 박사는 외계 미지의 존재가 설계한 기계 속을 통과해 18시간의 시공간 여행을 하고 제자리로 귀환한다. 그러나 지구상에서의 관찰로는 그녀가 되돌아왔을 당시, 시간이 불과 몇 초밖에 지나지 않아 있었다. 따라서 지구인들은 그녀가 아무것도 경험하지 못했을 것이라는 확정적 결론을 내리게 된다.

하지만 '엘리' 박사는 이동한 그 세계 속에서 정신적으로나 물리적으로 분명히 18시간을 보냈다. 또 자신의 감각과 기억이 이를 명백하게 증명하고 있기도 하다. 그래서 '엘리' 박사는 전 세계인을 상대로 이 경험을 잘 설명해 보려 하지만 그녀는 일단 이 '시간'의 격차를 설득해 내는 단계에서부터 이미 너무도 큰 벽에 부딪히고 만다. 왜냐하면 시간은 우리들에게 있어 아주아주 강력한 고정관념이기 때문이다.

그런데 이것이 과연 꼭 빛의 속도로 여행할 수 있었던 어떤 축복받은 한 사람과 나머지 지구인들 사이에서나 발생할 수 있는 특수한 갈등에 불과한 걸까?

앞서 난 이 영화를 재감상할 때 최초 내가 감상에서 각인시킨 이 영화 안의 풍경, 서사들과 상당히 달라 보여 꽤 당황했었다고 이미 밝혔었다. 그런데 이런 경험을 하고 나니 흥미롭게도 내게 이런 상념들이 떠오른다. 하나의 개인이 반복해 겪은 경험에 대한 인식조차 이토록 큰 오류의 가능성을 내포하고 있구나라고. 하물며 각자가 다른 몸으로 체험한 경험을 통해 이미 크게 벌어져 있는 인식의 계곡을 한순간에 건너뛰기는 더더욱 쉬울 리가 없을 것이다. 게다가 그 인식들을 흡사 물물 교환하듯 추후 타인과 주고받을 때면 오류의 잔재가 묻어 있을 가능성 역시, 꽤 크다고 보는 편이 되레 더 자연스러운 일은 아닐까 싶기도 하고.

그리고 때론 내가 특정 경험에 대해 18시간의 체감을 얘기하고 있는데 이를 듣고 있던 상대방이 순간, 자신만의 절대적인 시간개념을 내세워 "너는 그저 18초밖에 보낸 것 같지 않아!"라고 반응해 올 때가 있다. 실제로 위에 한 예상들을 내가 현실로도 체험하게 되는 것이다. 그러면 안타깝게도 나는 그 사람과 대화를 지속하기가 어려워진다. 하지만 아쉽게도 이런 일은 생각보다 일상에서 자주 반복된다. 흡사 밤늦게 어렵사리 벗겨내도 다음 날 아침이면 어김없이 다시 얼굴 위로 걸쳐야만 하는 무거운 안경처럼.

‘아인슈타인’이 남긴 아포리즘 중 가장 인상 깊어 계속 기억하고 있는 문장 하나가 있다.

Science without religion is lame,
종교 없는 과학은 절름발이이고,
religion without science is blind
과학 없는 종교는 맹신이다.

사실상 그가 유례없는 과학자로 자리매김할 수 있었던 건 바로 그가 이런 생각들을 품고 있었기 때문이 아닐까. 그보다도 훨씬 못한 과학자들과는 달리 말이다. 그러니까 그는 이성이 주관하는 여러 영역 중, 꽤 상위에 위치한다는 과학과 그 외의 영역들을 끊임없이 이분화한 뒤 배척하는 우를 범하지 않았다. 심지어 그는 반대였다. 자신이 발견한 이론의 당위를 반추할 수 있는 도구로써 인류가 그동안 쌓아온 문화나 종교 등을 아주 적극적으로 활용한 것이다. 한마디로 그는 오만과는 거리가 먼 과학자였다.

그렇기에 난 이런 그가 만든 ‘상대성 이론’을 보면서 이런 생각 또한 같이 길어 올리게 된다. 같은 시공간을 공유한 인간끼리도 이렇게 같이 올라선 발판 위에서 동일한 현상

내지는 사건을 '상대적'으로 다르게 체험하는구나라고.

그런데 이렇게 같은 걸 보고서도 각자 다른 가치판단을 길어 올리고 또 다른 꿈을 꾸는 인간에게 그동안 대체 어떤 구원의 여지가 있었던 걸까? 서로 시공간에 대한 인식 차이로 이토록 부지불식간에 불신과 갈등이 자라나기가 쉬운데도 이상하게. 달리 말해 그럼에도 어떻게 우리는 여태껏 공멸에 이르는 길을 이토록 잘 피해 올 수가 있었을까? (물론 무조건 잘 피해 왔다고 말하기엔 종종, 무척 큰 위기들이 발발해 왔지만.)

음, 내 생각엔 그건 아마도 '문화와 예술', 특히 그중에서도 '음악'이 우리 인류에게 있었기 때문이 아닐까 싶다. 잘 아시다시피 음악은 사람 간에 차이 극복을 위해 동원해야 하는 그 어떤 수단보다도 빠르게, 서로 공감대를 형성하게 하는 힘을 가지고 있기 때문이다.

보다 구체적으로 말해 음악은 나이의 많고 적음을 넘어 혹은 인종이나 성별 차이를 쉽게 넘어서서 힘을 발휘한다. 여기서 좀 더 세부적으로 나아가 종교의 차이나 거주지의 경위도가 달라서 생기는 차이를 넘고 극복하는 데에도 그렇고.

생각해 보라.

과거의 전설적인 클래식 작곡가들이 신과 소통하기 위해 인간의 협소한 마음과 마음을 그러모아 교향곡을 작곡하는 모습을. 게다가 그것이 역으로 수많은 사람을 전율시키고 회개시키는 모습까지도.

또 비록 현실은 아니지만 영화 「미션 The Mission • 1986」 속 한 장면은 어떤가. 선교사를 악마 혹은 미지의 생명체라고 믿은 '과라니족' 원주민들이 그를 공격하려는 찰나, 그가 오보에를 꺼내 연주하자 일순간 그들이 경계심을 내려놓고 모여드는 장면을.

마지막으로 그룹 '퀸 Queen • 1970-'의 '프레디 머큐리 Freddie Mercury • 1946-1991'가 특유의 'EEEEOOOOO~' 하는 고함을 내지르는 순간도 있다. 그것도 전 세계 약 15억 명이 동시에 시청했다던 자선 콘서트 '라이브 에이드' 무대 위에서. 당시 실황 영상을 보고 있으면 이것을 따라 부르는 순간만큼은 하나가 된 여러 인종의 모습들 또한 한눈에 들어온다.

방금까지 나는 여러분께 음악의 큰 힘을 설명하기 위해 오직 세 가지의 예만을 언급해 봤다. 하지만 이것 말고도 앞서 말한 내 주장을 뒷받침할 만한 수많은 단서들이 이미 이 세상에 다수 존재한다는 것은 아마, 여러분들이 더 잘 알리라 생각한다. 그리고 미약하나마 내 개인적인 경험 중에서도 이를 증명할 만한 것이 하나 있다. 그리고 이는 이미 예상했겠지만 바로 버스킹을 통해 체험한 것들이었다.

그 경험을 여러분께 보다 두드러지게 전달하기 위해 우선 내가 겪은 개인적인 일화부터 살짝 먼저 언급을 해본다. 내가 유럽에 최소 몇 달간 머물러야겠다는 선택을 했을 때다. 그리고 그때 내가 가장 먼저 고려해야 했던 점은 아무래도 그들이 쓰는 언어와 에티켓 등을 공부해야겠다는 것이었다. 또 해본 사람은 다들 알다시피 그것은 상당 기간의 시간과 노력을 당사자에게 요구하는 것이기도 했다.

그런데 이런 내가 버스킹을 나가 노래를 부를 때는 과연 어떠했던가. 위와는 반대로 언어는 크게 문제가 되지 않았다. 심지어 그것을 받아들이는 사람의 가장 표면적인 차이라 할 수 있는 외모나 국적이 전혀 달라도 그랬다.

뿐만 아니다. 내면적인 차이라 할 수 있는 그들 개개인만의 숨겨진 사정과 개성이 다 달라도 마찬가지였다. 그러니까 내가 건넨 소통 방법이 만약 통하기만 했다면 관객들 각자가 가진 개별적인 차이가 크건 작건, 그건 별로 문제가 안 됐던 것이다. 그러면서 또 난 그들과 즉석에서 호의를 주고받게까지 된다. 그것도 5분이라는 시간이 채 안 돼서. 결국 이런 경험을 여러 차례 하고 나면 정말이지 음악은 세계 공통어라는 느낌이 실질적으로 내 몸 곳곳에 스며들게까지 된다.

절대적으로만 보였던 지구인의 '시간'과 '공간'의 개념이 한 과학자의 노력으로 우주적인 관점에서 보면 유일무이한 '참'이 아닐 수 있음이 명명백백히 밝혀졌다.

그리고 지구에 사는 우리 인류 전체는 이런 과학자들의 노력에 더해 수많은 음악가들에게도 큰 빚을 지고 있는 건 아닐까? 그러니까 우리 모두는 그들이 자신만의 빛을 음악이라는 수단을 통해 모두에게 나누려 했던 그 지난한 노력 덕을 톡톡히 보고 있는 게 아닌가 싶은 것이다. 그래서 어쩌면 우린 '상대성'을 '절대성'으로 꽤 자주 착각해서, 너무 자주 어긋나기만 하는 우리 사이의 균열을 이렇게 잘 메꾸며 살고 있는 걸지도 모르겠다.

영화는 때론 체험이 되기도 하는 것

흔히 영화 순수주의자들은 이렇게 말한다.

"영화는 자고로 스크린으로 감상하는 것"이라고. 그래서 이 의견을 좇아 내가 정말 사랑할 만한 영화를 영화관에서 처음 만나게 되면 종종 이런 느낌이 든다. 그토록 창의적으로 잘 가둬놓은 세계를 잘 밀폐된 암실에 한 번 더 둘러싸여 감상해서 그 느낌이 더욱 배가된다고.

이런 상황을 다소 축약해서 말해보면 그야말로 '박스 속에 박스' 아니면 '세계 속에 세계'를 체험했다는 약간의 비약적인 표현도 가능하지 않을까? 결국 이럴 때면 내가 영화를 보고 나오는 바로 그 순간, 단순히 내가 그 영화를 '관람'했다는 느낌만 들진 않는다. 보다 구체적으로 말해 영화가 상영됐던 그때의 영화관을 싸고도는 거리의 분위기 또 그 당시의 날씨나 공기의 냄새, 여기에 더해 나의 감성까지 훨씬 더 민감하게 느껴지는 것이다. 그래서 마치 특수한 알약을 복용한 채 영화를 본 듯한 '체험'으로까지 영화 관람 경험이 확장되는 느낌이 든다.

따라서 이번 장에선 이렇게 '체험'으로까지 결국 경험이 전이가 됐기에 끝끝내 잊을 수 없는 두 번의 영화 관람과 또 어떤 영화관들에 대해, 그리고 이 위로 역시나 내 버스킹 얘기까지 살짝 곁들여 글을 한번 써보려 한다. 하지만 그렇다 해서 내가 무슨 롤러코스터를 타거나 혹은 귀신의 집에 들어간 듯한 말초적 경험을 했다는 얘기는 아니니 그런 쪽으로 기대는 말길.

꽤 오래전 친한 친구와의 약속 때문에 오랜만에 찾게 된 대학로. 목적지는 동숭아트센터 1층에 위치한 〈하이퍼텍 나다〉라는 이름의 생소한 극장이었다. 극장에 도착하니 우선 아트센터 안에 위치한 공간답게 그곳이 그저 평범한 영화관으로는 잘 안 느껴졌다. 동시에 조용하기만 했던 그 공간을 떠도는 공기 또한 인상적이었다. 사실 여기서 큰길 하나만 건너면 그 밤이 불멸이라는 듯 환락의 밤을 보내는 청춘들이 한가득일 텐데, 그런 유흥가와는 많이 대비되는 풍경이어서 더 그랬던 듯하다.

하지만 이 영화관의 진정한 특별함은 바로 객석이 가득 찬 암실로 들어갈 때 비로소 드러나게 된다. 내부 공간에 희미하게나마 빛을 공급하는 스크린의 오른쪽 유리 벽면 너머로, 장독대가 가득 들어차 있는 한국적 마당 풍경이 펼쳐져 있던 것이다.

나는 살면서 그때까지 그리고 그 이후에도 이러한 극장을 단 한 번도 만난 적이 없다. 그래서 이 첫인상이 내게 준 신선도는 아직도 꽤 생생하다. 그런데 이것뿐이 아니라 이 영화관은 좌석들 역시 남달랐다. 유명 영화인들의 이름을 각각 다르게 붙여 각 객석의 아이덴티티를 세심하게 구분해 놨던 것이다. 게다가 이곳은 암전과 동시에 장독대가 있던 이 옆 마당을 커튼으로 가리는 것을 신호로 영사기가 돌아가는 것도 특이했다. 그리고 그렇게 비로소 상영이 시작된 영화는 바로 「디 아워스The Hours•2002」라는 '스티븐 달드리Stephen Daldry•1960-' 감독의 두 번째 장편 영화였다.

이 영화를 보며 개인적으로 가장 인상 깊었던 것이 있다. 그건 바로 너무도 섬세하고 연약하기에, 깨질 듯한 '버지니아 울프Virginia Woolf•1882-1941'의 내면이 『댈러웨이 부인Mrs Dalloway•1925』이라는 소설로 발현되어 가는 과정을 너무도 뛰어나게 묘사한 점이었다. 다시 말해 글로써만 묘목을 심어 왠지 문학이라는 과실이 열렸을 때만 맛볼 수 있을 것 같은 이 세계를 영화는 영상으로 무척이나 잘 그려냈다. 그런데 그러면 그렇지. 알고 보니 이 영화는 사실 원작 소설이 따로 있었다. 하지만 오히려 그 점을 알게 되니 되레 내겐 영상 매체로서 이 영화가 가지고 있는 뛰어남이 더욱더 부각되는 듯 느껴졌다.

게다가 이 작품에는 아주 뛰어난 점이 한 가지 더 있다. 원작 문학과 영화 공히, 그 둘 모두에 말이다. 그건 바로 이 작품의 서사 전체가 단지 '버지니아 울프'가 살던 당대에 찍힌 하나의 점처럼 묘사되지 않았다는 점이다. 원작자는 이 점 위로 '시간'이라는 물방울을 떨궈 추후 그것이 번져나갈 때, 그 번짐에 영향받는 여러 인물까지 시공간을 오가며 잘 그려냈다.

그러면서 작품이 가진 주제와 더불어 만약 한 개인이 느끼는 차원으로만 묘사했더라면 다소 얕았을 감정의 진폭을 아주 크게 확장시켜서 관객(혹은 독자)에게 전달한다. 게다가 추후 '스티븐 달드리' 감독이 이것을 영화화하면서 이 다른 시공간에 존재하는 배경, 사람들 사이로부터 우려져 나올 괴리마저 훨씬 더 예술적으로 잘 봉합해 낸 듯했다. 그것도 매우 탁월하고도 미적인 시각 언어들을 통해서.

그런데 영화를 보다 보니 흥미롭게도 내겐 영화의 서사를 만들어내는 데에 크게 이바지하지 않는 듯한 장면들이 되레 더 큰 인상을 주었다. 예를 들어 '버지니아 울프'가 자신의 조카딸과 함께 죽은 새를 앞에 두고 죽음에 관해 대화하는 장면들. 혹은 그녀와 하녀들 사이에서 유발된 감정적 갈등을 계란을 연이어 깨는 평범한 상황으로 은유한 장면들이 그랬다. 한마디로 화면 뒤로 풍부한 문학적 여백 같은 것이 느껴졌달까. 이는 단번에 눈에 들어차기에 그 단상이 잘 바뀌기가 힘든 보통의 영화 장면들과는 차원이 많이 다른 장면들이었다. 또 그렇기에 영화가 끝난 후에도 난 그 장면들 속을 다시 머릿속에서 배회하는 경험마저 하게 됐다.

『이방인L'Étranger•1942』은 프랑스 작가, '알베르 카뮈Albert Camus•1913-1960'의 대표작 중 하나이다. 그리고 또 이 작품은 그가 노벨문학상을 수상하거나 혹은 전 세계적으로 알려지는 데에도 큰 발판이 됐다. 그런데 이 작품과 관련해 인터넷 검색을 해보면 흥미로운 기사나 포스트들이 내 눈에 띈다. 어떤 글들이냐 하면 작품 속 '뫼르소'가 "모두가 태양 때문이다."라며 그가 자행한 우발적 살인에 대해 변명한 모습을 두고 일종의 범죄학적 분석을 내린 글들이다. 그러니까 이 주인공이 살인의 변명으로 댄 것이 애초, 너무도 추상적이기에 이 '뫼르소'가 기본적으로 범죄학적 이상 심리를 가진 인물이 아니겠냐고 분석하는 것이다. 이른바 사이코패스처럼.

사실 따지고 보면 분명 '뫼르소'는 일견 보통 사람의 상식으로 봤을 때 쉽게 이해가 안 되는 면모들을 몇몇 가지고 있긴 하다. 예를 들어 그는 모친 장례를 치른 지 채 얼마 되지 않아 해수욕장에 가서 여가를 만끽한다. 여기에 더해 희극 영화를 보고 웃고 즐기며 여자친구와 동침을 하기도 하고. 심지어 그는 그 무엇을 제쳐놓고 보더라도 정상적인 사회의 구성원이 될 수 없는 낙인이라 할 만한 살인까지 그의 의지를 통해 벌이고 만다. 그러니 이런 식의 분석이 나오는 것도 십분 이해할 만하다고 생각한다.

다만 나는 얼핏 보기에 비상식적으로 보이는 이런 '뫼르소'의 여러 행동들을 지켜보면서 좀 다른 생각들을 떠올려 봤다. 그러니까 어쩌면 난 '카뮈'가 인간의 정신이 '책임'이라는 것을 갑자기 방기했을 때 벌어지는 상황을 자신의 글을 통해 끝까지 밀어붙여 보려 했던 것이 아닐까 하는 생각을 해본 것이다.

이는 내게 있어 '알베르 카뮈'가 일종의 계몽적 소설을 쓰려 한 것처럼 느껴졌다는 얘기가 결코 아니다.

사실 우리 모두가 잘 알고 있듯 인간은 이성과 법이라는 잣대에 근거해서 끝 간 데 없이 어긋날 수도 있는 내면의 부도덕함을 반복해 교정한다. 그리고 이 과정을 거쳐 결국 하나의 평범한 사회 구성원으로도 자라나게 되고. 하지만 우리는 그 와중에도 또 다른 한편으론 내면 안에서 미워하는 누군가를 죽였다 살리기도 한다. 또 실제 표현하면 모두가 혐오할 욕설 등도 때론 마음속에서 서슴없이 배출하기도 하고. 다시 말해 우리 인간 모두는 이렇게 정신적으로는 끊임없이 범죄를 반복하며 살아가는 존재들이라고도 할 수 있으리라.

그렇기에 자유로운 영혼을 가진 작가라면 이런 상상도 얼마든지 가능하지 않을까? 우선 인간의 내면 중 어두운 측면에 채워진 족쇄라 할 수 있는 '책임감'을 서서히 누출되게 한다. 마치 구멍 뚫린 물병이 그러하듯 말이다. 그러다 그는 결국, 그 쫄쫄거림이 답답하다는 듯 뚜껑을 열어 확 쏟아버린다. 그리고 그럴 때 과연 이 인간이라는 존재는 어떤 행동과 변명을 하는지 보여주면 흥미롭겠다는 상상을 한 사람이 바로 난 '카뮈'였다고 생각한다. 그래서 그 뒤 난, 그가 이 생각 위로 피와 살까지 주입하고 덧붙여 결국 '뫼르소'라는 인물을 구체적으로 창조해 나간 게 아닐까 싶다.

그러니까 내 눈에는 '카뮈'가 단순히 범죄를 저지르는 어떤 인물을 넘어, 인간 정신에 한계성 따위는 없음을 증명하는 한 남자를 창조한 것으로 보이는 것이다. 그런데 그것을 그냥 설명적으로만 쓰면 전혀 독자들에게 자극이 되지 않으리라. 그러니 아마도 그는 도덕과 부도덕 사이의 경계를 순식간에 무너뜨릴 수 있는 극단성까지 '뫼르소'에게 부여해 독자들의 보다 빠른 각성을 유도한 건 아닐까?

사실 우리 모두는 사법제도라는 것을 통해 한 인간이 또 다른 인간을 심판할 수 있다는 '체계'라는 것을 만든 뒤 다들 그것의 우수성을 신뢰하며 살아간다. 하지만 신 앞에 발가벗겨진 인간 영혼의 불완전성을 이런 소설을 통해 느껴보게 되면 이후 이런 의문점이 든다. 과연 사형을 통해 '뫼르소'의 생명을 빼앗아 가는 행위는 진정, 앞서 그가 앗아 간 생명에 대한 정당하고도 합당한 보상적 귀결인가 하고.

영화 「디 아워스」에도 비슷한 인물이 나온다.

극 중 '로라 브라운(줄리언 무어 Julianne Moore • 1960- 분)'은 두 번째 자식이 태어나자마자 갑자기 남편과 이 두 아이들마저 모두 버린 채, 가족과 공유하던 뚜렷한 삶의 경계에서 사라지는 선택을 한다. 그런데도 언뜻 보면 그녀가 이런 중

대한 행동을 실행하는 데에 있어 그 어떤 뚜렷한 동기조차 없어 보인다.

영화 속에선 그런 그녀로 인해 상처받고 괴로워했을 이미 죽거나 남겨진 가족들의 잔인한 가족사가 간접적으로 그려진다. 뿐만 아니다. 그런 혈육을 사랑했기에 그것에 대한 대가를 응당 돌려받기를 원했던 사람들 역시 끊임없이 슬픔 속을 표류하는 모습 또한 함께 보여준다. (물론 이것이 오직이, 혈육 때문만은 아니리라. 애초에 그들 자체가 갈대 같고 섬세한 영혼의 소유자라서 그 혈육과 사랑에 빠졌다는 설명이 되레 더 맞을 테다.)

그러다 시간이 한참 흘러 아들이 사망하게 되자 이후 그녀는 죽은 자식의 옛 연인 집을 방문하게 된다. 그리고 그 여인 앞에서 그녀는 아들과는 달리 그 스스로가 아직 건사한 게 미안하다고 말한다.

사실 보통 사람의 관점에서 이런 '로라 브라운'의 여러 면모들을 넌지시 바라보게 되면 그녀에게 돌을 던지고 싶은 마음이 드는 것이 일견 당연하게 느껴질 정도다. 마치 '카뮈'가 창조한 '뫼르소'의 여러 비상식적인 행동들을 보고 그러하겠듯이. 게다가 그녀가 버린 가족들의 얼굴과 삶에 드리워진 어두운 음영과 운명을 생각하면 더더욱 그렇다.

하지만 조금은 감상적이면서도 결국은 무척 단호하게 그녀가 가족을 버린 연유를 설명하자 나의 생각이 다소 흔들린다. 그녀가 뒤늦게나마 관객들 앞에서 "그건 죽음이었고 난 삶을 선택했어요"라며, 가족들과 함께했던 삶이 그녀에게 있어선 너무도 끔찍한 고행이었음을 고백하는 것이다. 그리고 이 대사를 듣고 나면 그녀 역시 '뫼르소'와 비슷한 사람 같다는 생각이 절로 든다. 그러니까 그녀 또한 인간의 도덕성이라는 힘으로도 끝내 속박할 수 없던 내면의 속삭임에 끝내 저항하지 못하고 결국, 정신에 채워진 '책임'의 굴레를 내던졌다는 생각이 드는 것이다.

더불어 이런 생각 역시 든다.

혹여 그녀가 선택을 거슬러서 과거에 가족의 테두리 안에 그냥 머무르는 결정을 했었다면? 만약 그렇다 한들 그녀는 자신의 말마따나 흡사, 질식사하듯 진작에 몸과 영혼이 서서히 죽어가지 않았을까라고. 아마 그녀는 사실상 기시감에 가까운 이런 상황을 이미 수도 없이 자기 머릿속에 그려봤을 것 같다. 게다가 그녀 얼굴을 가로지른 수많은 주름들에도 한번 주목해 봐야지 싶다. 내 눈엔 흡사 이것이 마치 그녀가 그저 타의에 의해서 일궈낸 가족을 떠난 이후, 괴로워할 때마다 얼굴에 하나씩 아로새긴 '전흔戰痕'처럼 보였던 것이다(물론 엄연히 말해 이것은 탁월한 분장의 효과에 불과하겠지만.). 그래서 이 또한 그녀에 대한 나의 판단을 재고하게 만든다.

사실 이 「디 아워스」가 상영됐던 〈하이퍼텍 나다〉는 2011년에 일찍이 문을 닫았다. 게다가 이 극장이 딸려있던 동숭아트센터조차 진즉에 서울문화재단에 부지가 팔려 지금 현재 이곳은 전반적인 리모델링 공사가 완료되기까지 했다. 따라서 이곳들은 이제 나의 두 발로 다시 가려고 해야 절대 갈 수가 없는 그야말로 오직 추억 속의 장소들이 돼버리고 말았다.

그런데 지금에서야 돌이켜 보니 이 장소에서 영화를 볼 당시 나와 친구는 군 생활 언저리를 맴돌고 있었더랬다. 다시 말해 보통 남자의 인생 전체를 통틀어 봤을 때 둘 다, 다소 감수성의 결이 확실히 옅어지는 시기에 처해있던 것이다. 그럼에도 그런 둔감한 두 청춘이 이 멋진 영화관 자체에서 은은하게 풍겨 나오는 우아하고도 독특한 분위기에 취해 우연히 이 영화를 만났던 것이다. 생에 몇 번 경험하지 못할 민감하고도 또 나 또한 모든 '책임'을 내려놓고 어딘가로 도피하고만 싶을 때, 계속 찾게 되는 이 문학적인 영화를 말이다. 아마도 그래서인지 영화관이 영영 문을 닫았음에도 이 추억들만큼은 이후 내게 영원불멸처럼 남아 있는 듯하다.

　서울은 세계적으로도 손꼽히는 메가시티이다.
　따라서 다들 아시다시피 인구밀도가 매우 높고 때론 이 사실이 이곳에 거주하는 사람들을 꽤 숨 막히게도 한다. 그런데 이런 상황 속에서도 과거에 서울 구석구석을 살펴보면, 손쉽게 이곳을 탈출해 다른 장소로의 순간 이동을 도와주는 통로들이 몇 곳 존재했더랬다. 게다가 왠지 이 장소들은 어쩐지 사람들 눈에 확 띄지 않는 곳들에 위치했던 것도 같다. 그래서 지금 생각해 보면 이 장소들은 마치 『해리 포터』에서의 '9와 3/4 플랫폼'과 비슷했었구나라는 생각마저 들 정도다(물론 지금 이곳들은 아직까지도 현존하고 있다. 다만 이 장소들의 분위기나 역할 등이 꽤 변해버린 것 같아서 어쩔 수 없이 과거형 표현들을 썼다.).
　그리고 그런 대표적인 장소들로 꼽을 수 있는 곳들은 바로 KTX가 없던 시절, 완행열차를 타고 가는 MT의 출발지가 되었던 몇몇 기차역들이다. 이 중 가장 대표적으로 우선 '청량리역'을 언급할 수 있을 것 같다. 그런데 사실 이 역에선 오늘날까지도 'ITX-청춘열차'를 타고 단체 여행을 가려는 청춘들의 모습을 쉽사리 목격할 수가 있다. 물론 술과 먹거리까지 양손에 바리바리 다 싸 든 청춘들 말이다.

그다음으로 '신촌역'도 더불어 꼽을 수 있겠지 싶다. 다만 요즘에 이 역을 호칭하면 대부분의 사람들이 그저 지하철역만으로 오인하기가 십상이다. 하지만 분명한 사실은 기차 역사로서 아직도 이곳에는 여전히 기차들이 왕래하고 있다는 것이다. 또 개인적으로도 난 과거에 이 역을 통해 MT 장소에서 집으로 귀가한 적이 몇 번씩이나 있었다. 아무튼 사적으로도 이렇게 청량감 있는 추억이 왕래하는 출입구 인근에 위치하고 있어 더 좋아하게 된 극장은 바로 〈메가박스〉 신촌점이다.

그런데 각종 뉴스 보도 등을 통해 이미 다음과 같은 소식을 접한 사람들은 잘 알 것이다. 바로 이 〈메가박스〉가 들어선 역사 건물이 소유권 관련 문제로 잡음이 끊이질 않았던 곳이라는 사실을. 사실 내가 여기에 지금 막 언급하려는 영화를 감상했던 그때부터도 이미 사정은 마찬가지였다. 심지어 이 얘기는 아직까지도 현재 진행형(2022년 겨울)인데 그러고 보면 이 사태가 아주 오랫동안 지속되고 있음을 잘 알 수가 있다. 사정이 그러하기에 현재에도 역사 건물 내부는 대부분의 층이 비어있다. 다만 메가박스가 위치한 층들만 열외적으로 사람들의 온기와 활기가 도는 상황인 것이다.

그래서인지 이곳은 분명 입장할 때부터 다른 보통의 대형 멀티플렉스 극장들과는 아주 다른 느낌을 선사한다.

흡사 그 거대한 건물과 내부 환경 모두가 오직 〈메가박스〉에서 영화를 감상하기 위한 배경으로만 존재하는 느낌이라고 말하면 느낌이 올는지. 다만 이는 이 건물을 놀리는 주주들에겐 미안한 말이겠지만. 그리고 이렇게 특수한 환경 속 암실에 들어가, 내가 최초 이곳에서 감상했던 영화는 바로 「디어 한나(원제는 'Tyrannosaur • 2011'.)」라는 영국 영화였다.

앞서 쓴 글들을 유심히 봤다면 이미 나란 사람의 영화 취향에 대해 대략 눈치채신 분들이 있을 것이다. 기실 나는 기본적으로 어느 정도 결함이나 상처가 있는 인물들이 주인공을 맡은 영화를 좋아한다. 또 그들이 극 속에서 엔트로피를 증가시켜 나가는 방식과 여정을 독창적으로 따라가는 영화들이 훌륭하다고 생각하기도 하고.

그리고 그런 면에서 이 영화는 이미 주인공 '조셉(피터 뮬란 Peter Mullan • 1959- 분)'의 캐릭터부터가 나를 확 사로잡았다. 왜냐하면 그는 내가 좋아하는 타입의 등장인물로서 지닐 수 있는 결함 지수를 따져본다면 그야말로 최고치를 뚫을 만한 기세를 이미 지닌 사람이기 때문이다. 어느 정도냐 하면 그가 실제 인물로서 내 옆에 서 있다고 쳤을 때 "그를 한번 슬쩍 흘겨보는 것만으로 아마 난, 피를 보지 않았을까?"라는 예상이 들 정도이다. 그만큼 그는 과격하고도 감정 조절을 잘 못 하는 인물이다.

반면 영화 속에서 '조셉'과 거의 동등한 비중으로 등장하는 '한나(올리비아 콜맨 Olivia Colman • 1974 - 분)'는 언뜻 보면 그와 정반대의 인물처럼 보인다. 심지어 그녀는 '조셉'이 선뜻 드러내길 거부하는 아픔 혹은, 여기서 더 나아가 그의 절친의 영혼까지 어루만져 주는 따뜻한 인물이기도 하다. 하지만 이렇게 대비되어 보이는 두 인물 중 정작 에너지와 실천력으로 똘똘 뭉쳐 뭔가를 먼저 실행하는 이는 '한나'이다. 자신이 받은 상처의 대가를 가해자에게 아주 톡톡히 되갚아 주는 것이다. 그리고 이 일이 있고 난 뒤 머지않아 '조셉' 역시 비슷한 선택을 한다.

그런데 그러면서 이 두 주인공이 추후 주고받는 편지 속, '조셉'이 쓴 한 구절이 내겐 꽤 흥미롭게 다가왔다. 거기에는 "남들은 아무도 그렇게 하지 않고 다들 생각만을 하지. 하지만 나는 그렇게 했어. 그게 나와 당신이 이 세상 나머지 사람들과 다른 점이야."라고 적혀있다. 아마도 이 구절이 내게 꽤 인상적으로 다가왔던 건 또 한번 『이방인』 속 '뫼르소'가 생각났기 때문이지 싶다. 그러니까 이 편지글을 계기로 이들 역시 내 눈엔, '뫼르소'가 사는 세계와 공통점을 공유하는 평행 우주 속 거주자로 보이기 시작한 것이다.

다만 서로 간에는 큰 차이점이 한 가지 있다.

우선 '뫼르소'는 자신의 정신에서 '책임'을 제거한 채 어떤 심각한 행동을 벌인 대가로 타의에 의해 자신의 육체로써 책임을 져야 했다. 다시 말해 그는 정신만으로는 도저히 죗값을 치를 수가 없었던 것이다. 또 무엇보다 그에겐 그걸 치르려는 의지 자체가 전혀 없기도 했다. 그래서 결국 그는 사형이라는, 어쩌면 인간에게 가할 수 있는 물리적 처벌 중 가장 치명적인 형벌만을 수동적으로 받아들여야 했다. 반면 「디어 한나」의 인물들은 다르다. 그들은 중요하게 '책임'질 일 앞에선 겸허하고도 적극적으로 끝내 자발적 책임을 지는 것이다. 둘 다 본인이 벌인 악행 뒤로 가끔 숨는 모습을 보임에도 불구하고. 따라서 이 점이 결국 이 둘을 '뫼르소'와 다른 인물로 보이게 하는 가장 큰 차이점이 아닐까 싶다.

사실 나는 굉장히 외로운 기분에 빠져있을 때 이 영화를 본 기억이 있다.

지금은 고인이 된 배우 '로빈 윌리엄스Robin Williams • 1951 – 2014'는 생전에 이렇게 말한 적이 있다. "나는 여태껏 삶에서 최악은 철저하게 혼자가 되는 것이라 생각했다. 그런데 아니었다. 삶에 있어 가장 최악은 결국 당신을 철저하게 외롭게 만드는 사람과 남겨지는 것이다. I used to think the worst thing in life was to end up all alone. It's not. The worst thing in life is ending up with people who make you feel all alone."라고. 그런데 그 당시 나 역시도 이 문장 속 상황과 꽤 비슷한 처지였던 것 같다. 새로 직장을 얻어 원하던 독립까지 했는데도 그랬던 것이다. 다시 말해 난 그렇게 새롭게 만난 새로운 사람들과 이른바 새 삶을 축복할 만했음에도 그들 사이에서 큰 외로움만을 느끼고 있었다.

아마도 그런 나의 기분 때문이었을까.

「디어 한나」를 본 그날은 신촌 전체가 안개에 갇혀 고요했는데 웬일인지 그 연무가 자꾸 앞날을 내다보려는 내 시야 자체를 더 뿌옇게 만드는 것만 같았다. 다만 어쩌면 일요일 밤이어서 이런 느낌이 더 진하게 느껴졌을 수도 있으리라. 왜냐하면 도시는 보통 이 시간대에 가장 숨을 죽이고 또착 가라앉기까지 하는 법이니까.

게다가 이런 총체적인 기분의 합은 마치 내게 영화를 보고 나와 집으로 걸어오는 길 전부를 일순간 어두컴컴한 터널처럼 느끼게도 했다. 그래서 난 '과연 이 길이 내가 위안을 느끼고 또 소속감을 부여하는 내 집으로 향하는 길이 맞는 걸까?'라는 의혹을 느끼며 계속 그 길을 걸을 수밖에 없었다.

버스킹을 하다 보면 많은 관객들이 보통 한 곡 이상을 듣지 않는다. 금세 발걸음을 돌리거나 가던 길을 재촉하는 것이다. 사실 버스킹 초기에 난 이런 사실이 많이 당황스러웠더랬다. 하지만 버스킹의 경험이 점점 쌓이다 보니 어느덧 사람들이 자리를 뜨는 것에는 여러 가지 이유가 있을 수 있겠다는 판단이 들었다. 그리고 무엇보다 내겐 그 가벼운 발걸음에 추를 다는 재주가 별로 없기도 하다.

사정이 이러하니 과연 난, 나의 버스킹에서 내가 부른 곡에 대한 '감상'을 넘어 '체험'의 경험까지 한 관객들이 대체 얼마나 될지 자신하기가 힘들다. 하지만 그런데도 나는 여태껏 분명 이런 관객들이 버스킹 중 몇몇이나 있었다고 확신할 수가 있다. 도대체 그것을 어떻게 아느냐고? 그건 때론 누군가가 내가 부른 노래를 일종의 '체험'으로 받아들였음을 단순히 물리적인 표상이 아닌 감정의 산물을 표출해서 증명해 준 적들이 종종 있었기 때문이다.

그리고 그런 표상 중 가장 강력한 증거가 바로 '눈물'이다. 그런데 이를 생산해 내는 감정에 따라 그 성분과 맛이 조금씩 달라진다는 이 희귀한 감정 표현의 산물을 누군가 내 눈앞에서 처음 드러낸 순간, 나는 적잖이 당황하고 말았다. 그랬던 건 아마도 여태껏 단 한 번도 만난 적 없던 생판 모르는 타인이, 내 눈앞에서 격한 감정 표현을 드러냈다는 사실 자체가 새삼스러웠기 때문이리라. 하지만 여기엔 사실 더 근본적인 이유가 있다. 기본적으로 나란 사람 자체가 그간 나의 버스킹이 '감상'을 넘어 '체험'의 경험까지도 사람들에게 선사할 수 있음을 믿지 않고 노래를 불러왔던 것이다. 그러니까 관객의 첫 눈물을 보게 된 바로 그 순간까지도.

하지만 이런 순간은 내가 버스킹을 시작한 지 채 1년이 안 돼 나에게 다가왔다. 그리고 그 이후로도 난 종종 울고 있는 사람을 관객으로 만나게 된다. 그런데 딱히 그 간격에 어떤 패턴이 있는 것은 아니다. 다만 나 또한 어떤 영화나 특정 영상 콘텐츠를 보다가 내 눈이 퉁퉁 부을 정도로 우는 일이 또 한번 생기는 간격 정도로 그런 듯하다. 이는 달리 설명해 이런 순간이 그리 흔히 발생하지는 않는다는 뜻이다.

그런데 내가 이런 관객을 만났다고 해서 이후 나의 버스킹이 다소 달라지게 됐다고 말하면 그것은 허풍이 될 것이다. 그러니까 이런 일이 내게 있어 그 혹은 그녀에게 잊지 못할 진공 상태를 만들어냈다며, 자화자찬을 할 만한 일은 결코 아니라는 뜻이다. 또 이런 일이 있었다 해서 그 뒤로 내가 버스킹을 펼칠 때의 자세를 좀 더 성실하게 교정하게 됐다고 말하면 이는 실로 거짓말이 된다는 뜻이기도 하다.

게다가 그 누가 눈물을 흘렸든 당시 그 장본인이 가지고 있던 이유는 별처럼 그 경우의 수가 많으리라. 마치 내 노래 한 곡만을 듣고 자리를 떴던 관객들이 가지고 있었을 수많은 사정들의 수만큼이나. 따라서 어쩌면 내가 그들의 억눌렸던 슬픔이 밖으로 새어 나올 수 있도록 그저, 슬쩍 버튼을 누르는 역할만을 한 것일 가능성도 크다.

다만 눈물이라는 것이 결국 내 버스킹이 상대방에게 '체험'이 돼버린 순간을 증명하는 그 어떤 것이라고 구태여 내가 주장할 수 있다면….

그것은 노래가 끝나는 바로 그 순간, 눈물을 흘리는 당사자와 나 사이에 광대한 어떤 영역이 순식간에 열렸다 닫혔다는 특별한 느낌을 서로가 공유할 수 있었기 때문일 것이다.

절대 눈 돌리지 마

이탈리아의 베네치아.

그리고 이 베네치아에서 가장 유명한 관광 코스 중 하나일 산마르코 광장과 그 광장 동쪽 끝부분에 위치한 산마르코 성당.

그런데 바로 이 산마르코 성당 정중앙 아치형 입구 위에 서 있는 네 마리의 청동 말은 최초 고대 그리스 시대에 만들어진 것이다. 반대로 말하면 이 말의 원산지가 베네치아는 절대 아니라는 뜻이다. 사실 이 말들은 동로마 제국의 황제 '콘스탄티누스Constantine the Great • 272-337'가 이를 원산지 그리스에서 가져다가 콘스탄티노플의 전차 경기장 〈히포드롬〉을 장식하는 데 썼던 것들이다. 그리고 바로 이 지점에서부터 이 말들의 파란만장한 이력이 전개되기 시작한다.

우선 이 사건 이후의 최초 변환점은 1204년에 발생한다.

그러니까 베네치아의 '도제Doge', 즉 원수인 '엔리코 단돌로Enrico Dandolo • 1107-1205'가 제4차 십자군 전쟁 원정을 떠났다가 콘스탄티노플에서 이를 전리품으로 챙긴 것이다. 그리고 그런 경로로 인해 이 말들이 앞서 말한 산마르코 성당에 최초 안착하게 된다.

그런데 이 청동 말들에게 부여된 방랑의 운명은 이게 끝이 아니었다. 이 말의 주인이 또 한번 바뀐 것인데 그 새로운 주인은 바로 그 유명한 나폴레옹이었다. 바로 그가 1797년 베네치아를 정복했을 당시 다시 한번, 이 말들을 전리품으로 끌고 가 〈카루젤 개선문〉 위를 장식한 것이다.

하지만 역사란 아이러니의 연속이 아니던가. 이후 나폴레옹은 워털루 전투에서 패배하면서 그야말로 모든 것을 잃게 된다. 그러자 주인을 잃은 이 말들은 결국 최종적으로 산마르코 성당으로 되돌아온다. 그리고 그렇게 돌아온 조각상들을 현재는 보존을 위해 성당 안 박물관으로 들이게 돼, 현재 성당 정문 위를 장식하고 있는 것은 진품이 아닌 모조품들이다.

어떠한가? 그야말로 청동 말 조각상들의 운명이 참 기구하지 않나? 그런데 이렇게 고대 미술품의 사례 하나만 보더라도 우리가 생생히 알 수 있는 사실 몇 가지가 있다. 일단 이 말들의 위치에 변화가 일어났을 당시 유럽 지역에서 패권의 행방이 대체 어떠했는지 또한, 비교적 정확하게 파악할 수가 있다. 그리고 그다음으로 이 패권을 손에 쥔 자들이 자신의 권세를 세계에 떨칠 수단으로 쓰기 위해 이러한 문화 유물, 예술품들을 강제로 취했다는 사실 역시 덤으로 알게 된다.

그런데 이와 꽤 비슷하면서도 더 잘 알려진 유명 사례가 하나 더 있다.

바로 이집트 고대 왕들의 업적을 기림과 동시에 태양 신앙의 상징으로도 쓰였던 거대 탑들인 '오벨리스크'의 사례이다. 현재 이 탑들이 미국, 프랑스, 영국, 이탈리아와 같은 여러 강대국들에 널리 퍼져 있는 것이다. 물론 이 탑들 역시 원래의 고향인 이집트로부터 거기까지 자발적으로 실려 간 것이 결코 아니다. 모두 다 약탈을 통해 그렇게 된 것이다. 참고로 이 '오벨리스크'는 암암리에 '클레오파트라의 바늘'이라는 별칭으로도 아주 유명하다.

여러분도 아마 들어봤을 것이다.

역사는 강자의 손에 들린 펜으로 쓰인다는 말. 이 말마따나 세계의 헤게모니를 좌지우지할 만한 거대 제국 혹은 강국이 부상하면 반드시 역사 책에도 새로운 변화의 흔적이 쓰이기 시작한다. 그리고 그 서술에는 기필코 미술사에서도 변혁기로 기록될 만한 풍경 또한 아주 뚜렷이 담기게 된다.

최초, 고대 로마 제국은 원래 현 이탈리아의 국토보다도 작은 영토만을 보유하고 있었다고 한다. 그런데 한니발과 치른 포에니 전쟁에서 승리한 이후 이 상황은 급변한다. 로마가 북아프리카 일대는 물론 서유럽 전역과 브리타니아, 그리고 심지어는 발칸반도와 소아시아 지역에까지 영토를 넓히게 된 것이다.

그러자 로마인들은 그들 문화와 언어를 배우고 흡수해서 늘 본받으려 했던 그리스의 미술, 건축 양식 역시도 그들 안에서 부활시켰다. 수많은 고대 그리스 미술품을 똑같이 모작하거나 혹은 여러 건축 양식을 모방했고 이후 여기서 아예 한 단계 더 나아가 이를 다양하게 응용, 발전마저 시킨 것이다. 또한 로마는 그렇게 탄생시킨 미술품 혹은 양식들을 추후 자신들의 영토 곳곳에 전달해, 자신들의 문화와 우수성을 전파하는 '밈'으로 적극 활용하기까지 했다.

그런데 로마인이 미의 개념을 구축하기 위한 기초이자 뛰어난 토대로써 이렇게 그리스 전성기의 미학과 미술품들을 이식해 온 이면에는 매우 흥미로운 점 하나가 숨어 있다. 알고 보면 그리스 역시 이미 다른 문명의 미술품, 건축 양식들로부터 다수의 제작 기법과 표현 양식들을 빌려 오거나 차용했다는 사실이다. 그리고 그 문명이란 정확히 이집트와 메소포타미아 문명을 가리킨다. 결국 이런 점들을 골고루 생각하면 이렇게 전이되고 전이되는 미술의 역사가 매우 흥미롭게 느껴지지 않을 수 없다.

여기서 시계를 빠르게 뒤로 돌려본다.

나폴레옹이 황제로 등극한 이후의 프랑스로. 그리고 그러고 나면 패권국들이 문화, 예술이라는 도구를 이용해 자국을 최강국의 입지로 드높혀 줄 발판으로 썼음이 더욱 선명히 드러난다.

그럼 이 사실을 보다 뚜렷이 확인하기 위해 나폴레옹의 주변부터 좀 더 자세히 살펴볼까. 그는 우선 격변의 시대를 파도타기하듯 잘 넘겨온 천재적인 화가 '자크 루이 다비드Jacques-Louis David•1748-1825'를 전속 화가로 고용했다. 그리고 그에게 자신의 영웅적인 면모를 다양하게 묘사하게 함으로써 황제로서의 권세를 세계에 떨쳤다. 뿐만 아니다. 이 '다비드'는 때론 스승보다 더 뛰어나다는 평가를 받기도 하는 '장 오귀스트 도미니크 앵그르Jean Auguste Dominique Ingres

•1780-1867' 같은 걸출한 제자를 양성해, 프랑스 미술에 크나
큰 자양분을 지속해서 공급했다.

그리고 사실 위 두 천재 화가들의 그림이 모두 전시된
〈루브르 박물관〉이 지금과 같은 웅장한 위용을 갖출 수 있
었던 건, 바로 이 글 서두에서 언급한 것과 비슷한 사례들을
통해서였다. 그러니까 나폴레옹 1, 3세(참고로 나폴레옹 3세는
나폴레옹의 적자가 아닌 조카이다.)가 세계 각지에서 약탈해 온
수많은 전리품이 없었다면 애초에 이는 불가능한 일이었던
것이다.

그런데 나폴레옹이 '다비드'에게 의뢰했던 다양한 작품
들의 요소와 구조 등을 면밀히 분석해 보면 꽤 흥미로운 사
실 하나가 드러난다. 사실 이 그림들 대부분이 실제를 있는
그대로 옮긴 것이 아닌 연출화라는 점이다. 다시 말해 이 그
림들은 나폴레옹이 문무를 모두 겸비한 지도자로 더욱 부각
될 수 있도록, 그림에 등장하는 소품이나 포즈 등이 꽤 치밀
하게 선별, 배치돼서 그려졌다.

그 대표적인 예로 1812년에 제작된 「서재에 있는 나폴레
옹」을 들 수 있을 것 같다. 참고로 이 작품 안에는 나폴레옹
이 절대 군주이면서도 굳이 밤까지 새워가며 민중에게 봉사
하려 함을 알리려는 의도가 숨어 있다. 보다 구체적으로 말

해 이 그림은 그가 전쟁을 치르느라 심신이 피곤한 와중에도 근대적인 프랑스 법전을 만들려 노력함을 선전하고 있는 것이다. 그리고 그것을 강조하는 일종의 장치로써 그림 배경 속 법전 두루마리 위, 시계가 새벽 4시 13분을 가리키는 것을 들 수가 있다.

그런데 자국의 미술을 세계 최고로 만들기 위한 프랑스의 집요한 노력은 나폴레옹 집권기 그, 훨씬 전부터 이미 시작돼 있었다. 한마디로 이탈리아의 최고 예술 전성기인 르네상스 시기만큼이나 예술 강국이 되고 싶었던 프랑스는 꽤 일찍부터 재정적 지원을 아끼지 않았던 것이다.

그리고 그것의 가장 뚜렷한 사례로 프랑스는 로마에 분원을 둔 왕립 아카데미를 설립했다. 또 이 아카데미에서 우수한 자질을 보인 장학생들에겐 '로마상'을 수여해 이후 이탈리아로 유학까지 보냈다. 결국 이들이 귀국 후 다시 자국의 문화를 살찌웠으니 프랑스는 이렇게, 국가가 대대적으로 나서서 일종의 선순환 구조를 만들어놓았다고도 할 수 있다. ('다비드'와 '앵그르' 역시 '로마상' 수상 후 이탈리아에서 수학한 이력을 가지고 있다.)

결과적으로 이렇게 부와 권력을 동시에 거머쥔 지도부들이 지속해서 예술계와 긴밀한 연결 고리를 가지고 있었기에. 또 약탈이라는 악랄한 방법을 취하긴 했지만 세계 유수의 미술품과 유물들을 한 자리에서 감상할 수 있는 엄청난 규모의 박물관이 있었기에. 이후, 프랑스에서 미술계에 가장 큰 흐름 중 하나인 인상주의가 자연스레 탄생할 수 있었다고 한다면 이는 결코 과장이 아닐 것이다.

다시 한번 시계를 빨리 뒤로 돌려본다.

이런 인상주의의 시기를 지나 현대 미술이 탄생한 오늘날까지. 그런데 어쩐지 이 현대 미술을 감상하는 사람들의 표정이 굉장히 시큰둥하다. 그래서 그 이유를 물어보니 대부분 어려워서라는 대답이 돌아온다. 심지어 이들 중 누군가는 현대 예술가의 주요 내부자 중 한 명이자 또 한국인이기도 했던 '백남준•1932-2006' 작가의 선언처럼 이 모든 게 사기처럼 보인다고도 말한다.

그런데 여기서 잠깐.

과연 우리가 흔히 말하는 이 '현대'는 도대체 언제부터 시작이 된 걸까? 여러 이견이 있을 수 있겠지만 다수의 세계적인 석학들은 2차 세계대전 종식 년이 바로 진정한 현대가 시작된 원년이라고 언급하는 경우들이 많다. 그리고 이는 『0년Year Zero: A History of 1945•2013』과 같은 책이 존재하는 사실에서도 여실히 느낄 수가 있다.

그리고 바로 이 1945년 이후, 미국은 세계 제1의 패권국이 되어 세계의 정세나 경제를 좌지우지하는 헤게모니 또한 한꺼번에 거머쥐게 된다. 왜냐하면 무엇보다 미국은 제2차 세계대전을 종식시키는 데 있어 주요 참전국 중, 가장 큰 역할을 한 나라이기 때문이다. 군사력으로 보나 혹은 자본적으로 보나 또 그 어떤 다른 측면을 봐도 그렇다. 그런데 이러한 미국이 종전 이후, 그 어떤 것 못지않게 열과 성의를 다해 수행한 과업 중 크게 눈에 띄는 한 가지가 있다.

그것은 바로 자국의 문화 및 미술을 세계에서 가장 뛰어난 것으로 인식시키는 것이었다. 따라서 이러한 노력의 소산으로 미국은 기존의 패권국들처럼 국가가 대대적으로 나서서 예술가들에게 재정적, 인적 지원을 아끼지 않기도 했다.

그리고 흡사 불에 기름을 붓듯 이런 투자 효과를 극대화할 만한 현상이 더불어 일어난다. 유럽의 수많은 천재 예술가들이 대거 미국으로 이주한 것이다. 양차 대전의 포화 속 유럽에서 디아스포라적 삶을 지속했다가는 본인의 예술관은커녕, 목숨마저 희생될 위험성이 너무도 컸기에 일종의 피난을 온 거였다. 이들 중 가장 대표적인 인물로는 '발터 그로피우스Walter Gropius • 1883-1969', '피에트 몬드리안 Piet

Mondrian•1872-1944', '마르크 샤갈Marc Chagall•1887-1985', '살
바도르 달리Salvador Dalí•1904-1989', '페르낭 레제Fernand Léger
•1881-1955' 등을 꼽을 수 있다.

　게다가 사실상 미국은 앞선 프랑스의 사례와 매우 흡사
하게도 2차 세계대전이 발발하기 전부터 이미 여러 물밑 작
업을 착실히 벌이고 있었다. 예컨대 뉴딜 정책의 일환으로
1935년부터 정부가 '연방 예술 프로젝트Federal Art Project'라는
것을 벌인 것이다. 이는 예술 작가들이 회화, 포스터, 벽화
등 20만 점 이상의 공공 미술작품을 제작하도록 국가가 팔
까지 걷어붙이고 나서서 후원한 프로젝트였다(다만 이 프로
젝트에는 사회 양극화를 해소하고 또 국민 통합을 도모하기 위한 목
적도 동시에 있었다.). 또 이와 더불어 미국은 당시 다양한 연
령층의 국민들에게 무료 미술 교육을 시행하기도 했다.

　하지만 여기서 끝이 아니다. 이후 미국이 그들만의 방식
으로 그 숨결을 새롭게 불어넣은 미술계의 신新 흐름이 더
욱, 확실히 세계에 각인되도록 한 또 하나의 계기가 있었던
것이다. 그것은 바로 1948년부터 실시한 '마셜 플랜Marshall
Plan'을 통해서였다. 참고로 이 '마셜 플랜'이란 세계대전 후
폐허가 된 유럽에 미국이 막대한 경제적 원조를 쏟아부은
정책을 일컫는다. 다시 말해 미국은 자국의 탄탄한 경제력

을 안정적인 공급 파이프 삼아, 세계 미술계에 점차 자신들의 영향력을 뿌리내리게 했다.

그런데 여기서 잠시 잊고 있었던 화두 하나.

도대체 왜 현대 미술은 우리에게 어렵게 보이는 걸까? 그리고 그것을 설명할 명백한 이유나 기준 같은 게 과연 존재하기는 하는 걸까?

내가 알기에 대답은 "그렇다."이다.

그럼 이제 그 이유를 좀 더 풀어서 설명을 해본다. 우선 현대 미술이 어려운 이유 중 하나는 감상자에게 최종 해석을 위임해, 그것으로 인해 작품이 완성된다는 전제를 앞세워 제작되기 때문이다. 또 이와 더불어 완성 추후에 따라붙는 모종의 보이지 않는 미래의 협업을 미리 비워둔 채, 현대 미술품이 제작된다는 이유도 있다. 그리고 그 협업의 가장 대표적인 예가 바로 평론이다.

요즘 우리는 다소 난해한 영화를 보고 난 뒤 평론가의 해석을 통해 그 영화가 던져준 퍼즐을 풀어낸 듯 느끼는 경우가 많다. 그러니까 해석에 사후처방을 더하는 일이 빈번한 것이다. 현대 미술도 이와 비슷한 측면이 있다. 그러니까 현대 미술도 후기 모더니즘 시대 위에서 재탄생할 때 이러한 제작 과정상의 공백을 적극적으로 끌어안고 가다듬어졌다는 말이다. 심지어 작품이 제작되면 이후 해석이 따라 붙는 일련의 이, 모든 과정이 거듭 반복될 수 있도록 애초에 고의적 염두를 해둔 채 차차 발전을 거듭했다고 해도 과언 이 아니다. 그리고 두말할 것 없이 이러한 순환의 틀이 완성 되는 데에 가장 큰 역할을 한 나라가 바로 2차 세계대전 이 후의 미국인 것이다.

여러분들에게도 혹시 캔버스 위에 단지 모노톤의 물감 들을 무정형으로 흩뿌려 놓은 혼란스러운 추상 작품을 다 들 한번씩 본 기억들이 있지 않나? TV에서든 혹은 미술 관 련 책에서든 분명 접한 적이 있을 것이다. 게다가 이 작품들 은 타이틀도 「Number…」 하는 식으로 건조하게 달려있어 제목만 봐도 꽤 혼란스러운데 이는 바로 '잭슨 폴록Jackson Pollock • 1912-1956'의 작품들이다.

그리고 그는 사실상 현대 추상표현주의 미술계에서 가 장 중요한 예술가로 손꼽히는 미국 작가이다. 그런데 이 폴 록의 작품들이 유명해지는 데 있어 그 무엇보다 큰 조력을 보탠 사람이 한 명 있다. 그가 바로 폴록의 작품에 평론을 단 '클레멘트 그린버그Clement Greenberg • 1909-1994'인 것이다.

그런데 어쩌면 큰 역할을 했다는 정도로만 그를 소개하 기에는 그 표현의 정도가 많이 약할지도 모르겠다. 왜냐하면 이 평론가는 작가와 본인 사이의 이런 보이지 않는 모종의 연계 자체가 일종의 현대 미술의 속성이자 또 그 자체가 될 수도 있음을 선례로 만든 인물이기 때문이다.

그리고 이런 대표적인 사례들을 통해 만들어진 일종의 순환의 틀은 아직까지도 매우 유효한 것으로 남아 있다. 예컨대 이 과정을 크게 축약해서 다시 한번 정리하면 이런 식인 것이다. 우선 예술가가 모호함이 큰 예술작품을 제작한다(물론 이는 모호하게만 보이는 것이 현대 예술가의 유일한 목표라는 얘기가 절대 아니다. 그러니 오해 마시길.). 그 뒤 그것에 평론가가 담론화한 주석을 달아 그 미술품에 담긴 잠재적인 경제적, 미적 가치를 높인다. 그리고 그러고 나면 이것이 다시 그 작품을 생산한 작가는 물론 당대 미술계에도 역으로 영향을 끼친다. 결국 이렇게 만들어진 선순환 구조가 아직까지 현대 미술 생태계를 지탱하는 가장 기본 원리 중 하나로 생생히 남아 있는 것이다.

하지만 이렇게 일견 모호해 보이기만 한 작품 앞에서도 현대 미술가는 그의 작품 전체가 100% 의도된 것이라고 강력하게 반박할 테다. 그러면서도 그들은 끝끝내 그 미술품의 의미에 대해선 단 한 마디도 설명하려 들지 않을 것이고. 왜냐하면 현대 미술가란 대부분이 자신의 작품에 대해 반드시 함구하는 존재들이니까. 게다가 앞서 말했듯 이제 이런 일들은 온전히 평론가나 혹은 기자를 포함한 언론인들의 몫이기도 하다. 아니, 그런데 어쩌면 이제 이 목록 안에 소셜 네트워크 서비스상에서 꽤 영향력이 있는 사람들마저 포함시켜야 할지도 모르겠다. 왜냐하면 사실 이젠 오직 디지털 혹은 온라인 세계 안에서만 그 작품이 존재할 때, 바로 그 단독 가치를 인정받는 미술품 시장도 점점 그 덩치를 키워가고 있으니 말이다.

많이들 아시다시피 과거 나치 치하의 독일 역시 앞서 말한 패권국들과 비슷한 내력을 가지고 있다. 특히 그들은 강국이 돼가던 2차 세계대전 직전과 혹은 전쟁을 치르는 와중 일종의 도구로써 미술과 문화를 매우 적극적으로 활용했다.

물론 그들은 다른 패권국처럼 미술과 미술사를 살찌우는 확장을 꾀한 것은 아니었다. 이와는 반대로 나치는 자신들의 체제를 돋보이게 만드는 것들만 남기고 나머지는 축소 혹은 말살한다는 자세로 예술가, 예술품들을 대했다. 그런데 공교롭게도 이는 그들의 가장 끔찍한 만행 중 하나인 유대인 학살을 자행할 때의 자세와 꽤 흡사해 보인다. 한마디로 나치는 그런 자세만을 경직되게 고수했기에 미술을 결코 '프로파간다' 이상으로 활용하지 못했다. 그래서일까? 이런 면모들이 나치의 어리석은 결말과 꽤 잘 어울리는 듯 느껴지기도 한다.

그런데 그러했던 지금의 독일 땅에 현존하는 예술가 한 명이 내 눈에 띈다. 그 사람은 바로 '플로리안 헨켈 폰 도너스마르크Florian Henckel von Donnersmarck•1973-'라는 영화감독이다. 원래 그는 「타인의 삶Das Leben der Anderen•2006」이라는 아주 뛰어난 장편 영화로 데뷔했는데 그 때문인지 이후 그는 할리우드에서도 러브콜을 받게 된다. 하지만 웬일인지 그는 그곳에서 범작 한 편만을 남기고 말았다. 그러면서 그는 8년 뒤에야 모국의 언어로 제작된 영화를 다시 한 편 내놓게 되는데, 결국 이 감독은 이를 계기로 자신이 '소포모어 징크스'로 그저 주저앉을 이가 아님을 멋지게 증명했다.

참고로 그의 이 세 번째 장편 영화는 이후 자라 이 영화의 주인공이 될 소년이 자신의 이모와 함께 '퇴폐미술전'을 관람하는 장면으로 시작한다. 그리고 이 장면의 시대적 배경은 나치가 집권당이 되어 막 세력을 크게 불려갈 무렵이다. 그런데 그 둘을 포함한 여러 관람객이 다양한 작품들을 마치 훑듯이 안내받다 결국 다다른 곳은 추상 작품들로 가득 찬 어느 벽 앞. 참고로 그 벽에는 〈바우하우스〉의 교수이기도 했던 '바실리 칸딘스키Wassily Kandinsky•1866-1944'를 비롯

한 '파울 클레Paul Klee•1879-1940', '피에트 몬드리안'의 작품
들이 한 데 걸려있다.

그리고 바로 그 앞에서 도슨트 역할을 하던 나치당원이
주인공 소년의 눈을 뚜렷이 응시한 채, 갑자기 '칸딘스키'
그림 한 장을 구입하기 위해 지불됐던 가격을 언급한다. 그
러면서 그는 이런 타락한 그림에 과연 독일 노동자들 평균
연봉 이상의 돈을 지불할 가치가 있는 것인지 강한 의문을
제기한다. 그러니까 사실상 그는 안내를 빙자해 그 화가들
에게 조롱을 퍼붓고 있는 것이다.

참고로 이 영화는 현실 속 인물인 독일 현대 미술가 '게
르하르트 리히터Gerhard Richter•1932-'와 故 '요제프 보이스
Joseph Beuys•1921-1986'의 실제 인생 스토리와 작품들을 적극
적으로 끌어들여 제작됐다고 이미 잘 알려져 있다. 그리고
이러한 영화의 제목은 바로 「작가 미상(영문 타이틀은 바로 이
장의 제목이기도 한 「Never Look Away•2018」.)」이다. (한데 작가
'게르하르트 리히터'는 이 영화가 너무 선정적이고 과장이 심하다
며, 꽤 불쾌한 소회를 『슈피겔』지와의 인터뷰에서 밝힌 바 있다.)

파리를 여행할 때 내게 좋은 의미에서 가장 큰 충격을
준 미술관은 〈오르세 미술관〉이었다. 하지만 파리에선 그

어느 미술관에서 길을 잃는다 한들 사실 그 앞에 걸린 작품이 범작이 아닌 경우가 대부분이다. 이는 결코 과장이 아니다. 실제 그러한 예로 〈로댕 미술관〉에서 내가 직접 경험한 일을 한번 들어본다. 참고로 이 미술관은 본디 세계적인 조각가 '로댕Auguste Rodin • 1840–1917'이 직접 자신이 살던 저택을 미술관으로 남겨달라고 프랑스 정부에 제안한 뒤, 본인의 컬렉션까지 모두 기증해서 설립될 수가 있었다.

그러니 이곳에 가면 그 누구라도 조각 작품 위주로 전시를 구경하게 되리라는 예상을 하는 게 매우 당연하다. 그런데 이 미술관에서 잠시 휴식을 취하던 중 나는 그만 깜짝 놀라고 말았다. 마침 쉬어 가는 동선 중간에 걸려 있던 작품이 무려 '빈센트 반 고흐'의 「탕기 영감의 초상Portrait de Père Tanguy • 1887」이었던 것이다(물론 당연히 원본이다.).

〈퐁피두 센터〉의 사정도 이와 별반 다르지 않다. 미술관으로 불리지만 않을 뿐이지 이 장소 역시도 수많은 미술 명작들로 그 내부가 가득 들어차 있는 것이다. 특히 이곳은 아주 뛰어난 현대 미술 컬렉션을 자랑한다. 그리고 이곳에서 난 앞서 언급한 독일 출신의 유명 현대 화가 '게르하르트 리히터'의 작품을 생에 처음으로 만나게 되었다.

풍경, 그러면서도 원경을 그린 그림이었다. 그런데 이 그림 속에선 예의 그 전매특허와도 같은 기법이 그다지 두드러져 보이지 않았다. 좌우 횡으로 교차하며 가볍게 그어진 최후의 붓놀림 탓에 그림 속 형체의 윤곽을 고의로 훼손하는 이 작가 특유의 기법 말이다. 그러나 그림을 감상한 지 채 얼마 안 돼, 역시나 그의 작품임을 눈치채게 하는 몇몇 특징들이 서서히 내 눈에 도드라져 보이기 시작했다.

사실 우리나라가 세계에서 유일한 분단국가로 남기 전 독일 역시 우리와 같은 운명에 놓여있었다. 그런데 생각해 보면 이 독일만큼 세계 현대사에 불어닥친 변화의 바람들을 가장 크게 겪어낸 나라가 달리 있을까 싶다. 달리 말해 내겐 한때 이 바람을 측정하기 위한 가장 큰 풍향계가 설치됐던 곳이 바로 이곳, 독일처럼 보이는 것이다.

그 실례로 일단 독일은 주요 참전국으로서 제1차 세계대전을 관통하며 자기 스스로가 크나큰 출혈의 상처를 겪었다. 게다가 여기서 패배하면서 비롯된 복수심으로 발발한 제2차 세계대전을 통해 다시 한번 독일은 본국은 물론, 구소련 및 유럽 전역을 넘어 북아프리카 등지에까지 큰 아픔을 주기도 했다. 어디 그뿐인가. 그 뒤 냉전의 주요 두 주축 국가인 구소련과 미국의 체제를 바탕으로 나라가 동서로 분열되기까지 했다. 게다가 이후 독일은 이 두 체제의 장단점들을 너무나 뚜렷하게 세계인들에게 생중계하기까지 했다. 그것도 시시각각으로.

심지어 이 나라는 이후 그들에게 찾아온 통일 또한 남다르게 치러냈다. '미하일 고르바초프Mikhail Gorbachev•1931-2022'와 같은 보기 드문 공산권 지도자의 노력으로 흡사 냉전 종식의 시작을 알리는 팡파르처럼 독일 통일을 이뤄낸 것이다(그런데 최근 난, 귀화한 어느 러시아 사람이 쓴 책을 보고 좀 놀라고 말았다. 왜냐하면 러시아 내부에서 바라보는 '미하일 고르바초프'는 이와는 전혀 다른 사람으로 묘사돼 있었기 때문이다.). 결국 이 대목까지 살펴보고 나면 앞선 나의 주장들이 결코 과장이 아니라는 것을 여러분도 여실히 느꼈으리라 생각한다.

하지만 이러한 독일 역사는 수천만 민중의 힘으로 바뀌어 온 것이 결코 아니었다. 반대로 그들을 이끌던 몇몇 지도자의 머리와 손으로 크고 거칠게만 변화돼 온 것이다. 그래서 독일의 민중들은 그들이 어리석었을 최악의 경우, 이들을 대신해 다량의 피와 목숨으로 그야말로 값비싼 대가들을 치러야만 했다.

따라서 이러한 위태로운 독일 역사 안에서 그간 끊임없이 휘둘렸을 다양한 개개인들을 만약 어떤 손재주 좋은 이가 그림으로 옮길 수 있었다면, 그 그림에는 반드시 격정적인 살풍경들이 담기게 됐으리라. 마치 방향타가 고장 나 획획 돌아가는 배 안 승객들을 묘사한 그림처럼.

앞서 언급한 영화 「작가 미상」의 주인공인 '쿠르트 바르너트(톰 쉴링Tom Schilling•1982- 분)'는 사실 '게르하르트 리히터'에 대한 직접적 영감으로부터 탄생한 인물이다. 그리고 영화 속에서 그는 부인과 함께 열차를 타고 동독에서 서독으로 아주 아슬하게 이주에 성공한다. 게다가 이후 그는 그곳에서 새로이 미술 대학에 재입학하기도 한다. 사실 그는 애초에 동독에 거주할 때부터 꽤 촉망받는 예술가로 대접받았으니 그 재능을 서독에서도 그대로 살리고 싶었으리라.

그리고 그러면서 그곳에서 그가 자신을 미술가로 재정립하기 위해 마치 주문처럼 끊임없이 되뇌던 말이 하나 있었으니. 그건 바로 나치 치하에서 부당하게 처형된, 그의 이모가 그에게 남긴 "진실한 것은 모두 아름다워. 절대 눈 돌리지 마."라는 말이었다.

하지만 그냥 보는 차원의 문제를 넘어 진실을 2차원으로 구현한다는 것이 어디 그리 쉬운 일이겠는가. 그러나 그는 이 문구를 역추적하여 찾아낸 내면의 큰 깨우침 뒤로 결국,

이전 스타일과는 다른 방식들로 새로운 그림들을 그려나간다. 하지만 그렇게 막상 그려진 그림들은 아이러니했다. 그것들은 형태가 확실하게 잔존하도록 묘사를 마감한 회화가 아니었던 것이다. 되레 그 캔버스 위에는 마지막에 고의로 행한 붓질들로 형상들의 경계를 흩트려 버려서 최종적으로 그 안에는, 끊임없이 흔들리는 흐릿하고 뿌연 형상들이 담겨있었다. 그래서 어찌 보면 이 그림들은 진실을 뚜렷하게 바라본다는 발상과는 반대의 분위기마저 풍긴다.

그런데 이 그림들을 제작한 방식들을 단순히 물리적으로만 한번 바라본다면 다소 흥미로운 지점들이 도드라져 보인다. 어쩌면 이것이 그가 이미 동독 시절부터 돈독히 쌓아온 장기를 여전히 살릴 수 있는 기법처럼 보이는 것이다. 그 장기란 구상화를 무척 잘 그려내던 능력을 가리킨다. 그리고 동시에 이는 그에게 타 미술가들과는 확실히 구분되는 그만의 독특한 아이덴티티를 부여해 주기도 한다. 왜냐하면 당시는 많은 미술가들이 매몰차게 구상화를 내던지고 점차 추상의 세계로만 빠르게 달려나가고 있을 때였으니 말이다 (물론 주인공의 실제 모델인 '게르하르트 리히터' 역시 이후 다수의 추상 작품을 제작하기도 한다.).

그러나 그가 떠올린 새로운 회화적 접근법을 이런 물리

적인 측면들을 넘어 재고해 보면 결국 이런 생각이 든다. 이모가 전해준 한마디를 줄곧 상기함으로써 결국 그가 여태껏 쉼 없이 흔들렸던 독일인의 삶을 그려낸 것이 아닌가라고. 다시 말해 양차 세계대전과 동서 분열까지 치열하게 겪으며 체제의 희생양 혹은, 각 이념의 정당성을 시험하는 존재로만 살아남았던 독일인들의 삶을 그가 결국 그림으로써 구현해 낸 것이다.

그것도 매우 흔들리는 형상들을 통해서. 이 말은 결코 과장의 표현이 될 수 없다고 생각한다. 왜냐하면 독일의 민중 개개인은 격변의 시대를 살아오는 동안 각자가 길어 올려야 할 존엄성, 가치관을 충분히 갖지 못해 그야말로 바람 앞의 촛불처럼 흔들렸을 테니까.

그런데 이즈음에서 불현듯 이런 생각이 뒤따른다.

오직 이런 모진 인생 풍파를 겪어온 예술가에게만 "진실에서 눈 돌리지 마."와 같은 특별한 지침이 필요한 것일까? 라고. 그러니까 이렇게 불처럼 벌겋게 달아오른 전쟁과 분단의 시대를 관통해 온 화가에게만 정녕 이런 화두에 대한 고민이 허락될 수 있는 것인지 강한 의문이 드는 것이다.

비교적 최근까지 소셜 네트워크 서비스 앱을 통한 성 착취 범죄 뉴스로 우리나라 전체가 시끄러웠다. 그런데 사건

이 첫 보도된 이후 연일 뉴스를 지켜보니 여기 올려진 불법 영상들은 그저 빙산의 일각일 뿐이라고 했다. 이미 다들 알다시피 이것들이 현실 속의 2, 3차 성범죄로까지 이어져 미성년자를 포함한 다수의 여성들이 여러모로, 엄청난 피해를 본 게 추가로 드러난 것이다.

그런데 이렇게 물밑에 감춰져 있던 추가 범죄들을 알고 나니 난 이들이 응당, 그들이 벌인 악행의 대가로서 처벌을 크게 받아야 한다는 생각과 동시에 이런 생각이 들었다. 그들 모두는 이 범죄들을 통해 스스로가 자기 존엄을 망친 것이라고. 그래서 그들은 부드럽고도 열린 마음으로 진정한 사랑을 주고받을 기회를 본인 스스로가 성급히 박탈해 버렸다는 생각이 든 것이다. 그리고 난 어쩌면 이것이 이들이 치러야 할 진정한 의미의 나쁜 업보가 아닐까 싶었다.

이를 달리 표현하면 이들은 결국 이런 행위를 반복, 누적시켰기에 아예 계속해서 남과 자신을 속여야만 인생을 살아갈 수 있게 돼버렸다. 단순히 남에게 쉽사리 지울 수 없는 범죄를 저질렀다는 어리석음을 넘어 그런 것이다. 그것도 하염없이 가벼울 순간적인 성욕 하나에 취해서. 그리고 이는 자의에 의해서는 결코 풀리지 않는 거짓말의 굴레를 자기가 본인 스스로에게 뒤집어씌운 행동과 다를 바 없다. 그러니 나는 이것이 그들에게 있어 가장 큰 비극이 아니겠냐는 것이다.

진정한 사랑을 한다는 것은 꽤 큰 용기가 필요한 일이라고 생각한다. 왜냐하면 나보다 남을 지속적으로 아껴주고 배려한다는 마인드가 자발적으로 우러나오려면 생각보다 강한 에너지가 본인 안에 갖춰져 있어야 하기에. 정신적으로나 신체적으로나. 또 때론 큰 희생정신도 필요하다.

결국 그렇게 생각을 하면 위의 행동들은 또한 비겁한 패턴의 최종 귀결로도 보인다. 이들은 애초에 본심에서 우러난 마음으로 이성을 대하고 사랑할 용기가 없어서 번번이 악하고도 말초적인 행위로만 숨어들었던 일종의 고약한 패턴을 만든 것이다.

나는 버스킹을 나가면 보면대에 악보를 올려놓고 이를 보면서 공연을 한다. 그런데 이는 실은 음표들이 한가득 적힌 진짜 악보집이 아니다. 사실상 가사와 알파벳으로 표기된 코드들이 잔뜩 적혀 있는 기타 코드집이라고 표현하는 것이 더 맞을 테다.

그런데 기타를 한 번이라도 배워본 경험이 있는 사람은 잘 알 것이다. 처음 기타 스트로크를 배우게 되면 그저 알파벳만 보고 코드를 바꿔 잡는 게 꽤 힘들다는 것을. 그러긴커녕 6개 줄을 각기 다른 손가락으로 운지하거나 덮어주는 것 자체가 일단 어렵다. 또 운지가 완성된 후에도 문제는 여전하다. 왜냐하면 느슨하지 않게 적절한 힘으로 각각 손가락의 압력을 잘 조절해야만 비로소 제대로 된 소리가 나기 때문이다.

하지만 지금의 나는 다르다. 가사집 위에 적힌 알파벳만으로도 표의表意를 인식해, 운지와 스트로크를 능숙하게 변환하게 됐으니까. 그것도 매우 재빠르게 말이다. 뿐만 아니다. 이제 난 어떤 곡의 기본 키를 금방 알아내는 것과 동시에 그 키에 맞춰 즉흥 연주 또한 가능해졌다.

그런데 이렇다 해도 정말이지 방심은 절대 금물이다.

버스킹을 나가서 일순간 방심을 하면 이내 크고 작은 실수들이 발생하는 것이다. 이렇게 기타 연주에 본인 스스로가 매우 익숙해졌다 믿고 있는데도 그렇다. 그리고 이런 일이 벌어지고 나면 스스로가 매우 부끄러운 느낌이 든다. 설사 남들은 잘 모르게 넘어갔다 하더라도.

그건 그렇고 사실, 그 누구나 삶을 살아가다 보면 본인 인생에 귀감이 될 만한 콘텐츠를 주변에서 실제로 접할 기회가 매우 많다는 것을 금방 깨닫게 된다(물론 어느 나라에서 태어났느냐에 따라 이 얘기는 좀 달라질 수 있겠지만.). 그 실례로 상처와 영광이 적절히 뒤범벅된 인생 실화들로 제작된 드라마나 영화들이 우리 주변에는 이미 수도 없이 널려있다. 또 서점에 가보면 이런 유의 에세이나 자서전 역시 산더미처럼 쌓여있다. 그런데 되레 이렇게 수가 많기에 난 이들 중 나에게 맞는 것을 취사선택하기가 꽤 어렵게 느껴지는 것도 같다. 여러분들은 과연 어떠신가.

하지만 나는 이렇게 많고 많은 위인이나 명사들의 삶보다는 늘 예술가들의 삶을 주로 참조하는 편이다. 그리고 그러면서 내가 아주 선명하게 인식한 것 하나가 있다. 그건 바로 "실수하기 위해 인간은 태어났다."라는 어느 팝송 가사처럼 그들 역시 나처럼 평균치의 오류 유발 가능성이 있는 신체를 보유하고 있다는 것이다. 하지만 그럼에도 그들은 공적인 발언을 하거나 혹은 본인 창작물을 대중 앞에 선보일 때만큼은 뭔가가 달랐다.

그때마다 그들은 보통 사람들에게서 발견하기 힘든 고도의 집중도를 순간순간 발휘하고 있었던 것이다. 그리고 이런 모습을 한두 번이 아니라 수백 차례 목도하고 나니 내게 이런 생각이 든다. 어쩌면 이렇게 자신에게 주어진 순간순간을 최대한 진솔하게 살아, 그 찰나를 영원처럼 새기려는 노력을 하는 것 자체가 "진실에서 눈 돌리지 마."라는 잠 언을 결국 실천해 내는 행위가 아닐까라고.

　게다가 나 같은 경우는 그 무엇보다 버스킹을 하는 와중 매 순간 집중하는 자세들을 통해, "진실에서 눈 돌리지 마." 라는 영화 속 대사의 가치를 더욱 곱씹어 보게 되었다. 하지 만 결국 부감의 시선으로 그동안의 내 인생 여정 전체를 되 돌아보면 난 갑자기 부끄러워지고 만다. 왜냐하면 최대한 성실하게 찰나 찰나를 살지 못하고 방기했던 과거의 내가 선명히 상기되기 때문이다. 그리고 이는 내가 앞서 말한 동 경했던 예술가들의 삶과 참 대비되는 모습이 아닐 수 없다.

　참고로 영화 「작가 미상」을 보면 역시나 예술가라고 할 수 있는 주인공 '쿠르트 바르너트'가 서독의 예술 학교에서 수학하는 와중 이런 상황이 나온다. 자신만의 새로운 예술 관은 과연 어떻게 정의 내려야 하는가에 대해 고민을 거듭 하는 와중, 그가 그저 손쉽게 남들이 이미 찾아놓은 관념과 방식들을 빌려 오는 장면이다. 그리고 그는 그걸 그대로 미 술 습작으로 제작해 시행착오를 확연히 드러내기까지 한다.

　그런데 사실 그도 그럴 만했으리라. 왜냐하면 그는 서독 에 오기 직전까지 자신만의 진심을 사회생활 혹은 그림 안 에 녹여냈던 경험을 단 한 번도 제대로 해보지 못했을 테니까. 게다가 만약 그가 동독에 계속해서 남아있었더라면 그는 아마 진심이라는 단어의 뜻을 제대로 이해하지도 못한 채 생을 마감했을지도 모를 일이다.

하지만 이런 시행착오 끝에 그는 결국 무언가를 깨닫게 된다. 그것은 앞서 말했듯 그의 이모가 자신에게 전달한 한 문장에 최대한 집중한 결과였다. 그리고 결국 그는 그것을 맹렬히 캔버스 위에 표현해 내기까지 한다. 그러자 순간, 그는 예술가의 입장에서 이전까지는 절대 가닿지 못한 새로운 영역 속에 자신이 막 첫발을 들여놓았음을 직감적으로 자각하게 된다.

이런 인물이 등장하는 영화를 보면서 난 나 또한 내면의 어두운 뒤편으로 숨어버리는 일이 얼마나 끔찍할 수 있는지를—간접적이지만— 꽤 진하게 느끼게 된다. 그리고 이런 우려스러운 상황이 만약 '쿠르트 바르너트'에게도 실제로 벌어졌다고 가정하면 이내, 이런 모습까지도 선명히 내 머릿속에 그려지는 것 같다. 아마도 그 후 그는 본인의 모습을 점차 캔버스 위에서 지워갔으리라고. 게다가 어쩌면 그는 결국 전체주의의 망령이 계속해서 자신의 등 뒤에 어슬렁거리는 동독의 최고 체제 선전꾼이 됐을 가능성이 높다.

그런데 이런 영화를 통해서도 통해서지만 어쩌면 내가

내 내면 속 어둠에 지배를 받을 수도 있다고 슬며시 우려하는 데에는 사실 더 큰 이유가 따로 있다. 그건 아마 그 누구에게라도 진실함이라는 '사자使者'의 감시를 받지 않는 어두운 영역이 아주 조금씩이라도 있기 때문일 것이다. 따라서 이를 경계하는 일을 소홀히 하지 않음은 결코 예술가와 같은 창작자에게만 따라붙는 거창한 자세일 수가 없지 싶다. 그러므로 이런 차원에서라도 진실에서 눈을 돌리지 않는, 아니, 그도 아니라면 그런 자세에 늘 가닿으려는 노력을 되새기며 사는 것이 얼마나 중요한지를 난 또 한번 깨닫는다.

그리고 그러한 노력의 가장 큰 일환으로 나는 버스킹을 언급할 수 있다고도 믿는다. 왜냐하면 버스킹은 내가 지금껏 해온 그 어떤 행위들보다 진심을 한가득 담아 해온 유일한 행위이기 때문이다. 이 말에 나는 진정, 단 한 점의 부끄러움도 없다. 또 그렇게 버스킹을 통해 오직 한 곡이라도 관객들 앞에서 제대로 부르고 연주해 내려는 자세가 나에게 있는 한 내게도 빛이 있다고 믿고 싶다.

언제까지고 남과 나를 속이는 비겁함으로 변질되지 않을 그 찬란한 내면의 빛이.

스타벅스의 사이코패스

쾌 얼마 전, 트위터에서 리트윗이 너무 활발해 화제가 된 글이 하나 있었다. 스타벅스에서 스마트폰, 태블릿 PC, 노트북 하나 없이 그저 자리에 앉아 커피만 마시고 있는 한 사람을 보고 그가 흡사 사이코패스처럼 보였다는 내용이었다.

나 또한 이 트윗을 처음 보곤 쾌 재밌어서 몇 번을 반복해 읽었던 것 같다. 그런데 그러고 나니 이런 생각이 불현듯 들었다. 이 글에 격하게 반응한 사람들 대부분은 아마 나처럼 24시간 쉬지 않고 돌아가는 대도시에 살고 있는 사람들이 아닐까라고. 더불어 이 도시의 생리만큼이나 치열하게 살아가는 패턴들 역시 보유한 사람들이 아닐까라는 추측도 들었다.

그런데 군이 남의 사정을 살필 필요가 전혀 없겠지 싶다.

왜냐하면 나 자체가 이미 한국에서는 별다방이라고도 흔히 바꿔 불리는 이 카페를 나름 빈번히 들락거린 이력을 가지고 있으니까. 그것도 내가 사는 이 서울이라는 대도시 안에서 수백 번씩이나 이용한 적이 있는 것이다. 그런데 그간 매장에서 마주친 다른 사람들의 여러 모습을 회상컨대 나 역시 이런 사람을 본 기억이 거의 없다. 심지어 글을 쓰려 지금 내가 앉아 있는 이 카페 안을 찬찬히 둘러봐도 사정은 마찬가지다. 모두 누군가와 수다를 떨고 있거나 혹은 각자의 IT 기기를 한, 두 대씩 앞에 둔 채 무언가에 골몰히 열중하고 있는 모습들뿐이니까. 게다가 일단 나부터가 그러고 있으니 말 다했지 싶다.

사정이 이러하니 국내 대도시에 그야말로 별처럼 많은 스타벅스 그 어딘가에서 누군가 위의 트위터 내용처럼 그저 앉아있기만 했다면 너무나 생경해 보였을 것이 분명하다. 그러니 저 트윗이 우리나라 안에서 덩달아 화제가 된 것 또한 전혀 이상할 게 없고.

해외로 여행을 나가게 되면 관광객의 입장에서 최우선적으로 드는 생각이 있다. 그건 바로 그곳에서 가장 유명한 장소들을 빠짐없이 둘러봐야겠다는 일종의 사명감이다. 그런데 대부분의 관광객들은 그렇게 바쁘게 랜드마크를 찾아 다니는 와중, 틈틈이 그곳의 일상 풍경 또한 머릿속 한편에 고스란히 각인시키게도 된다. 아마도 그건 워낙 인간이 멀티플레이가 잘되는 종이라서가 아닐까?

프랑스 파리에 갔을 때 나 역시도 그랬다. 그리고 그러한 일상 풍경 중 유독 나의 눈길을 사로잡았던 것들이 몇 가지 있다. 우선 파리에는 정말 카페가 많았다. 게다가 그 수많은 카페 안에는 어찌 보면 멍 때리듯 그저 앉아 시간을 흘려보내는 사람들 역시 참 많았다. 그러니까 내가 주로 관광을 했던 시기가 평일 낮 시간대였음에도 불구하고, 여러 카페 안에는 딱히 하는 일 없이 오직 커피만 홀짝거리던 사람들이 꽤 있었던 것이다.

다만 그곳에 앉아 있는 이들의 면면을 살펴보면 남녀노소 중 '소'는 빼야겠다 싶긴 하다. 하지만 나름 편향 없이 각양각색의 사람들이 카페 안에 있었다는 사실만큼은 분명했다. 또 그렇기에 나는 당시 이런 모습을 보며 "이게 바로 그 유명한 파리지앵이 일상을 보내는 방식 중에 하나구나."라고도 자연스레 생각하게 되었다.

하지만 생각해 보면 파리도 나름 치열하고도 바쁘게 돌아가는 코즈모폴리턴들의 도시 중 하나가 아니던가. 게다가 이곳은 인도를 걷다 보면 사람들끼리 자연스레 옷깃을 스치기 쉬울 정도로 인구밀도 역시 높다. 따라서 이즈음 되면 파리라는 도시를 아예 사이코패스들이 대대손손 모여 살고 심지어, 이들이 끊임없이 세를 불리는 근거지 같은 곳으로 바라봐야 하는 것이 아닐까 하고 헷갈릴 지경이다.

그런데 재밌게도 이렇게 파리의 카페에 대해 글을 쓰려고 보니 불현듯 어떤 뉴스 하나가 생각난다. 바로 스타벅스와 같은 대형 커피 프랜차이즈 브랜드들이 유독 프랑스에선 블랙커피와 같은 쓴맛을 봤다는 뉴스였다. 한마디로 이는 시장 진출이 성공적이지 못했다는 뜻이다.

사실 곰곰이 따져보면 그런 결과가 나타난 보이지 않는 여러 가지 원인들이 있었으리라. 그런데 이것의 가장 큰 패인이 어쩌면 애초에 시간을 느리게 흘려보내는 파리의 카페 문화가, 스타벅스하고는 잘 안 맞았기 때문이 아니었을까? 프랑스는 사실 세계에서 평균 수면 시간과 식사 시간이 가장 긴 나라이니만큼 저절로 이런 추론이 내 뇌리에 떠올랐다. 다만 난 전문가가 아니라서 확신은 금물이겠지만.

하지만 이것 하나만큼은 아주 분명하다. 내가 IT 기기 하나 없이 여느 파리 카페에서 그저 멍하니 커피 한잔을 마시고 있다 한들, 그 누구 하나 나를 사이코패스로 보지는 않을 것이라는 사실.

왜냐고? 그곳에선 다들 그러고 사니까.

내가 개인적으로 좋아하는 할리우드 스타 중 '벤 스틸러 Ben Stiller•1965-'라는 배우가 있다.

그런데 나는 이 '벤 스틸러'에겐 그 어떤 배우도 따라 하지 못할 연기 장기가 하나 있다고 생각한다. 그것은 바로 '당황'하는 연기인데 한마디로 나는 그가 이런 연기에 대가라고 생각한다. 그럼 이를 확인해 보기 위해 일단 그가 그간 출연했던 영화들의 목록을 쭉 한번 살펴보자. 그리고 그러고 나면 그는 머리, 센스가 좋거나 혹은 인기 많은 매력남을 연기한 적이 거의 없음을 대번에 알 수가 있다. 반면에 거의 실수투성이에 융통성이라곤 좀처럼 없는 역할들을 굉장히 많이 맡은 것이다. 그래서 그는 영화가 상영되는 내내 되레 보는 이가 더 민망해지는 상황을 줄줄이 달고 다니는 경우가 참 많았다.

그런데 그렇게 민망한 상황을 끊임없이 벌이면서도 그가 연기하는 인물들은 어쩐지 사랑스럽다. 왜냐하면 그런 상황 속에서도 이 캐릭터들은 절대로 뻔뻔하게 대처하지 않기 때문이다. 반대로 그들은 그 상황에 진실로 부끄러워하는 듯 보인다. 이도 아니면 상대방을 기분 나쁘게 하지 않는 선에서 일종의 슬랩스틱 식으로 그 상황들을 모면하며 넘어가거나. 그렇기에 나는 그에게 이런 ― 사랑스러운 ― '당황 연기의 대가'라는 타이틀이 매우 잘 어울린다고 생각한다.

하지만 이는 오직 영화 속의 캐릭터일 뿐이다.

실제 삶 속에서 그는 매우 영리한 유대계 영화인인 것이다. 보다 구체적으로 말해 그는 이미 그의 커리어 초반부터 연기뿐 아니라 제작자, 감독으로도 활동 영역을 충분히 넓혀왔다. 그래서 지금 현재까지 그가 직접 감독을 맡았거나 제작한 필모그래피의 양도 상당하다. 물론 그가 손댄 작품들은 단순히 양만 많은 게 아니고 나름의 일관성과 작품성 또한 동시에 보여주기도 한다.

그런데 만약 이 중, 요즘 사람들에게 가장 추천하기 좋은 영화를 단 하나만 꼽아보라고 하면 나는 우선 「월터의 상상은 현실이 된다The Secret Life of Walter Mitty • 2013」를 꼽겠다. 왜냐하면 이 영화는 재미도 재미지만 일단 보다 보면 관객들에게 마치 여행을 떠나는 기분을 선사하기도 해서다. 하지만 개인적으로 내가 최애하는 영화는 정작 따로 있다. 바로 그의 감독 데뷔작인 「청춘 스케치Reality Bites • 1994」라는 영화인데 참고로 그는 이 영화 속 주요 캐릭터 중 한 명을 직접 연기하기도 했다.

이 영화의 원제는 사실 「Reality Bites」이다. 그리고 이는 우리말로 번역했을 때 '현실은 깨물 듯이 아픈 것' 혹은 '깨물린 듯 아픈 현실'이라는 뜻이다. 그런데 언뜻 이 대목만 봐도 잘 알겠듯 이는 한글 몇 단어로 명쾌한 직역 및 의역 자체가 상당히 곤란한 제목이다. 하지만 그렇다 해도 이 영화에 굳이 「청춘 스케치」라는 한글 제목을 붙인 것에는 개인적으로 참 실망이 크다. 그건 아마도 이 제목을 들었을 때 떠올리게 될 연관 이미지의 범위가 꽤 한정적이어서 그런 듯하다. 좀 올드하게 느껴지기도 하고. 게다가 우리나라에는 앞서 「미미와 철수의 청춘 스케치•1987」라고, 같은 제목으로 발표된 영화가 있었기에 더 그렇게 말할 수밖에 없다.

영화 「청춘 스케치」 속 네 명의 주요 절친 캐릭터들은 다들 20대 초반의 나이이다. 그러니까 그들 모두는 인생에서 가장 자유로운 시기를 얼마 전 관통해 사회인과 학생을 구분 짓는 두 울타리 사이에 이제 막 서 있는 것이다. 그리고 이 영화는 각기 다른 표정과 자세로 그곳에 서 있는 이 네 명의 모습을 가볍고도 재밌게 그려서 보여주고 있다. 게다가 아주 신선한 방식들을 통해서.

좀 더 자세히 말해 이들 중 누군가는 비록 월급은 적지만 이미 사회인의 울타리 안에 들어서서 그 패턴에 충실하려 애쓴다. 또 다른 누구는 반대로 그 울타리 앞에서 번번이 넘어지고만 있다. 하지만 그러면서도 그녀는 기왕 넘을 바엔 최고의 울타리를 넘는 게 좋지 않겠느냐며 이를 재고 준비하느라 분주하다. 또 어떤 이는 그것을 넘어서려고 하기는커녕 아예 울타리 옆으로 비켜나 있다. 게다가 그는 그 경계 자체를 비웃기까지 한다. 심지어 그는 그걸로도 모자랐는지 울타리를 넘어서려 분투하는 다른 친구들의 분주함마저 조소로 웃어넘긴다.

사실 이 영화는 최초 1994년에 미국에서 발표됐다. 그런데 당시 미국은 이미 경제적으로나 혹은 사회적으로도 큰 풍요의 시대를 지나치고 있었다. 그래서 이 시기에 미국의 대중문화에는 이 지나온 풍요를 되레 조소하거나 부정하는 흐름 같은 것이 역으로 풍성하게 흘러넘쳤다. 따라서 이 영화는 갓 대학을 졸업한 요즘의 한국 청춘들이 봐도 전혀 이질감 없을 연출과 내용들을 담고 있다. (유선 전화로 비싼 유료 고민 상담을 하는 장면 정도가 눈에 거슬릴까.) 왜냐하면 고도성장기 언저리에 겨우 남은 테두리만을 부모 세대로부터 바통을 이어받아 끊임없이 그 위를 질주하고 있을, 바로 요즘 한국 젊은이들의 상황과 영화 속 청춘들의 상황이 꽤 비슷하기 때문이다.

그런데 이 네 명의 주축 인물 가운데에는 '트로이'라는 아주 매력적인 캐릭터가 한 명 속해있다. 그리고 이 인물은 역시나 내가 좋아하는 배우인 '에단 호크Ethan Hawke•1970-'가 연기를 맡았다. 그런데 아마도 이때 당시 내가 이 배우를 좋아하게 된 가장 큰 계기는 그 역시 이즈음, '벤 스틸러' 못지 않게 아주 개성 있는 연기들을 많이 펼쳤기 때문이지 싶다.

특히 이 영화를 찍을 시기에 그는 유독 주름 하나 없는 아름다운 청춘의 얼굴을 하고 있었다. 실제로 그럴 나이이기도 했고. 하지만 그러면서도 그는 늙은 현자들만이 지녔을 법한 조숙함 또한 동시에 갖추고 있는 캐릭터를 잘 연기했다. 그런데 그러면서도 왠지 이 캐릭터들은 정작 누군가 자신을 정의 내리려고 하면 바로 그 범주에서 도망쳐 버릴 사람으로도 보인다. 한마디로 당시 '에단 호크'가 연기한 여러 캐릭터들을 총평해서 말한다면 그는 이렇게 이중적이면서도 지적인 청춘 역할을 다수 맡아 연기했다.

그러면 여기서 다시 영화 속 얘기로 돌아가 보자.

내겐 이「청춘 스케치」전체를 통틀어 가장 좋아하는 장면이 하나 있다. 그건 바로 극 중 '트로이'가 절친 '레이나

(위노나 라이더^{Winona Ryder • 1971 -} 분)'를 위로해 주기 위해 그녀를 집 밖으로 불러낸 이후의 장면들이다. 참고로 그녀는 지금 근무하던 방송국에서 막 잘린 데다 친구와 불화까지 겪어 꽤 우울한 상태이다.

그와 그녀는 길거리를 함께 걸으며 자연스레 여러 얘기들을 나눈다. 동시에 각자 연기가 풀풀 피어오르는 담배 한 개비씩을 검지와 중지 사이에 꽂은 채. 둘은 워낙 평소에도 스스럼이 없는 사이니까. 하지만 위로를 해주기 위해 '트로이'가 '레이나'를 불러냈던 만큼 그는 결국 이 한마디를 그녀 앞에 슬며시 꺼내놓는다. "지금 우리에게 필요한 것은 너와 나, 그리고 (담배와 커피를 살 수 있는) 5달러의 돈. 그것이 전부야."라고.

세상이 아무리 널 속이고 속일지라도….

나는 젊었을 때 나만의 이 청춘 시기를 나름 즐겁고도 걱정 없이 보냈다고 생각한다. 꼭 집어 말하면 이 영화 주인공들과 비슷한 나이였던 20대 초반부터 중반까지의 시기에 특히 그랬다. 물론 그러면서도 사실 난 딱히 내 맘속에 과연 어떤 메아리들이 떠돌고 있는지 자체를 잘 몰랐던 것 같다. 영화 속 '트로이'와는 다르게 나만의 철학 같은 게 없었던 것이다.

또 사정이 이러했기에 그 당시의 난 내 내면의 소리보다는 남의 말을 좇는 경우가 자연스레 많았다(참고로 그 남의 목록에는 가장 친밀한 타인이라 할 수 있는 가족들 역시 포함된다.). 그래서 훗날 나는 이것들로 빚어진 결과들을 교정하기 위해 고군분투해야 하는 흡사, 채무변제와 같은 미래를 보냈어야만 했다.

하지만 그렇게 지나온 과거를 난 단 한 번도 후회한 적이 없다. 심지어 그때의 난 부모님에게 망나니 소리를 듣기도 혹은, 대학 한 학기를 시원하게 말아먹기까지 했었는데도 불구하고. 그만큼 그때의 난 그저 마음 가는 대로 웃고 즐기며 아주 다양한 사람들과 함께 인생을 즐겼던 듯하다. 그리고 아마도 그렇게 내가 나 자신의 인생조차 책임지지 않고 자유롭게 방기할 수 있었던 시기는 진정으로 이때가 마지막이었던 것 같다. 그래서 이 시기가 가끔 그리운 데엔다, 이런 이유들이 있겠거니 싶다.

그런데 만약 나 혹은 그 누군가가 이 당시의 내 생활 대부분을 찍어 우연히 이를 동영상으로 남길 수가 있었다고 치자. 그래서 이를 현재 다수의 타인들 앞에서 상영할 기회마저 가지게 된다면? 흡사 「청춘 스케치」영화 속에서 '레이나'가 그랬던 것처럼 말이다. 그럼 아마도 그게 뭐냐 싶게 당시의 내가 찌질해 보일지도 모르겠다. 이는 달리 말해 사실 내 머릿속에 저장된 오직 나만의 과거가 이렇다 할 별다른 의도가 없었음에도 뜻밖에 상당히 미화됐을 수도 있겠다는 뜻이다.

하지만 그때에 난 정말로「청춘 스케치」의 주인공들처럼 주머니에 4,000~6,000원의 돈만 있어도 몇 병의 술과 대화로 잉여 시간을 꽉꽉 채울 수 있었다. 그래서 밴드 '오아시스Oasis•1991-2009'의 곡「Live Forever•1994」가사처럼 정원에 풀 따위가 어떻게 자라는진 전혀 몰라도 나는, 그날들을 흡사 영원히 살 것처럼 보냈다.

하지만 시간은 야속하게도 앞으로만 흐르고 또 흘렀다.

그리고 20대를 다 지나온 나에게 이 세상은 마치 거대하고도 어두운 심연과 비슷했던 것 같다. 더불어 이 심연은 앞으로도 나에게 큰 숨을 들이쉬고 다시 내려올 여유조차 흔쾌히 허락하지 않으리라는 것을 단단히 알려주기까지 했다.

그런데 이제 와서 돌이켜 보니 어쩌면 영화 속 '트로이'조차 나와 꽤 비슷했겠지 싶다. 그러니까 사실 그 역시도 자신이 언급한 몇 가지만으로는 인생이 절대 채워질 수 없음을 은연중에 잘 알고 있었을 것이다. 그럼에도 그는 당시 '레이나'를 위로하기 위해 그저 젠체했던 것일지도 모른다.

버스킹을 하다 보면 가끔 꼭 중간이나 끝낼 무렵 즈음해서 관객이 전혀 없는 쓸쓸한 시간들이 내게 찾아온다. 그래서 종종 나 홀로 그 거리를 채우는 유일한 풍경이 되곤 하는 것이다. 그리고 그런 상황에서 누군가 우연히 내 모습을 보게 됐더라면 어쩌면 그는, 버스커인 내 등 뒤로 사이코패스의 그림자를 봤을지도 모르겠다. 마치 스타벅스에서 오직 커피만 마시고 있던 한 사람을 보고 그 누군가가 그랬듯.

하지만 끊임없이 성대와 팔을 울리고 흔들어서 노래와 연주를 겸하는 이런 버스킹의 시간이, 그러니까 타인의 눈엔 굉장히 동적으로만 보일 것 같은 바로 이 시간이, 사실 내겐 숨쉬기와 탈출의 시간이기도 하다.

마치 누군가 커피 한잔을 앞에 두고 간신히 자신의 숨막히는 일상을 찢어 그 틈 사이로 숨을 쉬고 있는 시간처럼.

빌런이거나 아니거나

일본에서는 곱창을 '호루몬ホルモン'이라 부른다.

그리고 처음 이 표현을 들었을 때 나는 이 사실을 전혀 몰랐음에도 내 귀에도 역시 이 발음이 거의 정확히 호르몬으로 들렸다. 그렇기에 난 곱창을 왜 이렇게 부르는지가 당시 꽤 궁금했으나 금세, "곱창이 스태미나 음식이니 호르몬을 만드는 데 도움이 돼서 그런가 보지."라며 이 어림짐작을 따로 체크해 보진 않았다.

그러던 훗날.

드디어 '호루몬'이란 호칭의 유래를 알아보니 거기에는 두 가지 설이 존재함을 알게 됐다. 우선 우연치고는 꽤 기막히게도 내가 예상한 것과 유사한 이유에서 비롯했다는 설이 한 가지 있었다. 그리고 그 외에 '버리는 물건'이라는 뜻의

짧은 일본어 문장이 결국 곱창을 지시하게 되었다는 설이 존재했다. 보다 자세히 말해서 '호루ほうる('버리다'라는 뜻)'와 '모노もの('물건'이라는 뜻)'의 합성어인 '호루모노'의 발음이 간사이 지방을 중심으로 고착화되어 훗날 그대로 '호루몬'이 됐다는 얘기다.

일본은 육식을 시작한 역사 자체가 얼마 안 됐다.

이는 사실 일본 천황이 불교의 교리에 따라 무려 1,200년간 일본 내에서 육식을 금지시켰기 때문이라고 한다. 그러다 비로소 1871년 말에 이르러서야 이 금지령이 풀렸고 그 이듬해에 천황 역시 자발적으로 고기에 입을 댄다.

그러나 이렇게 육식이 시작된 이후에도 일본인들은 내장은 전부 먹지 않고 버렸다고 한다. 돼지와 소 가리지 않고 모두. 그런데 재일 한국인들의 식문화는 이와 달랐다. 핍박받던 일제강점기 시기는 물론 태평양 전쟁 종료 이후에도 한민족은 이를 다양한 방식으로 요리해 먹었던 것이다. 그러자 이런 음지의 식문화가 추후 일본인들에게도 역으로 영향을 끼치게 된다.

게다가 요즘 일본에선 음식에서도 한류의 영향을 아주 크게 받고 있다. 따라서 일본인들 사이에서도 곱창은 이제 없어서 못 먹는 음식의 하나로 확실히 자리 잡기까지 한 것 같다. 그런데 참 흥미롭지 싶다. 왜냐하면 일본 육식의 역사를 따라가다 보니 공교롭게도 왜 곱창을 하필 '호루몬'이라고 호칭하게 되었는지 꽤 참신한 방식으로 이해가 되기 시작하니까.

그렇다면 이런 경우는 어떤가.

한국에서도 요즘 많은 이들에게 친숙한 메뉴 중에 '오야코동おやことん'이라는 음식이 있다.

이는 밥 위에 달걀 익힘 그리고 닭고기까지 한꺼번에 얹혀서 나오는 일종의 덮밥이다. 따라서 이 한 그릇만으로도 순식간에 고칼로리를 섭취하는 게 가능하다. 그리고 이런 이유 때문인지 일본에서 그 어느 덮밥 식당에 가더라도 가장 기본적으로 서빙하는 메뉴 중 하나가 바로 이 '오야코동'이기도 하다. 게다가 이것의 맛으로 그 덮밥집의 솜씨를 가늠할 수 있다고 말하는 이들도 여럿 있을 정도다.

그런데 이 '오야코동' 또한 그 뜻풀이를 해보면 꽤 재밌다. 그 이유를 보다 자세히 풀어보면 사실, 이 고유명사 안에 포함된 '오야꼬おやこ'는 우리말로 해석할 때 어버이와 자식이라는 뜻이라고 한다. 그러니까 부모인 닭과 그것의 자식 격인 계란이 한 그릇 안에 담긴 음식이기에 이런 명칭을 가지게 된 것이다.

자, 방금까지 난 여러분께 음식 이름 두 가지와 그에 얽힌 일화들을 간략히 소개해 봤다. 우연치 않게 둘 다 일본 음식 이름이었는데 이는 정말 우연일 뿐이었다. 그런데 내가 이런 예들을 여기에 줄줄이 풀어놓은 건 단순히 음식 얘기를 하고 싶어서가 아니었다. 다만 난 이것들을 통해 어떤 화두 한 가지를 여러분들 앞에 던져보고 싶었다.

그리고 그것은 바로 명사화된 여러 단어들이 단순히 한 가지 착안 법에 의해서만 만들어져 온 게 결코 아니라는 사실이다. 달리 말해 때론 역사적 사실 혹은 색다른 맥락 또한 포함하는 과정을 거쳐 흡사 진화하듯 만들어질 수도 있다는 것을 나는 위, 두 가지 음식명의 사례를 통해 새삼스레 지적해 보고 싶었다.

그런데 위에 실례로 든 고유 명사들의 사례와 꽤 비슷한 예가 만약 영화에도 있다면? 그러니까 모든 영화 또한 크게 표면적인 서사 밑에 깊은 함의가 흐르는 영화와 아닌 영화로 단순 이분화할 수 있다면? 그렇다면 분명 '쿠엔틴 타란티노Quentin Tarantino • 1963-'의 영화들은 아닌 축에 속한다고 말할 수 있지 않을까.

다시 말해 이 말은 '쿠엔틴 타란티노'의 작품들은 흡사 '오야코동'이라는 단어처럼 다의적인 함의가 내포된 영화와는 애초 거리가 먼 것 같다는 뜻이다. 반대로 그의 영화들은 마치 '고무신'이라는 명사와 비슷한 속성을 가지고 있는 듯하다. 그야말로 그 단어가 지시하는 물건의 물리적 속성을 표의하는 것 이외엔 별다른 기능을 하지 않는 단어들처럼. 심지어 그의 영화들은 아예 이런 것에 전혀 관심이 없어 보일 정도다.

사실 '쿠엔틴 타란티노'의 영화를 좋아하는 사람이라면 이미 잘 아시리라. 감독이 되기 이전 그가 원래는 닥치는 대로 영화를 흡수한 그야말로 괴물 같은 영화광이었다는 사실을. 그래서인지 그는 그가 비디오 가게 점원으로 일했을 당시 밤낮 가리지 않고 감상했던 수많은 B급, 제3세계 영화들을 여태껏 입에 침이 마르도록 칭찬해 왔다. 게다가 그것들이 자신이 지금껏 영화를 찍을 때마다 쏙쏙 꺼내 쓸 수 있는 훌륭한 자양분들의 원천이라고 여러 번 언급하기까지 했다.

그런데 여기서 잠깐.

수많은 한국계 영화감독 중 오히려 자국 사람들에게 무척이나 생소한 '정창화•1928-'감독이라는 분이 있다. 그런데 그는 흥미롭게도 1960년대에 홍콩에서 먼저 능력을 인정받아 그곳에서 다수의 뛰어난 무협 영화를 찍어낸 이력을 가지고 있다. 그렇기에 어찌 보면 많은 한국인들이 그분의 존재 자체를 잘 모르는 게 당연해 보일 정도다.

그리고 그런 그가 홍콩에서 찍었던 여러 영화 중 가장 대표작이라 할 수 있는 작품은 「죽음의 다섯 손가락Five Fingers of Death•1972」이라는 무협 영화이다. 그런데 이 영화에는 무척 인상적인 것이 하나 있다. 바로 주인공이 필살의 '철장 비법'을 사용할 때마다 배경에 항상 같이 깔리는 사이렌 음악이다. 이 음악은 그 자체가 신경을 긁는 듯한 느낌을 자아내서 한번 들으면 뇌리에 콕 하니 박힌다.

어쩌면 그래서일까? 이 음악이 젊은 '쿠엔틴 타란티노'의 뇌리에도 꽤 깊은 인상을 남겼나 보다. 왜냐하면 그가 훗날 「킬 빌」시리즈를 감독할 때 긴박감을 높이는 BGM으로 이를 아주 멋지게 재활용했기 때문이다. 아마도 이는 '쿠엔틴 타란티노' 감독이 어린 시절 흡수한 자양분을 흥미롭게 활용한 사례 중, 특히 한국 사람에게 가장 소개하기 재밌는 에피소드가 아닐까 싶다.

하지만 이 음악과 관련한 일화는 여기서가 끝이 아니다. 이 BGM이 여기서 사라지지 않고 이후 우리나라 예능 프로그램 단골 효과음으로 역수입되는 것이다. 특히나 이 음악은 방송 수위가 좀 위험하다 싶으면 이를 경고하는 양념 역할로 꽤 과다하게 투입된다.

그리고 여기서 재밌는 사실 한 가지 더. 그건 바로 「죽음의 다섯 손가락」에 나온 이 인상적인 효과음 역시 오리지널이 아니라는 점이다. 원작자가 따로 있는 것인데 바로 그는 놀랍게도 마이클 잭슨의 프로듀서로도 아주 유명한 '퀸시 존스Quincy Jones•1933-'이다. 그러니까 이 곡의 진짜 정체는 그가 최초 미국 TV 형사물 드라마의 타이틀 음악으로 작곡한 「Ironside•1967」라고 한다. 그런데 「죽음의 다섯 손가락」 제작진이 이 영화를 만들 당시, 이를 무단으로 가져다 쓴 것이다(다만 녹음 정도는 홍콩에서 아예 새롭게 진행해 썼다는 일화도 암암리에 전해진다.).

그런데 저런 비화祕話가 있었건 말건 현재 '정창화' 감독은 이미 90세를 넘긴 노년이 됐다. 그리고 그런 그가 과거에 본인이 직접 큐레이션했던 결과물이 이렇게 뒤늦게나마 고향 땅 예능에서 가장 활발한 '밈' 중에 하나로 쓰였던 모습을 직접 보긴 했을까? 그것도 결국 지구 한 바퀴를 돌고 돈 뒤에야 말이다. 그렇다면 그가 이를 지켜보며 과연 어떤 표정을 지었을지가 꽤 궁금하기도 하다.

곁가지 얘기가 좀 길었는데 '쿠엔틴 타란티노' 작품 세계 얘기로 다시 돌아가야겠다. 그는 아마도 복수라는 테마를 굉장히 중요하게 생각하는 감독인 것 같다. 왜냐하면 그의 영화 대부분이 사실상 이 테마를 중심으로 빌런과 아닌 이들 세계 사이에 무척 명확한 선을 그으며 시작하기 때문이다.

이후 그는 이 서로 다른 두 영역이 각자 후끈하게 데워져 서서히 끓게 만든다. 마치 뚜껑이 덮인 채 달궈진 반반 냄비 속 내용물들이 그러하겠듯. 그러다 결국 그는 이 냄비 중간에 자리한 작은 장벽 자체를 단번에 제거해 버려 이후 그렇게 충돌하게 된 두 영역 중, 어느 한쪽이 완전한 종말을 볼 때까지 서사를 극단으로 밀어붙인다. 한마디로 그는 대부분의 영화를 이렇게 아주 직선적으로 만드는 것이다.

그럼 진짜 그런지 그의 대표작 중 하나인 「킬 빌Kill Bill: Vol. I, 2 • 2003-2004」 시리즈부터 한번 살펴볼까. 참고로 이 영화의 주인공은 '우마 서먼Uma Thurman • 1970-'이 연기한 '더 브라이드'이다. 그리고 이 영화의 서사 전체는 사실상 그녀가 자신은 물론 본인 몸속의 태아까지 죽이려던 빌런들을 향해 과연 어떻게 내장부터 끌어올린 복수의 에너지를 발산하는지 바로 이걸, 보여주기 위해 봉사한다 해도 과언이 아니다.

그다음으로 「바스터즈: 거친 녀석들Inglourious Basterds • 2009」과 「원스 어폰 어 타임 인... 할리우드Once Upon a Time in... Hollywood • 2019」는 또 어떤가? 이 영화들에서 '쿠엔틴 타란티노'는 실존했던 최강의 두 빌런 조직, 즉 나치와 맨슨 패밀리를 소환했다. 이들을 일종의 타깃으로 만들어 세운 것이다. 이후 영화는 이 타깃들이 먼지로 분화해 완전히 사라질 때까지 그 위로 각종 무기를 시원하게 갈기고 또 갈겨댄다. 그래서 마치 스크린에서 매캐한 탄내가 풍길 듯한 형세로 영화들이 완성됐다.

그런데 어쩌면 이런 '쿠엔틴 타란티노' 영화들의 아주 직선적인 화법 때문일까. 그는 아쉽게도 권위 있는 '아카데미 시상식'에 참석해 빈손으로 돌아가는 일이 많았더랬다. 특히나 그는 아직까지 이 시상식의 가장 주요 부문들인 감독상과 작품상을 받은 이력이 없다.

그러나저러나 이번 장을 읽으며 이미 눈치챈 사람들도 있겠지 싶다. 내가 이번 장에서 '쿠엔틴 타란티노' 영화 앞에 유독 '직선적'이라는 수식어를 즐겨 붙여 쓰고 있음을. 그리고 이는 영어로 번역했을 시 '스트레이트straight'라는 단어로 치환이 가능한 표현이다. 게다가 이 '스트레이트'라는 표현은 때론 특정 대중음악 앞에도 붙여 그 음악의 특징을 좀 더 부각시키는 용도로도 쓰인다.

그런데 어쩐 일인지 요즘 영화계에선 '쿠엔틴 타란티노' 외에 그처럼 화끈하고도 직선적인 영화를 만드는 감독을 달리 찾기가 힘들다. 그리고 또 사실 대중음악계의 사정 역시 비슷하다. 그러니까 이 분야에서도 역시 시원하게 내달리면서도 직선적인, 한마디로 위에 언급한 '스트레이트'한 음악 또한 그 자취를 찾아보기가 꽤 힘든 것이다.

그리고 이런 현상을 자세히 뜯어보면 단순히 이는 대중문화 예술계라는 특정한 영토에 부는 한시적 지역풍만은 아닌 것 같다. 그런데 나는 어쩌면 이것이 전 세계에 전반적으로 걸쳐 형성된 다양화에 대한 열망이나 혹은 보다 확실한 인종 평등에 대한 요구 등에서 비롯된 현상이 아닐까 싶다. 다시 말해 난 이것들이 취향과 가치관의 세분화에서 시작된 나비 효과가 결국 불러온 현상들이 아닐까 싶은 것이다.

반면 이런 다양화의 바람이 불고 있는 지대 반대편에는 이와는 많이 다른 반사 기상이변 또한 동시에 벌어지고 있다. 인공지능과 IT 산업의 발전으로 몇 십 년 안에 사라질 직업군들을 언급한 기사들이 심심치 않게 나오고 있는 것이다. 그리고 이걸 살펴보자면 언급된 영역이 꽤 광대하고도 다양함을 바로 알 수가 있다. 심지어 앞서 언급한 현상들을 지켜볼 때의 느낌과는 전혀 다르게 인간의 존엄성 자체가 위협받는다는 느낌이 들 정도로 그렇다.

앞선 장에서도 이미 몇 차례 밝혔듯 내게는 디자인으로

나름 오랫동안 밥벌이를 해온 이력이 있다. 그런데 사실 내가 직접적으로 속해 있는 이 '그래픽 디자인' 분야는 보통, 종말을 맞을 직업군보다는 미래에도 살아남을 직업군 쪽에 포함이 되고는 한다. 하지만 그럼에도 불구하고 내가 볼 땐 이 직업군의 미래에도 비관의 그림자가 더 많이 드리워진 듯 느껴질 때가 많다. 특히 디자인 '템플릿' 사업이 현재 얼마나 깊숙이 이 영역 안에 침투했는지를 생각해 보면 더욱 그렇다.

　여기서 또다시 잠깐. 여러분에게 '템플릿'이라는 전문 용어가 어렵게 느껴질까 봐 이에 대해 간략한 설명을 덧붙인다. 이는 디자인 전문가들이 일종의 규격화된 디자인 포맷을 미리 다양하게 만들어놓은 것이라고 할 수 있다. 그래서 추후 소비자가 이를 구입해 여기에 들어가는 문구나 문자 정보만을 간략하게 바꾼 후 곧바로 디자인을 완성할 수가 있다. 그런데 사실상 요즘엔 디자인 비전공자들뿐만 아니라 현역 디자이너들도 이를 빈번히 활용한다. 아주 빠르고도 비교적 실속 있게 각기 다른 디자인 포맷을 완성할 수 있으니 이렇게 다양한 이들에게 또, 다방면으로 활용되고 있는 것이다.

　하지만 이러한 인스턴트적인 속성 때문에 이 디자인 '템플릿'은 큰 단점 또한 가지고 있다. 디자인 단가나 퀄리티를 암암리에 또 점진적으로 낮추는 것이다. 따라서 결국 디자인 생태계에 여러모로 위협적이라고도 할 수 있다.

그렇다면 과연 음악 분야, 특히 그중에서도 앞서 내가 언급한 '스트레이트'한 음악들의 사정은 어떨까? 이 분야 위로 드리워진 구름의 색과 성질은 앞서 언급한 것들과는 좀 다를까? 음, 다소 안타깝게도 그것에 대한 대답도 분명 "No"에 가깝다.

참고로 '스트레이트'하다는 표현을 특정 대중음악 앞에 붙여 쓰는 경우를 보면 보통 록 음악 앞에 그것을 곁들이는 경우가 대부분이다. 또 그러했을 때 비로소 이것이 형용사로서 제 역할을 하는 것도 같다. 그런데 요즘은 누군가 음악을 하고 싶다고 하면 이런 직선적인 록 음악의 기반이 되는 전자기타 최저가를 검색하는 경우는 매우 드물지 싶다. 아마도 대부분이 오디오 인터페이스나 미디 건반부터 검색을 해볼 것이다. 혹은 좀 더 돈이 있는 작곡가 지망생이라면 고급 노트북의 견적부터 일단 따져보거나.

그리고 이를 생각하면 음악가 지망생들이 음악을 최초 잉태시키기 위해 준비하는 기본 인프라 단계에서 떠돌고 공유되는 현상 같은 것 자체가 이미 많이 바뀌었다는 것을 금세 눈치채게 된다. 그것도 불과 20~30년 정도 만에 그런 것이다(물론 그리 짧지만은 않은 시간이다.). 현실이 이러하니 현재 음악계에서 왜 직선적인 록 음악 같은 것들이 더 이상 쉬이 나오기가 힘든지 좀 더 선명하게 이해가 되기도 한다.

좀 전에 내가 다양화나 세분화에 대한 열망이 현재, 지구 전반에 걸쳐 널리 퍼지고 있다고 말한 것을 다들 기억하시리라.

그럼 여기서 그런 구체적인 실례를 몇 가지 들어본다. 우선 경찰의 무자비한 과잉진압 때문에 사망한 '조지 플로이드George Floyd•1973-2020' 사건을 계기로 이후, 인종 평등을 외치기 위해 거리로 쏟아져 나온 수많은 시위자들이 내 눈에 들어온다. 그리고 성 소수자나 다양한 종교에 대해 관용하는 법안이 각국에서 발의되거나 또, 우리나라 안에서도 다양한 성 소수자 축제들이 개최되고 있는 현실들. 또 인터넷을 통해 자신의 기분과 취향에 따라 특정 방송이나 다양한 영상 콘텐츠들을 그 어느 때고 큐레이션해서 볼 수 있게 된 것. 마지막으로 대중음악 한 곡 안에 3, 4개의 장르와 템포가 혼재하고 있어 단지 한 곡만 들었을 뿐인데도 마치, 여러 곡을 감상한 듯한 느낌을 자아내는 곡들이 인기를 얻는 현 음악계의 추세 같은 것을 꼽고 싶다.

그런데 이런 문화, 이념적 다양화의 실제적 예들을 두루 살펴보거나 내가 직접 현실로서 경험하고 나니 결국 내게 이런 생각이 든다. 이것의 결과로 한때 큰 인기를 구가했던 특정 장르들의 입지 자체가 좁아진 것은 아닐까라고. 왜냐하면 한때 큰 영역을 차지하던 것들을 모두 세분화해 그것을 좀 더 잘게 나눠 취하는 것이 요즘 세상의 대세라고 말할 수 있으니까. 따라서 이에 대한 반작용으로 한때는 나름 광대한 영역을 차지했던 직선적인 음악, 영화들의 영토들 또한 점차 좁아진 게 아닐까 싶은 것이다.

사실 나는 상당수의 버스커들과는 좀 달리 전자기타로 반주를 하며 버스킹을 한다. 그런데 이 전자기타라는 악기는 한때 '혁명'을 상징했었다. 뿐만 아니다. 등장 이후 이 전자기타가 최고 전성기를 맞았을 때는 심지어 가장 다양한 사운드를 창조할 수 있는 악기의 대명사로 불리기도 했다.

하지만 지금의 음악적 현실을 생각해 보면 이는 어쩌면 한물간 얘기가 돼버린 듯하다. 다시 말해 단순히 '스트레이트'한 록 음악에 쓰이는 악기를 넘어 여러 가지 상징(혁명 외에도 섹시함, 젊음, 열정, 반항, 자유 등등)이기도 했던 전자기타가 이젠, 그런 상징들과는 다소 동떨어진 위상으로 전락했다는 느낌이 어쩔 수 없이 드는 것이다. 물론 내 개인적으로는 전혀 이렇게 생각하지 않지만 말이다.

게다가 그런 전자기타의 잠재력과 혁신은 이제 그것의 상당 부분들을 컴퓨터에게로 넘겨줬는지도 모르겠다. 그 실례로 DAW라고도 흔히 줄여 부르는 '디지털 오디오 워크스테이션'으로 음악 작업을 해본 사람이 있다면 이미 잘 알 것이다. 요즘엔 이 안에 불러들인 가상악기 하나로 다양한 전자기타의 사운드를 아주 쉽게 모방할 수 있다는 것을. 심지어 다양한 기타 앰프 혹은 이펙터의 소리들 역시 마찬가지다.

대중 예술인 음악, 영화는 현재 그 안에서 세부적으로 많은 가지치기가 돼 범주들이 굉장히 다양하게 나누어져 있다. 그런데 그 가지 하나하나를 자세히 뜯어보기 시작하면 그 어느 것에나 그것을 탄생하게 만든, 시대의 가치관이나 욕구 따위가 아주 생생하게 아로새겨져 있다는 사실을 이내 깨닫게 된다. 무척이나 신기한 일이다.

그리고 이런 예술 분야와는 별개로 시대의 미래적 요구에 부응해, 사라질 것이라는 직업군 목록을 찬찬히 살펴보면 이것들 안에서도 역시나 흥미로운 공통점 한 가지가 발견된다. 그 안에는 유독 인간답게 땀을 흘리게 만들거나 혹은 직접적으로 몸과 머리를 써 결과물을 일궈내야 하는 직업들이 많이 포함돼 있다는 점이다.

그런데 결국 이 대목에서 이렇게 현대 대중예술 혹은 문화의 여러 특성들과, 사라질 직업군에 대한 생각을 중첩시켜 하고 나니 내게 어떤 그림 하나가 선명히 보이기 시작한다. 그리고 이 그림은 바로 '스트레이트'한 록 음악과 '쿠엔틴 타란티노' 영화들 사이의 공통점에 대한 그림이다.

예컨대 이런 것이다.

사실 이 둘 모두는 차고나 로케이션 현지 등 아날로그적인 장소에서 녹음되고 촬영된다는 큰 유사점을 가지고 있다. 다시 말해 이 두 가지 다, 위에 언급한 직업군들이 일하는 환경처럼 직접적으로 살과 뼈를 흔들어 땀, 체취 그리고 먼지가 일상적으로 발생하는 상황과 공간을 배경으로 두른 채 창작된 공통점이 있는 것이다. 그리고 이런 공간들은 사실상 끊임없이 메인보드의 팬 소리가 윙윙 하고 돌아가는 깔끔한 디지털 제작실과는 상당히 거리가 먼 공간들이다.

이제서야 말하는 거지만 사실 나란 사람은 시대의 흐름을 거스르려는 의지 자체를 크게 가지고 있지 않다. 지금은 나이 때문이라고 얘기할 수도 있겠지만 사실 나는 어릴 때도 비슷한 성정을 가지고 있었다. 따라서 나는 언제고 이 흐름이 너무 거세기만 해 내가 의지한 고무 튜브 따위가 전복되는 일만은 부디 없기를 바라며, 아슬아슬하게 생을 이어가고 있기도 하다. 사정이 이렇기에 난 세상의 추세라는 거대한 강물에 되지도 않는 불만이나 이의를 던질 생각 역시 갖고 있지 않다. 게다가 설혹 내가 이런 시도를 해본다 한들 결국 이것들이 그 거센 흐름에 순식간에 휘말려 금세 산산조각 날 뿐이겠거니 싶다.

다만 이 장을 쓴 변명으로 다음과 같이 적으며 마무리를 짓는다면 이 글이 그다지 무리는 안 되겠지 싶다. 나는 그저 직선적인 대중 예술들이 계속해서 그 자리를 이탈하지 않고 질주하는 행보를 보여줬으면 하는 바람 때문에 이 글을 썼노라고.

다시 말해 난 개인적으로 '스트레이트'한 록 음악이나 '쿠엔틴 타란티노'스러운 영화들이 미래에도 사라지지 않았으면 좋겠다. 왜냐하면 이런 것들이 미래의 대중문화에도 필시 양분이 됐으면 됐지 절대 빼기의 화학 작용을 일으킬 것 같지는 않아서다.

결국 최종적으로 지금 이 대목에서 이런 상상을 한번 해본다.

미래에는 과연 TV에 나오는 실제 연주자들조차 다 기계로 대체되어 로봇들이 다수 출연하는 생경한 음악 방송들을 보게 될까? 흡사 여러 SF 영화들 혹은 박람회장에서 이미 재현해 놓았던 미래 모습들처럼. 그래서 보컬 한 사람만 홀로 사람인 것이다. 그리고 또 길거리에서도 역시 실제 사람이 하는 버스킹은 눈 씻고 찾아봐도 안 보이는 세상이 결국 밝아오게 될까?

글쎄, 그건 잘 모르겠다.

다만 사람이 하는 버스킹이 여전히 미래에서도 벌어진다고 치자. 하지만 설사 그렇다 하더라도 융통성이라곤 일도 없는 로봇이 계도 활동을 벌여 결국 한 치의 어긋남 없이 거리 단속을 펼치는 세상이 도래하고 만다면? 그럼 아마 난 그때 가서 수년 동안 반복해 온 이 소중한 행위를 모두 부인하게 될지도 모르겠다.

편견과 증오라는 어두운 방의 문

　사람의 눈은 자신 본인이 아니라 남들을 향해 달려있다. 그리고 아마도 이런 신체적인 한계 때문일까? 개개인의 인간들에겐 본인이 주체적으로 행한 여러 행위들을 객관적으로 바라보는 게 결코 쉬운 일이 아니다. 더불어 인간은 본인이 가진 가치관이나 혹은 자신이 택해서 행한 행동 등을 맹신적으로 옹호하려는 성향 또한 진하게 가지고 있다.

　나 또한 마찬가지다.

　그래서 버스킹에 관해 나름 다각도의 시각을 담아내려고 노력했음에도 어떤 장에선 다소 실패한 글을 썼다는 느낌도 든다. 그러니까 내가 주체적으로 해온 이 행위를 주로 옹호하는 논조로 여태껏 써온 글들이 다수, 마무리된 듯한 느낌이 드는 것이다.

하지만 그럼에도 난 버스킹이라는 행위가 누군가에겐 꽤 불쾌한 행위가 될 수 있음을 나 스스로가 잘 알고 있다. 그리고 또 기본적으로 세상 모두에게 사랑받는 사람 혹은 행위란 애초부터 존재할 수 없는 법이기도 하니까. 그런데 사실 버스킹 초기에 난 구태여 이 부분에 심적으로 시선을 주지 않으려 했던 것 같다. 왜냐하면 이건 버스킹에 있어 그림자와 비슷한 측면이기 때문이다.

심지어 나란 사람 자체가 버스킹을 하기 전 다른 버스커들을 길에서 우연히 조우하게 되면 대뜸 이런 생각부터 했더랬다. 그들이 음악계의 게릴라, 그것도 안 좋은 의미의 게릴라들처럼 보인다고.

하지만 지금 나 스스로가 버스킹이라는 행위를 수백 차례 반복해 오면서 생각을 갈음하다 보니 난 여기에 '음陰'의 기운보다는 '양陽'의 기운이 훨씬 더 많이 감돈다고 믿게 됐다. 그리고 그러면서 동시에 이전에 시선을 주지 않던 곳에도 자연스레 시선이 갔다. 한마디로 난 이전과는 달리 버스킹을 혐오하는 이들을 과연 어떻게 받아들여야 할까라는 생각들을 진지하게 해보게 된 것이다.

그런데 이는 결코 쉽게 결론 내릴 생각이 아니었다.

그리고 무엇보다 버스킹에 대한 호불호의 감정이 발생

되는 어떤 경계를 뚜렷이 긋는 일 자체가 쉽지 않게 느껴졌다. 왜냐하면 우선 길거리라는 공간은 어떤 특정인에게 소유된 사적 공간이 아니기에 그렇다. 따라서 이런 곳에서 공연하는 나는 남들에게 무조건 나의 버스킹을 들어달라거나 혹은 용인해 달라며 그리 쉽게 주장할 수 있는 처지 자체가 아닌 것이다. 또 사정이 이러하기에 이렇게 열린 공간에서 노래하는 버스킹이라는 행위에 그 언제까지고 완벽한 당위라는 것이 들러붙기가 힘들기도 하다.

또한 버스킹을 듣는 쪽에서도 상반된 입장이 존재할 것이다. 좀 더 구체적으로 말해 그들 중 누군가는 거리에서 꽤 괜찮게 연주되고 불리는 음악이 존재하는 것을 반갑게 여길 테다. 반면에 또 다른 누군가는 왜 조용히 걷고만 싶은 거리에서 타인의 노래들을 억지로 들어야 하나라는 생각들을 할 것이고. 그런데 이 욕구들을 모두 합한 뒤 이후 평균치까지 내어 조율하는 것은 사실상 불가능한 일이다. 사정이 이러하니 앞서 내가 위와 같은 말을 꺼낸 것이다.

그리고 이것이 쉬운 문제가 아니라는 것을 방증이라도 하듯 세계 곳곳에는 버스킹 규제와 관련한 아주 다양한 사례들이 존재한다. 예를 들어 아일랜드의 수도 더블린의 경우를 한번 살펴보자. 참고로 이 도시는 한때 많은 한국인들

407

에게 버스커에 대해 매우 긍정적인 인식을 갖게 했던 영화 「원스」의 배경이 됐던 곳이다. 그러나 이곳은 개봉 후 되레 영화와는 사정이 많이 달라졌다고 한다. 버스커가 부랑자로 분류되어 거리 공연 자체를 불허한 것이다. 그리고 지금도 이곳에서 버스킹을 하려면 관계 당국의 허가가 꼭 필요하고 그 외에도 여러 가지 필수 준수 규칙들이 존재한다.

현재 한국의 사정은 이런 아일랜드와는 다르다.

그러니까 이 나라에선 아직 버스킹이 법적 제재를 가할 만한 대상인지 아닌지를 따져봐야 할 담론의 대상 자체가 아닌 것이다. 그럼으로 현재 한국 내에서 버스킹은 사회악도 아니다. 그렇다면 이런 상황을 차치하고라도 결국 이 행위에 호불호, 혹은 정당성을 결정하는 데에 있어 절대적인 감정이자 기준이라는 것이 정녕 존재하긴 하는 걸까?

지금 내가 글을 쓰고 있는 지금 이 시점까지도 우리 모두는 '코로나바이러스'의 영향력에 꽉 붙잡혀 살고 있다. 따라서 우린 이제껏 한 번도 경험해 보지 못한 여러 가지 현상 및 사건들을 실시간으로 체험하며 삶을 이어가고 있기도 하다.

그런데 이런 생각을 한번 해봤다.

내가 세상에 태어난 이후 우리 인류에게 닥쳤던 그 어떤 여타 현상보다 이 '코로나' 사태가 매우 직접적이고도 지독하게 체감되는 이유가 과연 뭘까 하고. 내 생각엔 아마도 이 모든 사태들이 아주 빠르고도 치명적으로 전개돼서가 아닐까 싶다. 심지어 그것도 손에 잡히긴커녕 눈에 보이지도 않는 바이러스로 인해서.

치명적인데 눈에 보이지도 않는다?

당연한 얘기겠지만, 이 정도면 인간에게 두려움을 느끼게 하기에 아주 충분한 조건이다. 하지만 다행히도 2020년 말, 우리에게 '코로나바이러스' 백신이 개발되었다는 희소식이 전해졌다. 게다가 이미 우리나라 안에서도 대부분의 국민들이 백신 접종을—그것도, 수차례나—완료했다. 여담이지만 나 역시도 4차까지 접종을 마쳤다.

하지만 그럼에도 적어도 우리나라 안에서만이라도 집단면역이 생성되려면 우리에겐 아직, 꽤 많은 시간이 필요해 보인다. 다만 요즘은 그나마 상황이 많이 호전되어 거리 두기 규제가 완전히 풀리고 실외에서 마스크 착용에 대한 의무 역시 해제가 되었다(2022년 말 기준). 심지어 최근엔 실내에서조차 완전히 마스크를 벗자는 논의마저 지방자치단체를 중심으로 활발히 전개되기 시작했다.

그렇지만 우리 대부분의 인식은 사실상 "여전히 마스크

는 선택이 아닌 필수품!"이라는 데에 아직 맞닿아 있고 또 여전히 국민들 사이에선 바이러스를 매우 경계하는 분위기가 일반적이다. 그래서 조금의 과장을 보태 말하면 내가 살고 있는 현실 세계는 아직까지 흡사, 우연히 좁은 해협에 들어섰다가 쉽사리 빠져나가지 못하는 배 한 척처럼 느껴지기도 한다.

그런데 이번 사태를 직접 겪거나 지켜보는 와중 일어난 수많은 변화 중 개인적으로 가장 두드러지게 느낀 부분이 있다. 그건 바로 코로나 사태 장기화로 인해 많은 사람들이 우울감, 불안감, 분노 등과 같은 부정적 감정들을 크게 느끼고 있다는 체감이었다. 사실 특정 바이러스에 대한 공포가 커지면 이는 일단 신체에 대한 위협으로 간주되는데 여기에 더해 우리는 여러모로 정신적 고통까지 받고 있는 것이다.

이는 조금만 주위를 둘러봐도 결코 과장의 표현이 될 수 없다. 왜냐하면 근 몇 년간 뉴스를 가장 흔히 장식했던 보도들이 바로 이와 관련한 것들이었기 때문이다. 예를 들어 비교적 최근까지도 마스크 미착용에서 비롯된 시비가 폭력, 상해 사건으로 번져 무려 천 건 이상이 경찰 수사로까지 이어져 왔다.

게다가 근래에 한국 내 경우만 따져보더라도 그 어느 때

보다 불법적인 일탈 행위가 많이 늘어나기도 했다. 대표적으로 음주운전 증가가 그렇다. 그리고 이것이 상해, 사망과 같은 2차 사건으로도 이어져 다수의 무고한 사람들이 피해를 봤던 것으로 안다. 사정이 이렇다 보니 '코로나바이러스'가 몰고 온 '음'의 기운이 어느새 우리 머릿속에 거대한 먹구름까지 만들어 냈다는 표현도 말이 되지 않을까?

이 대목에서 난 버스킹을 하는 동안 사람들이 내게 호불호의 감정을 가지게 되는 그 경계선 얘기를 다시 한번 꺼내 본다. 앞서 난 이 버스킹에 엮어낼 수 있는 여타의 담론들이 생각보다 여럿 있다는 것을 상기하는 순간, 이 경계선을 무 자르듯 쉽게 나누기가 곤란해진다고 이미 말한 바 있다.

그런데 위에 말한 마스크를 썼는지 안 썼는지 여부로 발생한 폭력 사건들 역시 마찬가지다. 그러니까 그 이면을 들춰보면 이것들 뒤로도 역시 여러 가지 담론 거리 혹은, 역학들이 조용히 숨어 있는 건 아닌지 싶은 것이다. 마치 마스크의 주요 기능 중 하나인 가리기가 충실히 이행됐다 하더라도 사실상, 그 밑에 각기 다른 표정과 얼굴이 자리하고 있음을 예측하는 게 그다지 어려운 일이 아니겠듯.

하지만 이렇게 가려진 것들 사이로 비교적 뚜렷하게 엿보이는 사실 하나가 있다. 그건 바로 마스크 아래 가려진 것이 그 무엇이 됐든 그것 역시 꽤 강한 위독성과 전염성을 가지고 있다는 것이다. 이를 좀 더 상세히 설명해 보면 이것들 또한 '코로나바이러스'가 가진 잠재 속성만큼이나 사람들에게 이로운 것과는 정반대되는 성질을 애초에 품고 있는 듯 보인다는 것이다.

예컨대 마스크를 쓰라는 지적을 받은 당사자가 그것에 폭력으로 대처했다면 그것은 단순히 그 지적 행위로 말미암은 일이 아니지 싶다. 마스크 지적은 단지 폭력을 유발하는 버튼 역할만을 한 것으로 보인다. 결국 이 말은, 모르긴 몰라도 그 폭력 행사자는 이미 한국 사회에 불만이 한가득한 사람이었을 것 같다는 얘기다. 그리고 여러분도 잘 아시겠다시피 이런 분노나 증오와 같은 부정적인 감정 역시 타인에게로 꽤 쉽게 전염되는 고약한 성질을 가지고 있다.

나는 예전부터 보통 '집단 학살'을 일컫는 '제노사이드 Genocide'의 역사에 대해서 왠지 모르게 관심이 많았다.

그래서 "우리가 그 심연을 오랫동안 들여다본다면, 심연 또한 우리를 들여다보게 될 것이다."라는 철학자 '니체'의 말처럼 사실, 큰 관심을 가져봐야 개인 정신 보건에 결코 유익하지 않을 이런 나의 이상한 성향에 대해 곰곰이 생각해 본 적이 있다.

지구의 역사 전체를 보통 사람이 두 팔을 쫙 벌린 너비 정도라고 가정할 수 있다고 치자. 그러면 우리 현생인류가 살아온 역사의 비중이라는 게 사실상, 이 사람이 줄로 손톱을 갈았을 때 나오는 중간 크기의 부스러기 안에 다 담길 수가 있을 정도라고 한다. 그런데 우리는 그 짧은 시간 안에서도 결과적으로는 공멸에 이를 수도 있었던 잔혹사를 수도 없이 써왔다.

그리고 인류사에 있어 가장 비극적인 포인트라고 불리는 2차 세계대전을 한번 생각해 보라. 여기에 더해 한국인에겐 그 의미가 남다를 6.25 전쟁까지도. 그러면 이 두 전쟁 모두 불과 70~80년 정도 전에 발발한 사태였다는 사실을 금세 깨닫게 된다. 사실 이 정도의 기간이라면 현대인 한 명의 생로병사가 시작해 완전히 채 끝나지도 않을 정도의 시간이다.

게다가 앞서 언급한 집단 학살은 사실상 더 가까운 과거에도 수십 차례나 그것도, 세계 각지에서 벌어진 사례들이 있었다. 아마도 그래서였던 것 같다. 애초 내가 이런 역사에 관심을 가지게 된 가장 큰 계기가. 그러니까 난 이 어두운 '제노사이드'라는 잔혹한 문이 어쩌면 내가 현존하는 시기내에 또 한번 게다가, 내가 사는 곳 인근에서 열릴 수도 있겠다는 생각을 종종 했던 것 같다.

그런데 내가 태어난 기점을 전후로 이렇게 '제노사이드'의 역사가 수차례 반복됐었기에 주변을 둘러보면 사실, 이와 관련한 영화들 또한 이미 세상에 많이 나와 있음을 쉬이 알게 된다. 그래서 이 장에서 난 그중 단 두 개의 영화를 끌어들여 좀 더 자세한 얘기들을 나눠보고 싶다.

혹시 아프리카 지도를 자세히 들여다본 경험이 있는지.

만약 없었다면 지금이라도 구글 지도를 띄워서 한 번이라도 자세히 보길 추천드린다. 그리고 그러고 나면 유독 이 대륙에는 인공적으로 국경선이 나누어진 나라들이 많다는 것을 금세 깨닫게 될 것이다. 정말 자로 대고 그은 듯 아주 반듯하게 여러 나라의 국경선들이 나누어져 있는 것이다.

사실 이는 영국(縱의 진로로 아프리카를 식민지화하려 함.)이나 프랑스(橫의 진로로 아프리카를 식민지화하려 함.) 같은 유럽의 열강들이 그야말로 아이들 땅따먹기하듯 아프리카를 나눠 식민지화했기 때문이다. 대범했지만 너무 부주의하게도 말이다. 따라서 이런 열강들이 애초 태양이 지지 않던 제국에서 해가 지는 소국으로 입지가 좁아져 결국, 아프리카를 포기하고 떠나야 했을 때 여러 문제들이 한꺼번에 드러나게 된다. 달리 말해 이들의 식민지화를 땅따먹기에 비유한 이유를 쉽게 눈치챌 수 있을 정도로 이것이 추후 불러온 문제들이 아주 심각했던 것이다.

일단 아프리카 대륙 사람들은 별다른 후속 조치 하나 없이 본국으로 귀환하는 유럽인들 때문에 크게 당황했다. 외부로부터 급작스럽게 유입된 통치방식에 적응이 될 만하다가 다시 상황이 급변하니 당연히 그럴 수밖에. 따라서 이런 상황은 여러 부작용을 낳게 되는데 이 중 가장 최악의 사태가 바로 같은 동족끼리 서로가 서로를 죽이는 일이었다. 그리고 이런 동족상잔의 가장 대표적인 사례로 흔히 언급되는 게 바로 '르완다'에서 벌어진 부족 간에 대학살이다.

앞서 이미 언급했던 대로 사실상 아프리카를 식민지화하는 데에는 유럽의 빅 2, 즉 영국과 프랑스가 가장 열성을 보였다. 그런데 이런 상황에서 다른 유럽 국가들이라고 그저 손가락만 빨고 있지는 않았다. 그들 역시 틈새시장 격의 나라들을 식민지화하는 데 열성을 보인 것이다. 마치 영국과 프랑스가 게걸스럽게 나눠 먹다 흘린 콩고물을 주워 먹는 듯한 형세로 그랬다. 르완다는 이러한 유럽 국가 중 최초 독일에 이어 벨기에의 식민 지배를 받는다.

그런데 이렇게 두 유럽 국가가 르완다를 식민 지배할 당시 꽤 특이한 점이 있었다. 그건 바로 자신들의 편의대로 르완다 종족을 두 부족으로 가른 것이다. 일단 그들은 연한 피부색에 더욱 나은 외양까지 가져, 외모적으로 우월한 인자를 지녔다고 판단한 사람들은 투치족으로 호칭했다. 그리고 그 나머지를 전부 후투족에 편입시킨 후 그때부터 이들은 투치족만을 우대하는 차별 정책을 펼쳐나간다.

그래서인지 투치족은 벨기에 통치 기간 내내 권력과 부를 특권적으로 누리는 생활을 하게 된다. 사실상 그들은 인구 구성비에서 85% 정도를 차지하는 주류 후투족에 비해 14% 정도의 적은 구성비만 차지하고 있었는데도 불구하고.

하지만 이런 불평등이 쌓이고 또 쌓이면 결국 불만이 터져 나오기 마련. 이후 르완다는 후투족으로 권력 중심이 넘어가는 정권 불안기를 거쳐 최종적으로는 벨기에가 아예 식민 지배를 청산하고 철수하는 상황에까지 돌입하게 된다. 그리고 바로 이때부터 정말 큰 문제들이 불거지기 시작한다. 이 나라 안에서 쿠데타나 인종차별 등과 같은 꽤 심각한 사태들이 하나둘 발발하기 시작한 것이다.

그러다가 결국 1994년 4월 6일.

'쥐베날 하비아리마나 Juvenal Habyarimana • 1937-1994' 대통령이 탄 전용기가 로켓포에 격추되고 마는데 그러자 그야말로 르완다는 무정부 상태에 돌입하게 된다. 그리고 그때부터 후투족은 이런 사태의 원인을 모두 투치족에게 돌리기 시작한다. 유럽인들 덕에 그들이 그간 불합리하게 특권을 누렸다며 그동안 쌓여왔던 억눌린 증오와 분노를 한꺼번에 이들에게 폭발시킨 것이다. 따라서 결국 들불처럼 번진 이러한 증오는 후투족의 투치족에 대한 무자비한 학살로 발전돼 결국 100만여 명에 가까운 목숨이 단시간에 희생된다.

하지만 불행 중 다행이라고 이런 학살의 현장 한가운데에서도 목숨을 걸고 인명을 구조해 낸 극소수의 사람들과 특별한 장소가 하나 있었으니. 바로 그것에 대한 이야기를 담은 영화가 「호텔 르완다Hotel Rwanda·2004」이다.

사실 이 영화를 보다 보면 일단 당시 상황이 얼마나 심각했는지가 곧바로 느껴진다. 평소 이와 유사한 참극이 벌어지면 종종 큰 역할을 해내는 UN 평화 유지군조차, 사태 초기에 책임을 방기하고 아예 르완다에서 철수해 버리고 마니 말이다. 이들에게마저도 이는 그리 손쉽게 평정할 수 있는 사태 자체가 아니었던 것이다. 그런데 그런 상황 속에서도 〈밀 콜린스 호텔〉을 경영하는 지배인은 숭고하게 많은 인명을 구해낸다.

그야말로 맨손으로 맹수를 막아내듯 무척 무모했지만

또, 자신 역시 희생자가 될 위험까지 무릅쓴 채 말이다. 그래서 이후 이 지배인인 '폴 루세사바기나Paul Rusesabagina•1954-'는 전 세계인들 사이에서 아프리카의 '오스카 쉰들러Oskar Schindler•1908-1974'라고 널리 알려지게까지 된다. 그리고 아마 이런 전후 사정들이 있었기에 이 실화가 결국 영화로까지 제작될 수 있었던 게 아닐까.

그런데 사실 이 르완다라는 나라는 애초 우리가 사는 곳으로부터 물리적인 거리가 아주 멀다. 따라서 결국 생각해보면 이런 끔찍한 사태를 비극으로 인지하긴커녕, 르완다라는 나라가 이 지구상에 함께 존재한다는 것을 알고 산다는 것 자체가 사실상 우리에게 꽤 어려운 일처럼 느껴질 정도다. 단 어디까지나 한국 사람으로서 그렇다는 얘기다. 하지만 등잔 밑이 더 어둡다 했던가. 개인적으로 다음 소개할 영화가 아니었다면 전혀 그 실상을 몰랐을, 또 하나의 숨겨진 잔혹사가 우리와 꽤 가까운 아시아에서도 있었다.

우리에겐 낙원 같고 무척 평화롭기만 한 휴양지 발리로 아주 유명한 인도네시아.

그 아름다운 인도네시아의 이면에도 이른바 지옥도의 풍경과 역사가 숨겨져 있었음을 나는 이 영화를 통해 비로소 알게 되었다. 그러니까 과거 이 땅에서도 머릿속이 빨갛

게 물든 자와 아니라는 전혀 검증 불가능한 사상 게임의 미명 아래 수많은 사람들이 잔인하게 학살됐던 것이다. 한때 우리의 제주에서처럼.

영화 공개 이후, 2013-14년에 다수의 영미권 영화제에서 다큐멘터리 부문 상을 수상했던 이 영화의 제목은 바로「액트 오브 킬링The Act of Killing • 2012」이다.

1965년 10월 인도네시아에서는 장군 6명, 장교 1명이 납치 · 살해되는 쿠데타가 발생한다. 그러자 군부 실력자인 '수하르토Haji Mohammad Soeharto • 1921-2008'는 이를 '인도네시아 공산당PKI'의 소행으로 돌린다. 그러면서 이때부터 공산주의자와 지식인 그리고 중국인들까지 포함한, 100만 명이 넘는 인원에 대한 대학살이 자행되기 시작한다. 죄를 물을 확실한 당위조차 없었는데도 앞서 르완다의 사례에서와 비슷한 정도의 대규모 희생이 발생한 것이다. 그런데 무척 화가 나는 사실이 있다. 그건 바로 이 학살 조직의 일당들이 지금 현재까지도 인도네시아의 하늘 아래에서 호화롭고도 평화로운 일상들을 누려오고 있다는 것이다.

이 영화를 감독한 '조슈아 오펜하이머Joshua Oppenheimer • 1974-'는 원래 공장에서 일하는 여성 노동자들의 현실을 찍기 위해 최초 인도네시아를 방문했다고 한다. 하지만 그러던 와중 그는 이들 중 많은 이들이 위 사건을 계기로 가족을 잃었다는 사실을 알게 된다. 여기에 더해 이후 그는 이 피해자들로부터 가해자들을 꼭 만나봐 달라는 부탁까지 받게 된다. 그런데 그는 이 부탁을 그저 외면할 수가 없었나 보다. 그때부터 가해자들을 찾아다니며 적극적으로 인터뷰를 하기 시작한 것이다. 그러다 결국 그는 40번의 인터뷰를 끝낸 끝에 드디어 암살 조직의 두목 격인 '안와루 콩고Anwar Congo•1937-2019'를 직접 대면하게 된다.

그런데 이후 감독이 이 학살자들에게 제안한 한 가지가 굉장히 흥미롭다. 그건 바로 조직의 수뇌부들에게 과거 당신들의 이, '빛나는(?!)' 업적들을 있는 그대로 재연해 달라고 제안한 것이다. 그런데 무척 어이없게도 이들은 이것에 아주 적극적으로 응해온다. 그러면서 그들은 아예 직접 연기를 맡거나 심지어 시나리오까지 쓰는 열성 등을 보이며, 자신들이 악마였던 시절의 모습들을 아주 적극적으로 재연해 나가기 시작한다. 그리고 이 영화는 그들의 이런 모습을 가감 없이 카메라 안에 담아냈다.

그 실례로 이 양심 없는 가해자들은 촬영 당시, 과거에 아이를 죽이거나 혹은 소녀를 강간한 것과 같은 잔인한 이야기들을 너무나 뻔뻔히 했다고 한다. 그야말로 당시 카메라가 돌아가고 있다는 사실을 뻔히 알면서도 그런 것이다. 그래서 이를 듣던 감독은 자기도 모르게 여러 번 눈물을 흘리곤 했다는데, 아이러니한 건 '안와루 콩고'의 지적으로 그제야 그 사실을 깨달은 적도 있었다고 한다.

그런데 이 영화는 이미 본 사람 그 누구라도 공감했겠듯이 마지막 부분을 절대 잊을 수가 없다. 왜냐하면 학살자의 보스인 이 '안와루 콩고'가 헛구역질을 연이어 하는 장면이 나오기 때문이다. 그런데 대체 왜 이 장면을 잊기가 힘들까? 그건 아마도 웃음기 띤 얼굴로 끊임없이 자신의 살인 행위를 재연하던 이 암살자가, 마지막에 보여준 행동치고는 그것이 너무 부조화스럽게 느껴졌기 때문이리라.

사실 생각해 보면 구역질이란 것은 보통 자기 보호적 신체 반응이기도 하지 않나. 그러니까 신체가 자신에게 위해가 될 수 있는 독극물이나 음식물이 몸 안에 들어왔다고 인지하는 순간, 바로 그것을 배출시키려는 행위 중에 하나가 바로 이 구역질이 아니겠냐는 얘기다.

그렇다면 달리 말해서 이 영화의 마지막 장면은 이 학살의 왕이 갑자기 본인이 수도 없이 저지른 살인의 기억들로부터 위독성을 느꼈다는 걸 상징하는 게 아닐까? 본인은 정작 자신이 학살한 사람들이 수천 명 묻혀 있는 땅 위에서 여태껏 몇 십 년을 떵떵거리며 살아온 주제에 이제 와서 말이다. 다시 말해 그는 죄 없는 국민들이 자신처럼 자연스럽게 욕지기를 느끼고 또, 밥을 먹고 잠을 자는 등의 인간적인 행동을 할 수 있는 기회를 그야말로 수억 번 빼앗은 땅 위에서 그간 너무 잘 살아왔다.

다만 현재 그는 사망한 상태인데 그럼에도 그는 그 직전까지도 평안하고 즐기는 삶을 끝까지 유지한 걸로 보인다. 죗값을 단 하나라도 치르긴커녕 말이다. 결국 그런 살인마가 영화 마지막에 가서야 수도 없이 욕지기질을 해대다니. 나는 되레 이 장면을 보며 진심 내가 구토가 나올 것만 같았다.

방금까지 난 여러분께 두 나라에서, 게다가 그리 멀지 않은 과거에 벌어졌던 '제노사이드'의 사례들을 두 영화를 통해 간략히 소개해 봤다. 그런데 나는 이 영화들을 본 이후 어쩐지 이 두 나라 혹은 그곳 사람들에 대해서 전혀 새로운 면모들을 몇몇 알게 된 것만 같았다. 그뿐만 아니다. 이후 이 나라들과 관련한 뉴스들이 어딘가에서 흘러나오면 자연스레 눈길 또한 가게 됐다.

그리고 그러다 보니 참 다행이다 싶은 소식들이 내 눈에 띄었다. 앞서 언급한 이 두 나라들에서 이런 지옥도의 풍경이 벌어진 이후 재발 방지가 연이어지고 있는 것이다. 예를 들어 르완다에선 학살이 시작된 날짜인 4월 7일부터 100일간을 매년 추모 기간으로 설정해 희생자들을 추도하고 있다고 한다. 더불어 종족을 구분했던 호칭을 아예 금기시했다고도 하고. 참 다행스러운 일이 아닐 수 없다.

또 인도네시아에서도 다소 늦은 감이 있지만 피해자 유족들을 중심으로 'YPKP 65' 같은 단체가 만들어졌다고 한다. 이는 과거 학살에 대한 객관적 증언을 모으거나 혹은 유해 발굴 등을 통해 진실을 알리는 활동을 하는 단체이다.

하지만 이런 긍정적인 후속 조치에도 불구하고 그 이면으로 그림자 같은 부분들 역시 도드라진다. 예를 들어 인도네시아에서는 과거 학살에 책임이 있는 군부가 여전히 정권을 잡고 있다고 한다. 그래서 자신들의 이전 악행을 밝히려는 활동들을 끈질기게 방해하고 있단다. 아마 사정이 이러하기에 되레, 내부가 아닌 외부에서 이를 흡사 거울처럼 비춰 보라며 지적하는 영화 제작이나 보도 등이 연이어지는 게 아닌가 싶다. 게다가 이를 생각하면 어두운 숲으로 향하는 문이 아직도 그곳에선 슬쩍 열린 채, 사람들 주위에서 계속 덜컹거리고 있는 것 같아 꽤 섬뜩하기까지 하다.

그런데 이 대목에서 불현듯 드는 의문 한 가지.

과연 이런 얘기들이 지금 여러분께 어떻게 다가가고 있을까? 혹시 잔혹한 얘기들에 불편한 심기를 느끼기만 했을까.

부디 그렇지만은 않기를 바란다.

다만 나는 내가 지금껏 느껴왔던 호기심까지는 아니더라도 어느 정도 여러분에게서도 '제노사이드'에 대한 관심을 이끌어내기 위해 영화의 힘을 빌렸을 뿐이다. 따라서 이런 의도가 조금이라도 성공을 거두길 바라면서 앞선 글들을 쭉 써 내려왔다. 그런데 사실 이 세상에는 영화화가 안 됐을 뿐이지 이렇게 수십, 수백만 명이 학살된 여타 사례들이 다수 존재한다.

달리 말해 '제노사이드'의 역사는 그저 교훈과 학습의 대상만으로 치부하기에는 너무나도 공공연한 현실들이었던 것이다. 그것도 전 인류에게 말이다. 게다가 이런 만행들 대부분에는 눈에 띄는 큰 공통점 하나가 있다. 그것은 바로 앞서 살펴본 인도네시아에서의 사례처럼 피해자의 수에 비하면 상대적으로 아주 적은 소수의 가해자에 의해 이 학살들이 자행됐다는 점이다. 그것도 아주 단기간 안에.

게다가 결코 가볍지 않을 이런 '제노사이드'들이 벌어진 이유를 막상 따져보면 이렇게 곰곰이 연유를 살펴봐야겠다는 성의나 의지가 금방 무색해지고 만다. 왜냐하면 지나간 역사의 당위성 평가에 있어 가장 중요한 잣대라 할 수 있는 시간 앞에 그야말로, 한 줌의 재가 되어 금방 사라질 정도의 무게도 채 못 지닌 사상과 편견 때문에 이 끔찍한 만행들이 대부분 벌어졌기 때문이다.

그런데 이렇게 수많은 '제노사이드' 중, 세계사에 다소 관심이 부족한 사람이라도 대부분이 알 만한 아주 유명한 사례가 하나 있다. 바로 나치에 의한 유대인 학살이다. 그런데 당시 나치는 이 유대인 말고도 자국 내 장애인이나 병자 그리고 집시들에게도 비슷한 만행을 저질렀다. 정상적인 인간 기준에 미달한다고 여겨 이들에게 불임수술 등을 시행한 것이다. 심지어 결국 이들을 비밀리에 처형하는 일마저도 서슴지 않았다.

잔혹한 나치의 만행은 여기서 끝이 아니다. 그들은 이런 행동들에 대한 당위를 만들 목적으로 의사들을 동원해 신체적인 기준 항목들을 만들었다. 그러고는 그것을 바탕으로 사람들을 차등하는 '우생학적 정책'을 펼쳐나갔다. 또 이들은 『게르마니아 Germania•98』라는 고서古書를 확보한 뒤 독일 국민, 그것도 그 전부가 아니라 오직 일부만이 절대적으로 우월한 민족이라는 마치 허상과도 같은 신화를 더욱 공고히 하려고도 했다. 그래서 그들이 벌인 학살을 더욱 정당화하려 했던 것이다. 참고로 이 『게르마니아』는 고대 로마인인 '타키투스Cornelius Tacitus•56-120'가 아주 오래전에 쓴 책이다. 그리고 이 책 안에는 독일인들의 최초 조상이라 불리는 게르만족의 기원과 특성 그리고 생활 관습 등이 기록되어 있다고 한다.

그런데 이런 만행들 뒤에는 사실 꽤 흥미로운 진실 한 가지가 숨어있다.

그건 바로 이 학살의 설계자였던 '하인리히 힘러Heinrich Himmler•1900-1945'가 되레 원조 게르만족의 외모와는 한참 동떨어진 생김새를 하고 있다는 점이다. 심지어 이 학살자들의 대부인 히틀러조차도 마찬가지다. 따라서 이들은 이 점 하나만으로도 현재까지 많은 비난과 지적을 받고 있다.

사실 나치가 저지른 만행은 이것 말고도 수도 없이 많다. 하지만 단지 이 정도만 살펴봐도 아주 생생히 느껴지는 것이 있다. 그건 바로 이들이 만들고 추구하려던 이상적인 국가와 국민이라는 게 얼마나 허상에 가까웠는지이다.

참고로 히틀러는 2차 세계대전을 본격적으로 시작하기 직전 이런 말을 남겼다고 한다. "전쟁은 어두운 방의 문을 여는 것과 같다. 어떤 일이 있을지 아무도 모른다." 그런데 아이러니한 것은 정작 그는 이 아무것도 알 수 없는 아수라장으로 들어가는 문을 본인이 활짝 열어젖혀 놓기만 했다는 점이다. 대신 이후 그는 그 뒤에서 그저 팔짱 끼고 방관한 채 자신의 이웃과 동족들만을 계속해서 그 어두운 방 안으로 밀어 넣었다.

따라서 이후 독일 국민들은 히틀러를 대신해서 또, 이 어둠 속에 뭐가 있는지 실험하는 눈먼 테스터가 되어 끊임없이 목숨을 잃기까지 해야 했다. 그런데 단, 그보다 더 뒤에 다가온 히틀러의 최후도 꽤 비극적이긴 했다. 하지만 그는 그 와중에도 자신의 의지를 빌어 그것을 맞이한다는 일종의 호사(?!)를 끝까지 누렸다.

원래 내가 이 장을 쓴 의도는 이렇다.

사람들 마음에 자리하고 있는 편견과 또 여기서 자라나는 어두운 감정들에 대해, 버스킹을 통해 가볍게 얘기해 보려 함이었다. 그런데 의도치 않게 그 배경으로써 너무 어두운 숲과도 같은 얘기들로 여러분들을 이끌었는지도 모르겠다. 그런데 지금에 와서 밝히지만 그야말로 이 글들은 억지로 짜 맞춘 게 아니라 자연스럽게 써졌다.

대체 왜일까?

지금 우리 모두는 전쟁이나 학살의 현장 한가운데에서처럼 생지옥을 겪고 있는 상황이 아닌데도 불구하고.

맞다. 그렇긴 하다. 그러니까 지금 우리 모두는 발을 한 번 잘못 디뎠을 시 찰나의 순간에 생사의 경계가 갈릴 만큼, 어둡고 깊은 숲을 걷는 중이 분명 아니긴 하다. 하지만 그럼에도 우리 역시 어느 정도 큰 위기를 맞은 건 분명한 사실이지 않은가. 달리 말해 전례 없는 '코로나바이러스' 사태로 인해 지금의 우리 또한 앞이 선명히 보이지 않는 '조도照度' 낮은 숲을 걷고 있는 점은 꽤 비슷한 것이다. 그리고 아마도 이런 불안한 체감들이 결국 이 글들이 자연스레 써질 수 있도록 절로 내 손을 움직인 게 아닐까 싶다.

더불어 또 다른 이유도 하나 있지 싶다. 우리 모두는 역시 다들 마음속에 검은 나무 한 그루쯤은 키우며 사는 그런, 불완전한 존재들이 아닌가라는 체감 또한 이 글을 쓰는 데 일조한 듯하다. 한두 그루만 모여도 금세 어두운 숲을 조성할 수 있는 그런 암울한 빛깔의 나무들 말이다.

그런데 글 전체를 슬슬 마무리 지어가는 바로 지금, 어쩐지 난 결론을 향해 바삐 나아가는 나의 이 발걸음을 잠시 늦춰야만 할 것 같다. 왜냐하면 설혹 다수의 마음속에 어둠이 있다 한들 이것을 '전쟁' 혹은 '제노사이드'가 펼쳐지는 극단적인 상황과 연결하는 과장은 피해야 할지도 모르겠어서다. 또 이것들은 애초에 그리 손쉽게 발발할 수 있는 사태들이 아니기도 하니까.

다만 그럼에도 지도자 혹은 대중이 뒤틀린 감정으로 잘못된 선택을 하는 것을, 이처럼 어두운 방의 문을 여는 것으로 비유하는 글을 얼마든지 쓸 수는 있지 않나 싶다. 그렇다면 난 그 문이 우리 세대 혹은 우리 다음 세대, 아니 만약 그도 아니라면 몇 단계를 걸쳐 내려가는 후세에서도 얼마든지 다시 열릴 수 있으리라 생각한다. 옛말에 과거는 미래를 비추는 거울이라는 말이 있는데 '제노사이드'의 역사가 여럿 같이 반사돼 보이는 이 거울을 보고 나면 더더욱 이런 생각들이 쩽하게 든다.

게다가 전쟁보다도 그 불행의 기운이 훨씬 덜한 이 팬데믹 아래에서의 세상은 또 어떤가? 사실 이곳에서도 바이러스가 만든 열악한 환경에 영혼이 잠식되어, 남들에게 폭력이나 욕설을 일삼는 사람들이 나날이 도드라지고 있지 않은가. 그래서 난 이를 보면 이런 생각이 든다. 생각보다 우리 주변에서도 이 어두운 방의 문이 끈질기게 자주 여닫히고 있다고. 단지 문의 크기가 좀 작을 뿐인 것이다.

사실 나는 버스킹을 언제까지 지속할지 모르겠다.

그리고 그 이유는 비교적 뚜렷하다. 버스킹이란 것이 공적인 공간의 틈바구니를 뚫고 나가 벌어지는 행위이기 때문이다. 물론 버스킹을 계속해 나가는 데 있어선 기본적으로 이것을 지속하겠다는 나만의 의지가 가장 중요하긴 하리라. 하지만 동시에 버스킹은 주변에서 제재가 강하게 들어오면, 이러한 타의에 의해서도 급작스럽게 그만둬야 할 가능성이 꽤 높은 행위이기도 하다.

하지만 이것을 지속하는 의도나 사유가 어찌 됐건 아주 분명한 사실 한 가지가 있다. 그건 바로 한국 하늘 아래에서 버스킹을 지속하는 한 나 개인은 바로 이 버스킹이라는 눈을 통해 세상을 바라보게 될 것이라는 점이다. 다시 말해 앞으로도 난, 버스커의 눈으로 내가 직접 발을 딛고 또 생생히 살아가고 있는 이 사회의 분위기와 구조를 끊임없이 읽고 해석하는 분석들을 하게 될 것이다.

마지막으로 난 내가 하는 버스킹이 반드시 이 세상에 필요하다고는 절대 생각지 않는다. 이는 이미 앞서서도 여러 차례 강조한 얘기이다.

그럼에도 나는 이런 믿음이 있다.

버스킹이라는 일견 소소해 보일 수 있는 이 행위의 정당성이나 필요성에 대해 개개인의 욕구나 문화적 환경을 바탕으로 담론화할 수 있는 배경을 두르고 있는 사회가, 그렇지 않은 경우보다 그 어느 모로 봐도 건전하다고. 이건 사실 내가 주체적으로 버스킹을 하고 있다는 입장을 완전히 배제한 채 생각하더라도 그렇다. 그리고 앞서 내가 버스킹이 때론 공적인 행위가 될 수도 있지 않을까라고 말한 것에는 바로 이러한 이유 역시 포함되어 있다.

따라서 나는 앞으로도 버스킹이 많은 이들에게 그저 지속해도 괜찮은 행위 중 하나로 인식되는 세상이 계속됐으면 좋겠다. 그리고 그럴 수 있을 때, 나는 내가 발을 딛고 살아가는 바로 이 땅의 다양성과 포용성을 좀 더 믿을 수 있지 않을까 싶다.

다르게 말하면 그럴 수 있을 때 비로소 난, 좀 더 나은 삶을 꿈꾸는 배경이 여기일 수 있겠다는 긍정적인 인식을 보다 많이 하게 되리라 생각한다.

이 책 안에서 참조·인용한 책, 기사, 영화들의 목록

✿ 책은 『 』, 영화·방송은 「 」, 기사는 《 》로 구분 지음. 그리고 인용한 것들은 이탤릭체로 표기.

Part.1
책꽂이

─ 91일째의 태양도 보고 싶었어요

『딱 90일만 더 살아볼까A Long Way Down • 2005 • 문학사상』, 「원스Once • 2007 • 영화사
진진 외」

─ 조지 오웰을 존겨… 아니, 좋아합니다만

『버마 시절Burmese Days • 1934 • 열린책들』, 『카탈로니아 찬가Homage to Catalonia
• 1938 • 민음사』, 『파리와 런던 거리의 성자들Down and Out in Paris and London • 1933 •
세시』, 『나는 왜 쓰는가Why I Write • 1946 • 한겨레출판』, 『그때 카파의 손은 떨리고 있
었다Slightly Out of Focus • 1947 • 필맥』

─ 나의 '몸'이라는 '우산'

『이날을 위한 우산Ein Regenschirm für diesen Tag • 2001 • 문학동네』

─ 글의 맛

『안나 카레니나Anna Karenina • 1878 • 민음사』, 『총, 균, 쇠Guns, Germs, and Steel • 1997 •
문학사상』, 『페르시아의 신부Persian Brides • 1995 • 들녘』

─ 언제까지고 당신들만을 위한 천국

『르네 지라르 욕망, 폭력, 구원의 인류학 • 2008 • 살림출판사』, 『욕망해도 괜찮아
• 2012 • 창비』, 『폭력과 성스러움La Violence et le Sacré • 1972 • 민음사』, 『낭만적 거짓

과 소설적 진실Mensonge romantique et vérité romanesque • 1961 • 한길사』, 『당신들의 천
국 • 1976 • 문학과지성사』

− 나만의 거울 도시를 짓기 위한 벽돌

『내 책상 위의 천사An Angel At My Table • 1984 • 시공사』, 「내 책상 위의 천사An Angel
At My Table • 1990 • 한보영화 외」

− 인생도 가끔 달팽이의 속도로

『달팽이 안단테The sound of a wild snail eating • 2010 • 돌베개』, 『모비딕Moby Dick or,
The Whale • 1851 • 작가정신』

− 버스킹은 비극일까 희극일까?

「지붕 뚫고 하이킥 • 2009~2010 • 초록뱀미디어」, 『판탈레온과 특별봉사대Pantaleón y
las visitadoras • 1973 • 문학동네』, 『백년의 고독Cien años de soledad • 1967 • 민음사』

− 나라는 버스커에게 서울이라는 무대

「28일 후28 Days later • 2002 • 20세기 폭스 필름 코퍼레이션 외」, 《"세계 최대 글로벌 기
업들의 조세 회피 민낯 드러났다" • 2014.11.06 • 뉴스타파》, 《"기업은 왕, 우린 하인…
문제는 꼭 해결해 준다" • 2018.12.17 • 이코노미조선》, 『걸작의 뒷모습Seven Days in the
Art World • 2008 • 세미콜론』, 『예술가의 뒷모습33 Artists in 3 Acts • 2014 • 세미콜론』

− 너무 자주 지옥이고 가끔만 천국인 도시

『외로운 도시The Lonely City • 2016 • 어크로스』

− 카프카가 열어젖힌 세계

『에릭 클랩튼Clapton The Autobiography • 2007 • 마음산책』, 『소송Der Proceß • 1925 • 열린
책들』, 『성Das Schloss • 1926 • 열린책들』, 『해리 포터Harry Potter • 1997~2016 • 문학수첩』

- 버스킹이라는 소소한 '밈'

『이기적 유전자The Selfish Gene • 1976 • 을유문화사』, 『사물의 언어The Language of Things
• 2008 • 홍시커뮤니케이션』, 「싱 스트리트Sing Street • 2016 • 이수C&E 외」, 「러브 액츄얼
리Love Actually • 2003 • ㈜제이앤씨미디어그룹 외」, 《일본유전자학회 우성·열성 대신 현
성·잠성 쓴다 • 2017.09.07 • 경향신문》, 《합스부르크 왕가의 몰락은 근친혼(상)의 業
報 • 2009.06.23 • 중앙일보》, 《'합스부르크 주걱턱' 왕과 공주… '나쁜 피' 안섞이려
가문 내 결혼 탓 • 2016.10.01 • 조선일보》

- 아무도 듣지 않는 버스킹

『키친 컨피덴셜Kitchen Confidential • 2000 • 문예당』, 『쿡스투어A Cook's Tour • 2001 • 컬처
그라퍼』, 『철학자와 늑대The Philosopher and the Wolf • 2008 • 추수밭』

- 셔터 스피드와 변종 뱀파이어

《피난촌도 피하지 못한 학살, 1년새 1500명이 스러졌다 • 2022.01.27 • 한겨레신문》,
『퓰리처상 사진Moments: The Pulitzer Prize Winning Photographs • 1999 • 현암사』

- 손가락 위로 신이 키스할 때

《선배 디자이너＋후배 디자이너/정병규＋김형진, 정재완 • 2011.10 • 월간디자인》,
『Paint It Rock 페인트 잇 록 1, 2, 3 • 2014 • 북폴리오』, 『음악 레슨－인생연주비법
The Music Lesson: A Spiritual Search for Growth Through Music • 2006 • 환타웍스』, 『통섭
Consilience: The Unity of Knowledge • 1998 • 사이언스북스』, 『종교전쟁 • 2009 • 사이언스북스』,
『모든 것은 빛난다All things shining • 2011 • 사월의책』

- 헛되고 헛되니 모든 것이 헛되도다

『생각의 탄생Sparks of Genius: The Thirteen Thinking Tools of the World's Most Creative
People • 1999 • 에코의서재』, 『나이 듦과 죽음에 대하여Les Essais • 1580 • 책세상』, 《바다

에 떠다니는 보석, 용연향 • 2006.01.26 • 사이언스타임즈》, 『숨결이 바람 될 때When Breath Becomes Air • 2016 • 흐름출판』

**Part.2
비디오 룸**

‒ 라라랜드를 나와 르윈의 내면으로

『도쿄 산책자 • 2013 • 사계절』, 『코언 형제The Coen Brothers: Interviews • 2006 • 마음산책』, 「시리어스 맨A Serious Man • 2009 • 스폰지 외」, 「인사이드 르윈Inside Llewyn Davis • 2013 • 블루미지 외」, 「위플래쉬Whiplash • 2014 • 쇼박스 외」, 《'위플래쉬' 이어 '라라랜드'도 한국 관객과 통했다! • 2017.01.17 • 중앙일보》, 「라라랜드La La Land • 2016 • 판씨네마 외」, 『그리스 비극 걸작선 • BC 479‒BC 412 • 숲』

‒ 나라는 풍경 혹은 풍경 속의 나

『환상의 빛幻の光 • 1979 • 바다출판사』, 『금수錦繡 • 1982 • 바다출판사』, 「환상의 빛幻の光 • 1995 • 씨네룩스 외」, 「EBS 다큐프라임‒동과 서 제1편 〈명사로 세상을 보는 서양인, 동사로 세상을 보는 동양인〉 • 2009.10.06 • EBS」, 「EBS 다큐프라임‒동과 서 제2편 〈서양인은 보려 하고 동양인은 되려 한다〉 • 2009.10.07 • EBS」

‒ 내가 살고 싶은 다른 세계

「길버트 그레이프What's Eating Gilbert Grape • 1993 • 엔케이컨텐츠 외」, 「로맨틱 레시피The Hundred-Foot Journey • 2014 • 월트 디즈니 스튜디오스 모션 픽처스」, 「개같은 내 인생My Life As A Dog • 1985 • ㈜영화사 백두대간」, 「사이더 하우스The Cider House Rules • 1999 • ㈜시네마 서비스」, 「쉬핑 뉴스The Shipping News • 2001 • ㈜시네마 서비스」, 「언피니쉬드 라이프An Unfinished Life • 2005 • 미라맥스」

– 라쿠코의 세계에 포함되는 것과 아닌 것

「고독한 미식가 孤独のグルメ • 2012– • TV 도쿄」,《일본 식당은 자랑 안 한다…'고독한 미식가'에 나왔다고 • 2019.06.01 • 중앙SUNDAY》

– 자신의 선택이 때로는 '시'가 될 때

『다시 태어나다Reborn: Journals and Notebooks, 1947–1963 • 2008 • 이후』,「밀양Secret Sunshine • 2007 • 시네마 서비스」,「시Poetry • 2010 • 넥스트엔터테인먼트월드」

– 예술가 아니, 우리 모두의 소명 의식

『진중권의 서양미술사 인상주의편 • 2018 • 휴머니스트』,『반 고흐 영혼의 편지The Letters of Vincent Van Gogh • 1914 • 예담』,「태풍이 지나가고海よりもまだ深く • 2016 • ㈜티캐스트 외」

– 너와 나 사이의 상대성 이론

「콘택트Contact • 1997 • 워너 브라더스 코리아」,「빽 투 더 퓨쳐Back To The Future Part I, II, III • 1985–1990 • 유니버설 픽처스 외」,「폴라 익스프레스The Polar Express • 2004 • 워너 브라더스 코리아」,《다시 뭉친 톰 행크스와 로버트 저메키스 • 2004.11.16 • 한겨레신문》,『코스모스Cosmos • 1980 • 사이언스북스』,『(아인슈타인)나의 노년의 기록들Out of My Later Years • 1950 • 지훈출판사』,『아인슈타인, 神이 선택한 인간The Unexpected Einstein • 2005 • 말글빛냄』,『물리학자는 영화에서 과학을 본다 • 1999 • 동아시아』,「미션 The Mission • 1986 • 주식회사 더쿱 외」

– 영화는 때론 체험이 되기도 하는 것

「디 아워스The Hours • 2002 • ㈜시네마서비스 외」,『댈러웨이 부인Mrs Dalloway • 1925 • 열린책들』,『이방인L'Étranger • 1942 • 민음사』,「디어 한나Tyrannosaur • 2011 • 영화사 진진」

– 절대 눈 돌리지 마

《수난(受難)의 예술품 '쿼드리가' 등 장식 1200년간 6번 침수 피해로 '수난'(水難) • 2019.11.29 • 국방일보》,『난처한 미술 이야기 1-7 • 2016-2022 • 사회평론』,『클레오파트라의 바늘 • 2009 • 홍익출판사』,『로마인 이야기 1-15 • 1992-2006 • 한길사』,《화가 다비드까지 활용한 '정치인' 나폴레옹 • 2014.02.13 • 조선일보》,『0년 • 2013 • 글항아리』,『진중권의 서양미술사 고전예술편 • 2008 • 휴머니스트』,『진중권의 서양미술사 모더니즘편 • 2011 • 휴머니스트』,『진중권의 서양미술사 후기 모더니즘과 포스트모더니즘편 • 2013 • 휴머니스트』,『걸작의 뒷모습 Seven Days in the Art World • 2008 • 세미콜론』,『예술가의 뒷모습 33 Artists in 3 Acts • 2014 • 세미콜론』,「그것이 알고싶다 1307회. 피카소와 NFT - 신화인가 버블인가 • 2022.05.21 • SBS」,「작가 미상 Never Look Away • 2018 • 영화사 진진」,《리히터-보이스-키퍼… 獨 현대 미술의 초상 • 2020.03.02 • 동아일보》,『브란덴부르크 비망록 • 2011 • 늘품』,『지극히 사적인 러시아 • 2022 • 틈새책방』

- 스타벅스의 사이코패스

《아니, 프랑스가 이런 것도 세계 1위야? • 2011.01.29 • 오마이뉴스》,「월터의 상상은 현실이 된다 The Secret Life of Walter Mitty • 2013 • 20세기 폭스 코리아 외」,「청춘 스케치 Reality Bites • 1994 • 유니버설 스튜디오」

- 빌런이거나 아니거나

《야키니쿠, 재일교포가 힘겹게 지킨 우리 불고기 • 2018.06.16 • 중앙선데이》,『일본어뱅크 사진과 함께하는 일본 문화 • 2012 • 동양북스』,「심야식당 深夜食堂 • 2009-2016 • MBS, TBS, Netflix」,「죽음의 다섯 손가락 Five Fingers of Death • 1972 • 쇼브라더스 외」,《[한국영화걸작선] 철인(죽음의 다섯손가락) • 2017.04.06 • KMDb》,「킬 빌 Kill Bill: Vol.1, 2 • 2003-2004 • CJ 엔터테인먼트 외」,「바스터즈: 거친 녀석들 Inglourious Basterds • 2009 • UPI 코리아 외」,「원스 어폰 어 타임 인... 할리우드 Once Upon a Time in... Hollywood • 2019 • 소니 픽처스 코리아 외」,《AI시대 살아남을 직업 400개 분석… 내 직업은? • 2016.03.24 • NEWS1뉴스》

- 편견과 증오라는 어두운 방의 문

《글렌 한사드 "작은 영화가 거리의 인생을 바꿨다"•2008.02.21•스포츠동아》,《경찰, 마스크 의무화 후 2000명 수사…"내달 집중단속"•2021.08.30•뉴시스》,『거의 모든 것의 역사A Short History of Nearly Everything•2003•까치』,『제노사이드와 기억의 장치Genocide and the Politics of Memory•1995•책세상』,『처음 읽는 아프리카의 역사Die Geschichte Afrikas•2004•웅진씽크빅』,《그날 르완다는 왜 미쳐버렸는가•2004.04.14•한겨레21》,「호텔 르완다Hotel Rwanda•2004•㈜동숭아트센터 외」,「액트 오브 킬링The Act of Killing•2012•㈜엣나인필름」,《인도네시아의 반세기 금기어 '1965년 대학살'•2017.07.12•한겨레21》,《다큐멘터리 〈액트 오브 킬링〉 조슈아 오펜하이머 감독•2015.01•톱클래스》,《"르완다 대학살, 잔인한 4월을 기억하라!"•2017.04.07•시사저널》,『가장 위험한 책A Most Dangerous Book•2011•민음인』

버스커의 방

초판 1쇄 발행 2023년 2월 28일

지은이 진승태
발행처 예미
발행인 황부현
편 집 박진희
디자인 진승태

출판등록 2018년 5월 10일(제2018-000084호)

주 소 경기도 고양시 일산서구 중앙로 1568 하성프라자 601호
전 화 031)917-7279   **팩 스**   031)918-3088
전자우편 yemmibooks@naver.com

ⓒ 진승태, 2023

ISBN 979-11-92907-03-1   03300

• 책값은 뒤표지에 있습니다.
• 이 책의 저작권은 저자에게 있습니다.
• 이 책의 내용의 전부 또는 일부를 사용하려면 반드시 저자와 출판사의 서면동의가 필요합니다.